清華大學經學研究中心集刊

本刊入選『中文社會科學引文索引（CSSCI）2014-2015年來源集刊』

中國經學

饒宗頤題

第十三輯

主編◎彭林

GUANGXI NORMAL UNIVERSITY PRESS
广西师范大学出版社
·桂林·

圖書在版編目（CIP）數據

中國經學．第 13 輯 / 彭林主編．—桂林：廣西師範大學出版社，2014.9
ISBN 978-7-5495-6044-8

Ⅰ．①中… Ⅱ．①彭… Ⅲ．①經學—研究—中國
Ⅳ．①Z126

中國版本圖書館 CIP 數據核字（2014）第 271392 號

廣西師範大學出版社出版發行
（廣西桂林市中華路 22 號　郵政編碼：541001
網址：http://www.bbtpress.com）
出版人：何林夏
全國新華書店經銷
廣西大華印刷有限公司印刷
（廣西南寧市高新區科園大道 62 號　郵政編碼：530007）
開本：787 mm ×1 092 mm　1/16
印張：14.5　　字數：250 千字
2014 年 9 月第 1 版　　2014 年 9 月第 1 次印刷
印數：0 001～1 500 冊　　定價：48.00 圓

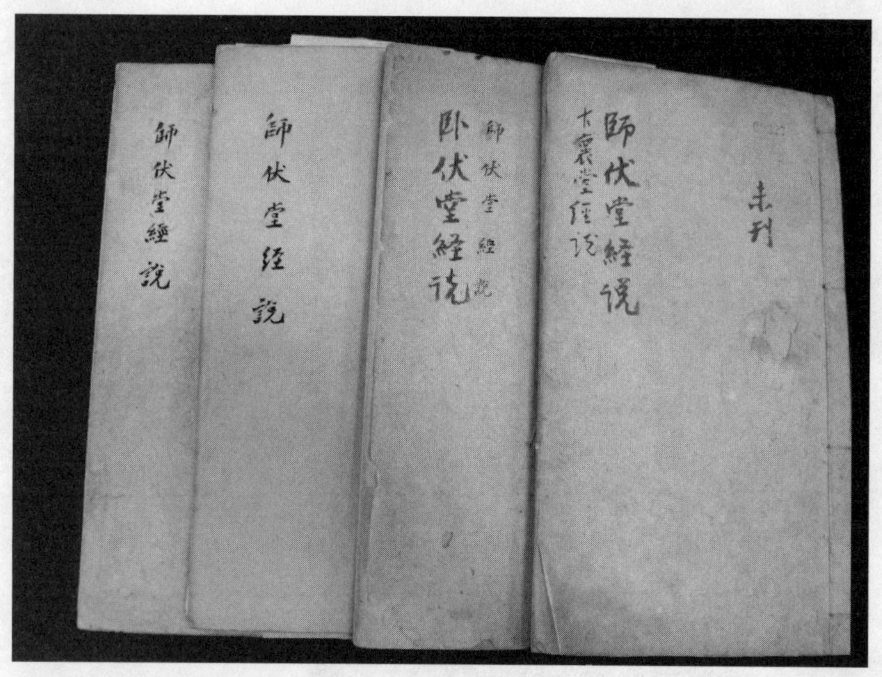

《師伏堂經說》書影一

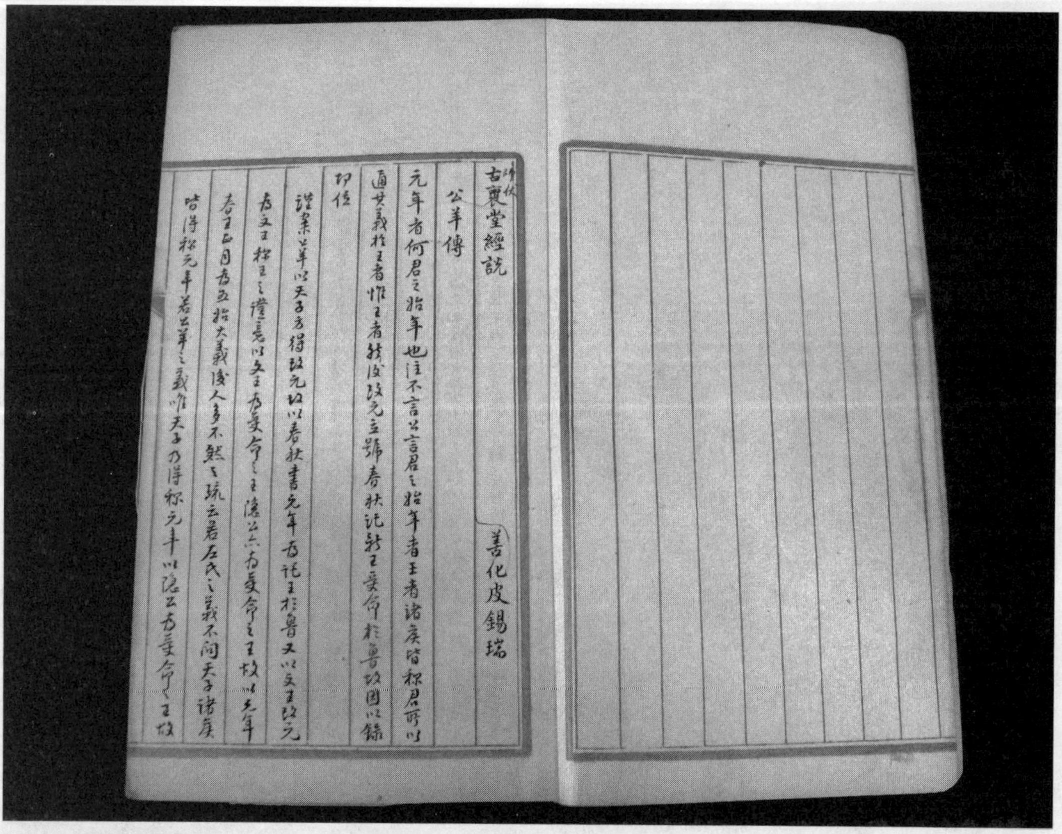

《師伏堂經說》書影二

《尚書學講義》書影一

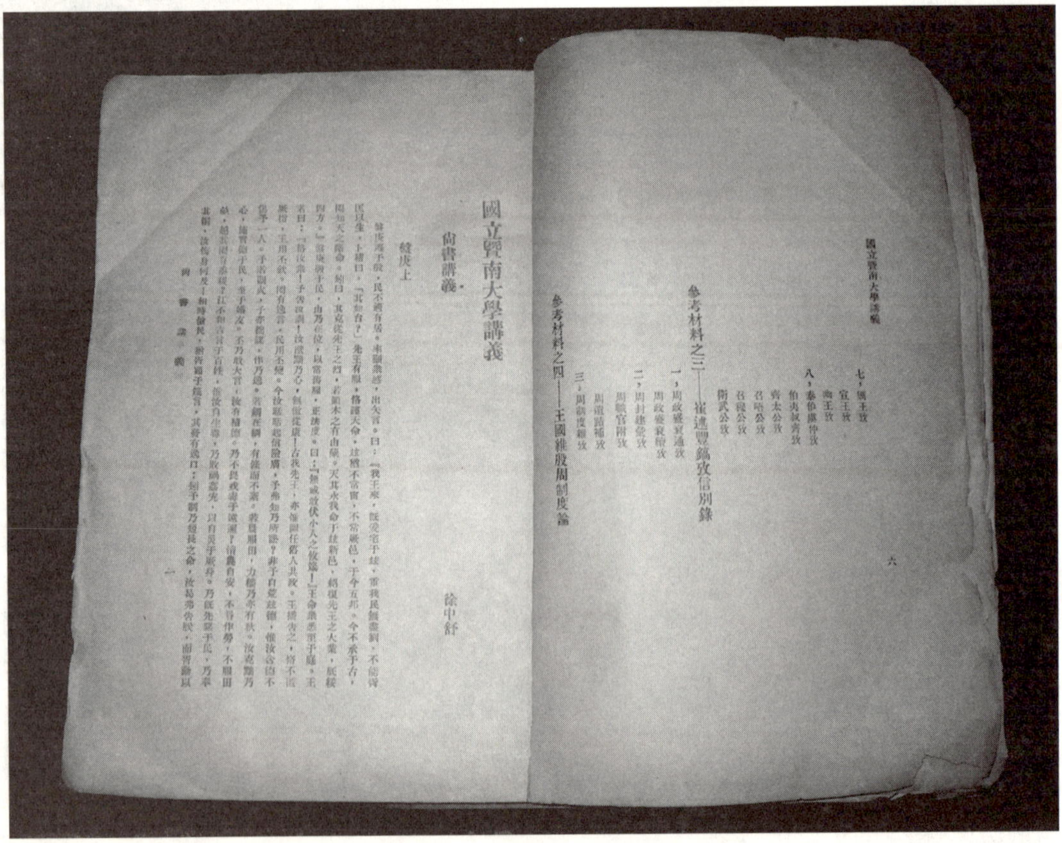

《尚書學講義》書影二

目録

Contents

皮錫瑞的生平、學術與著述

——《皮錫瑞全集》前言

吴仰湘

編者按　善化皮錫瑞先生爲清末經學大師，慕前漢伏生傳經之業，因顔所居曰“師伏堂”，學界以“師伏先生”尊稱之。先生初治《尚書》，後乃穿穴羣經，創獲大義，凡所著述，都數百萬言。其《經學歷史》、《經學通論》，晚近研經者諷誦籀習，幾人手一編，在先生著述中，特其光羽而已。今先生《全集》彙印在即，謹刊佈整理者“前言”，以饗讀者。

關鍵詞　皮錫瑞　著作　全集

一、皮锡瑞生平簡介

皮錫瑞字鹿雲，後改字鹿門，湖南省長沙府善化縣人（今屬長沙市），生於道光三十年（1850），卒於光緒三十四年（1908）。因他自署所居曰“師伏堂”，後學尊稱“師伏先生”。

皮錫瑞於同治二年（1863）考取秀才，年方十四。同治十二年（1873）獲選拔貢，但翌年朝考因病報罷。繼而三應鄉試（1875、1876、1879），均名落孫山，直到光緒八年（1882）考取北榜舉人。之後四赴禮闈（1883、1889、1892、1894），皆失意而歸，進士之夢終生未圓。

皮錫瑞先於光緒十六年（1890）夏初出主湖南桂陽州龍潭書院，秋間應招入江西學政龍湛霖幕，繼於光緒十八年受延主南昌經訓書院講席。他見院中偏重性理之談，學風流於空疏，於是引導學生研治經史、誦習詩賦，“教人以經學當守家法，詞章必宗家數”，[①]尤其倡導學生推考歷代治亂成敗之源，通達古今之變，如夏敬觀回憶所說：

① 皮名振：《皮鹿門年譜》，上海：商務印書館，1939 年，第 24 頁。

"先生主講經訓書院,諸生執經問難,先生剖析所疑,娓娓不倦,或旁及子、史、典章、國故,反復興革治亂之源,蓋經義、治事未嘗偏廢也。"①皮錫瑞連續掌教七年,使經訓書院學風大變,培養出大批人才,"江右學風之盛,淵源所自,多出錫瑞之功"。②

光緒二十四年(1898)初,皮錫瑞應湖南維新官紳黄遵憲、熊希齡之邀,任南學會學長,參與湘省變法事業。在三個多月内,他講學十二次,通過徵引經史、究論時事,對合群、開智、變法、保教、興商、禦外等詳作論述,貫穿漢宋,會通中西,融合新舊,"其大旨在發明聖教之大,開通漢、宋門户之見,次則變法開智,破除守舊拘攣之習"。③ 當時省城維新官紳紛紛在南學會演講,但以皮錫瑞講學次數最多、影響最大,"登堂演講,議論侃侃,響如振玉,聞者洒然動容"。④ 返回經訓書院後,皮錫瑞又在南昌發表演説,開通風氣,並鼓勵門生積極籌措各項維新事業。政變後,皮錫瑞遭誣告,朝廷竟以"離經畔道,於康有爲之學心悦誠服"的罪名,諭令江西巡撫將他驅逐回籍,交湖南地方官嚴加管束。⑤

光緒二十八年(1902)夏,皮錫瑞受善化縣令蘇宣烈之聘,創辦善化小學堂,從此投入省城興辦新學工作,相繼受聘於湖南高等學堂、湖南師範館、湖南中路師範學堂、長沙府中學堂,講授經學、倫理、史學等課程,並擔任善化小學堂監督四年,代理湖南高等學堂總理半年,後又兼任湖南省圖書館纂修、湖南省學務公所圖書課長。皮錫瑞自稱:"自學堂開辦以來,常充監督、教習之任,學堂利弊得失,頗能窺見萬一。"⑥在革命風雲激蕩、新舊教育交替之際,他積極建言獻策,設法在學堂中留住經學,爲發展湖南新式教育貢獻才智。

皮錫瑞是晚清歷史巨變下中層士紳的典型。他幼懷壯志,迷戀科舉,"年少氣盛,思有所建白",期望射策高中,出而經邦濟世,後來科場連挫,才絶意於功名仕進,"鋒鋭漸減,遁而窮經",⑦以講學、著述終老。他從經世救時走向維新變法、由窮愁著書轉

---

① 夏敬觀:《皮鹿門先生年譜序》,《皮鹿門年譜》卷首。

② 李法言:《皮錫瑞傳》,見周予同注釋《經學歷史》,上海:商務印書館,1934年國難後一版,附録第1頁。

③ 皮錫瑞:《師伏堂日記》,戊戌年四月初三日。

④ 皮名振:《皮鹿門年譜》,第60頁。

⑤ 中國第一歷史檔案館編:《光緒宣統兩朝上諭檔》第25册,桂林:廣西師範大學出版社,1996年,第25頁。按,關於皮錫瑞此次所遭處分,皮名振另有"革舉人"之説,流傳甚廣,筆者亦曾加采信,近始發現與史實不符。御史徐道焜原奏提出"應請飭下江西巡撫,立將該舉人驅逐回籍,交地方官管束,不准在江逗留",清廷處分上諭稱"著松壽嚴飭地方各員,確查該舉人現在江西何處,迅速驅逐回籍;到籍後,即由俞廉三飭令地方官嚴加管束,毋任滋生事端",均無革除舉人功名之説。

⑥ 皮名振:《皮鹿門年譜》,第104頁。

⑦ 皮錫瑞:《師伏堂日記》,戊戌年四月初七日。

而通經致用的經歷、言行與思想，可謂清季社會政治和學術文化變遷的縮影。

二、皮锡瑞學術撮要

(一)經學

皮錫瑞是因科舉失利，"失意箋蟲魚"，①從訓詁、名物入手治經。他潛心研讀《十三經注疏》和清代樸學家著作，並以札記形式記下讀書心得，匯成《師伏堂經說》，②對注疏與前儒的訛誤闕失作了糾補，時或申述一己新見，從中可見他謹守古文經學，同時對今文學也有所好。③

皮錫瑞從事專經研究，始於撰擬《尚書大傳箋》，由此精究漢代今文《尚書》。他的《尚書》研究成果可分作三類：

一是《尚書古文疏證辨正》、《尚書古文考實》、《古文尚書冤詞平議》三書，通過對閻若璩、毛奇齡僞古文《尚書》公案的評判，指出他們對今、古文家法未盡了然，"未識今文《尚書》之真"，④同時通過考辨古文《尚書》在漢代出現、流傳的始末，認爲孔安國"以今文讀古文，止是訂正經文，並無説義，其説義蓋同今文家説"，⑤強調西漢並無古文學，而東漢馬、鄭古文源自杜林漆書，非盡孔壁之舊，由此建立對西漢今文經學的尊信。

二是《尚書大傳疏證》七卷，"殫精數年，易稿三次"，以陳壽祺《尚書大傳定本》爲主，再作拾遺補缺、訂訛糾謬，形成清代最爲完備的伏《傳》輯本，又通過考證名物、禮制，對伏《傳》和鄭《注》異同詳加考辨，判分今、古文家法，恢復伏生《書》學本義，"扶孔門之微言，具伏學之梗概"。⑥

三是煌煌大作《今文尚書考證》，依據伏《傳》、《史記》、《白虎通》等，又博采兩漢

---

① 皮錫瑞：《吴雲亭約懷欽赴陜甘行營索詩贈别》，《師伏堂詩草》卷一，師伏堂光緒甲辰刊本。

② 從湖南師範大學圖書館所藏稿本上，可見該書先取名《古褎堂經説》，續改稱《卧伏堂經説》，最後定名《師伏堂經説》。

③ 章太炎在《量守廬記》中説："近世長沙有皮錫瑞者，故習江、戴諸儒之學，江、戴所言，慮猶不盡契故書雅記，然頗覈實矣。術既通而時方騖今文、玩奇説，守其故，則不足以致犬酒之饋，乃去習今文，一時學子輻湊其廬，號爲大師。今錫瑞之書具在，起死者質之，則必知非其心所饜也，固曰有所利之也。"(載《制言》第9期)章太炎據葉德輝一面之辭，譏責皮錫瑞因趨利而從古文轉習今文，不明悉皮錫瑞前期經學實況，未免架誣之失。

④ 皮錫瑞：《尚書古文疏證辨正自序》，思賢講舍光緒丙申刊本，卷首。

⑤ 皮錫瑞：《尚书古文考实》，思賢講舍光緒丙申刊本，第4–5页。

⑥ 皮錫瑞：《尚書大傳疏證自序》，師伏堂光緒丙申刊本，卷首。

文章與碑刻,搜盡漢代今文《尚書》資料,以三十卷的篇幅,對今文二十八篇的篇章、文字、史實、經説詳加考證與疏解,“其條理今文,詳密精審,兼諸大儒之長而去其蔽”,[①]集清代今文《尚書》研究之大成。

皮氏自稱:“錫瑞少習鄭學,意欲舉鄭氏諸書盡爲注解。”[②]他先據嚴可均輯本撰成《孝經鄭注疏》,力辨《孝經鄭氏解》確是鄭玄之作,並抉發鄭注中的今文經説與古制古義,“冀以扶高密一家之學”。[③] 他接着又爲《鄭志》、《鄭記》及《答臨孝存〈周禮〉難》作疏證,闡明鄭玄“先通今文,後通古文,先所著書多今文説,後所著書多古文説”的學術變化,表彰鄭玄博通今、古,“以存鄭氏一家之學”。[④]

戊戌政變後,皮錫瑞慘遭禁錮,決心精治鄭學:“自被黨議,閉户著書。自惟劭公、康成,皆遇黨禍,考其成書之歲,多在文網之中。非敢竊比前賢,不幸處境相類。既被南山之謗,聊尋北海之遺。”[⑤]他迅速撰出《六藝論疏證》、《魯禮禘祫義疏證》、《尚書中候疏證》、《聖證論補評》、《駁五經異義疏證》、《發墨守箴膏肓釋廢疾疏證》,承乾嘉漢學之緒餘,成清代鄭學之大功。皮錫瑞傾注大量心血,從事鄭玄經學著作的搜輯、考訂與疏證,既有意拾遺補缺,扶微繼絶,“聊備禮堂一家之學”,[⑥]也是想通過發明鄭學,分别兩漢經學家法,提倡今文經學,如陳三立即在挽皮錫瑞詩中説“鉤党姓名連甲乙,今文家法愈光新”,[⑦]指出他在禁錮期間大治鄭學而昌明今文。

皮錫瑞晚年雖人老體衰,教學繁重,仍相繼撰成《漢碑引經考》、《經學歷史》、《經學通論》、《王制箋》等。《漢碑引經考》搜采漢碑所引經文詞句,與傳世十三經對檢,使經傳與碑銘互證,抉隱微,訂訛誤,正句讀,通訓詁,廣異義,證古制,創發新義而依據確鑿,江瀚譽其“搜羅既富,徵引尤詳”。[⑧] 在《王制箋》中,皮錫瑞力主《王制》出於孔聖,尊之爲經,論證《王制》“是素王新制,非夏、殷舊制”,[⑨]集中呈現出他對今文經學的尊信。《經學歷史》和《經學通論》則是爲新式學堂編撰的教材,在經學教育陷入困境之

---

① 王先謙:《今文尚書考證序》,師伏堂光緒丁酉刊本,卷首。

② 《師伏堂經學雜記》第一册,稿本,藏湖南師範大學圖書館。

③ 皮錫瑞:《孝經鄭注疏自序》,師伏堂光緒乙未刊本,卷首。

④ 皮錫瑞:《鄭志疏證自序》,思賢書局光緒己亥刊本,卷首。

⑤ 皮名振:《皮鹿門年譜》,第 74 頁。

⑥ 皮錫瑞:《駁五經異義疏證自序》,河間李氏古鑒齋 1934 年刊本,卷首。

⑦ 陳三立:《挽皮鹿門同年》,李開軍校點:《散原精舍詩文集》,上海:上海古籍出版社,2003 年,第 231 頁。

⑧ 江瀚:《〈漢碑引經考〉提要》,《續修四庫全書總目提要(經部)》,北京:中華書局,1993 年,第 1410 頁。

⑨ 皮錫瑞:《王制箋》,思賢書局光緒戊申刊本,第 2 頁。

際,"思殫炳燭之明,用救燔經之禍"①,論述經學的簡明、有用與易學,欲使喜新厭舊的學子恢復對孔子與經書的尊崇,並耐心爲初學治經者指點門徑、開列書單。這兩本書提綱挈領,論斷明快,深入淺出,功力非凡,迄今仍是經學研究的必讀書目。

皮錫瑞精研群經,會通衆家,並貫以今文之學,使其學術自成體系,加上治學謹嚴,條理分明,資料豐富,持論平實,所以大受稱譽,如民國學者邵瑞彭説:"鹿門先生,興於南楚,蔚爲大師。其學遠紹西漢今文墜緒,兼綜北海鄭氏之學,淹雅宏通,審思明辯,與井研廖君同源殊流,縱恢廣弗逮,而濬密過之。"②湘省後學更推之爲晚清湖南經學第一家,如楊樹達稱:"皮氏經術湛深,治學嚴謹,同時鄉里學人,王先謙不逮其精深,王闓運遠輸其嚴謹,在近代湘士中,最爲傑出。"③

(二)文史之學

出於科舉應試之需,皮錫瑞從小接受吟詩作文與讀史發論的訓練。他資質聰穎,加上好諷群籍,年未弱冠即享有文名,"我年未冠登詞場","文章小露世已驚"。④ 爲射策高中,皮錫瑞長年沈思苦吟,文才與識見均別出一格:"抗論時事,盱衡今古,鄙宋明之貧弱,慕漢唐之富強,少作詩文,多是此種議論,妄意有所建白。"⑤後來他因科舉不利,轉而治經,"近以才華漸退,自分詞章不能成家,又困於名場,議論無所施,乃不得已遁入訓詁",⑥但即使在轉向經學研究後,他仍耽悦詩詞,好作古今談,留下一批詩文作品和數種史學著作。然而,皮錫瑞的文學造詣與史學見解,一直被他的經學成就所掩。

皮錫瑞的詩詞文章,多爲叙事、抒懷、寫景、紀遊、詠史、論古之作,既記録下個人的見聞、感受與思想,也折射出晚清波瀾壯闊的時局與新舊擾攘的世情,具有較高的藝術性,也有一定的史料價值。例如,他親手編定的《師伏堂駢文》四卷,收入得意之作60多篇,駢散交錯,對仗嚴整,文詞清麗,典故莊雅,辭氣温厚,語句鏗鏘,議論風發,情蘊淵懿,誦之朗朗上口,思之意緒紛飛。尤其引人矚目的是,皮錫瑞"深洞經義,宏發詞令","本諸華藻,以表史跡",⑦將詞章與經術、史論融於一體,讓人擊節歎賞,後學更是

① 皮錫瑞:《經學通論自序》,思賢書局光緒丁未刊本,卷首。

② 邵瑞彭:《重刊〈駁五經異義疏證〉序》,河間李氏古鑒齋1934年刊本,卷首。

③ 楊樹達:《〈經訓書院自課文〉提要》,《湖南文獻彙編》第二輯,長沙:湖南省文獻委員會,1949年,第148頁。

④ 皮錫瑞:《贈李荔村即以志别》,《師伏堂詩草》卷二。

⑤ 皮錫瑞:《師伏堂日記》,戊戌年三月十九日。

⑥ 皮錫瑞:《師伏堂日記》,甲午年七月初一日。

⑦ 賀贊元:《師伏堂駢文序》,師伏堂光緒甲辰刊本,卷首。

贊不絶口：

> 先生生遜清之季年，值湘文之盛日。少登拔萃，旋領鄉闈，藉甚聲華，煥乎文采。連珠與士衡並美，遊記共道元生色。雙清制贊，已垂彤史之輝；瀛州序頌，復紀文皇之盛。已可揚聲華屋，騰藻雲崖。先生乃矢志讀書，殫精治史，謂道不原於周、孔，則旁出多歧；文不徵於馬、班，則義終無本。於是爲遷《記》引《書》之考，賦《兩漢詠史》之詩。談古於宙合之堂，講學於經訓之院。林、苑不能分傳，經、文乃合一途。故《古泉雜序》，郎園必乞於鹿門；湖外作家，騎尉推之爲鴻筆也。昔竹垞第工詞章，東原不長文學，左海惟精禮制，西莊獨事校刊。乾嘉漢師，文尤蕪雜，諷籀書九千字，説《堯典》三萬言。群士騰譏，寡能備善。先生既究群經之玄意，兼都雅之高文，精義入神，煉才就範。非姬、漢之書不讀，匪羲、黄之旨不傳。檢緯候於緑圖，校珍文於丹策。彼《戴氏遺書》之序，豊芑《通訓》之詞，稱述學原，世稱美造。而先生所自作至數十餘篇，寧惟魯、齊家法，藉墨藻以光新；亦使伏、賈薪傳，永遺聲於文藪。故考其學業，則經學挺出於清儒；論其文章，則根底特殊於華士。斯學林之公論，非門士之私言。①

皮錫瑞自稱“案頭《漢書》時熟讀，經國大計初非懵”，②又説：“士生晚近，稽覽前徽。帝典王綱，日以弛廢；巢風羲埃，時惟寂寞。我適安歸，黄農之忽焉已久；無爲至治，華胥之夢想徒勞。爰鏡至精，扇遺烈，窺刊石，捃逸文。折群言之淆亂，滌近事之苛煩。或陳古以切今，匪貴遠而賤近。庶幾魚藻古義，聊以諷時；燕説郢書，亦足治國云爾。”③他涵詠舊史、劇論古人，意在探究古今之變，籌謀救時之策，即所謂“陳古切今”。在《六國論》、《秦始皇論》、《漢武帝論》、《班超論》、《晉武帝論》、《諸葛亮論》、《謝安論》、《唐太宗論》、《〈唐書・四夷傳〉論》、《寇准論》、《宋論》、《王安石論》等史論和《南學會講義》中，皮錫瑞更縱論歷代盛衰之故，深究中外和戰之機，思考振衰起弊、救亡禦侮的方略。特别值得一提的是，他認爲“今法多沿明，明法又本於宋，與唐以前判然不合”④，因此潛心探究漢唐的强盛與宋明的貧弱，“披亭林、船山議論，參考歷代史事，以爲不當沿宋明之弊法，舍漢唐之宏規”⑤，形成一條改革自强的思路，主張“變法

① 李肖聃：《湘學略・鹿門學略》，喻嶽衡編：《李肖聃集》，長沙：岳麓書社 2008 年，第 101 頁。

② 皮錫瑞：《百花洲懷蘇雲卿》，《師伏堂詩草》卷五。

③ 皮錫瑞：《宙合堂談古自序》，《師伏堂駢文》卷一。

④ 《皮鹿門學長南學會第九次講義》，《湘報》第 57 號。

⑤ 皮錫瑞：《師伏堂日記》，戊戌年四月初七日。

應先改宋明陋習，復漢唐郡兵藩鎮之制，則兵強可以禦侮，不必從夷俗反肇亂也”①。後來他參與戊戌湘、贛維新，鑒於“今言維新變法，難出康學窠臼”，明確提出“不引經書，專講史事，復漢唐之舊制，改宋明之陋風”的變法論②。戊戌政變後，皮錫瑞仍秉承以史經世的觀念，指導私塾弟子陳紹箕研讀《通鑒》、《通志》，以札記形式寫成《鑒古齋日記》，爲之詳加批示，以古鑒今，針對晚清新政提出：“今方言變法，尤宜講求古今通變，漢唐以上何以富強，宋明以下何以貧弱，誠於歷代沿革、得失、升降之故了然心目，思所以善變而取法於古，有不必盡學於四夷而自可以強中國者。”③他通過對中國歷史的深入研究，專心講求古今之變，宣揚“善變而取法於古”，反對盡變西法，力圖從舊學中開啟新知，成爲晚清變革理論的積極探索者。

三　皮锡瑞著述概況

根據皮名振《皮鹿門先生著述總目》統計，皮錫瑞一生著述中，刊印行世者有經學19種92卷、詩文4種12卷、筆記1種3卷、講義2種3卷、蒙學教材1種2卷、代纂方志1種，共計28種，未刊及已佚遺稿則有《史記引尚書考》6卷、《兩漢詠史》1卷、《讀通鑒論史評》1卷、《史記補注》、《長蘆鹽法志》、《廣皮子世録》、《師伏堂日記》、《易林證文》1卷等8種。④ 但筆者在調查後發現，皮錫瑞已刊著述中，尚有《鑒古齋日記評》4卷、湖南師範館《經學講義》10章與《倫理講義》6章，未刊而已佚的書稿尚有《孝經古義》、《宙合堂談古》、《春秋義説》、《十朝上諭》，⑤未刊而現存的稿本則有《易林證文》2卷、《師伏堂經説》4册、《古今書目類鈔》6册，⑥由皮氏後人輯訂的《師伏堂經學雜記》3册、《鹿門文稿》1册、《鹿門雜稿》1册、《鹿門詩草》1册，以及已刊著作的初稿、底稿、鈔稿4種。兹將皮錫瑞各種著述流傳的情況，以表格形式列示如下：

---

① 皮錫瑞：《師伏堂日記》，乙未年六月初十日。

② 皮錫瑞：《師伏堂日記》，戊戌年七月十八日。

③ 皮錫瑞：《鑒古齋日記序》，善化陳氏光緒二十八年刊本，卷首。

④ 皮名振：《皮鹿門年譜》，卷首“傳略”第4–9頁。按，皮錫瑞代父皮樹棠主持修纂的《宣平縣志》不宜視作皮錫瑞個人著述，《史記補注》、《長蘆鹽法志》則屬擬議之作，未成稿。

⑤ 按，皮名振在《皮鹿門年譜》中言及《孝經古義》、《宙合堂談古》、《十朝上諭》三書，却因一時疏忽未列入《皮鹿門先生著述總目》。

⑥ 2014年5月26日獲知湖南師範大學圖書館古籍部新檢出皮錫瑞稿本4册，有《史記引尚書異文疏證》、《史記引尚書異文考》等書名，筆者幸得一睹，未及細閲，初步判斷爲《史記引尚書考》初稿。

表一：皮錫瑞已刊著述及其版本（以初印時間爲序）

<table>
<tr><th>名　稱</th><th>卷數</th><th>初印本</th><th>影印本</th><th>新印本</th></tr>
<tr><td>經訓書院自課文</td><td>3</td><td>師伏堂
1893、1895</td><td>中國歷代書院志
（江蘇教育出版社 1995）</td><td></td></tr>
<tr><td>師伏堂駢文</td><td>2</td><td>師伏堂
1895</td><td>續修四庫全書
（上海古籍出版社 1995-2002）</td><td></td></tr>
<tr><td rowspan="2">孝經鄭注疏</td><td rowspan="2">2</td><td rowspan="2">師伏堂
1895</td><td>十三經清人注疏
（上海古籍出版社 1993）</td><td rowspan="2">中華書局 1936 年“四部備要”排印本</td></tr>
<tr><td>宋元明清十三經注疏匯要
（中央黨校出版社 1996）</td></tr>
<tr><td>尚書古文疏證辨正</td><td>1</td><td>思賢講舍
1896</td><td>續修四庫全書</td><td></td></tr>
<tr><td>尚書古文考實</td><td>1</td><td>思賢講舍
1896</td><td></td><td></td></tr>
<tr><td rowspan="2">尚書大傳疏證</td><td rowspan="2">7</td><td rowspan="2">師伏堂
1896</td><td>尚書類聚初集
（新文豐出版公司 1977）</td><td></td></tr>
<tr><td>續修四庫全書</td><td></td></tr>
<tr><td rowspan="3">今文尚書考證</td><td rowspan="3">30</td><td rowspan="3">師伏堂
1897</td><td>尚書類聚初集</td><td rowspan="3">中華書局 1989 年陳抗、盛冬玲點校本</td></tr>
<tr><td>續修四庫全書</td></tr>
<tr><td>四部要籍注疏叢刊
（中華書局 1998）</td></tr>
<tr><td>南學會講義</td><td>12 篇</td><td>《湘報》
1898</td><td></td><td>上海中華編譯印書館 1902 年《湘報類纂》</td></tr>
<tr><td rowspan="2">古文尚書冤詞平議</td><td rowspan="2">2</td><td rowspan="2">思賢書局
1899</td><td>尚書類聚初集</td><td rowspan="2"></td></tr>
<tr><td>四庫未收書輯刊
（北京出版社 2000）</td></tr>
<tr><td rowspan="2">鄭志疏證（附《鄭記考證》、《答臨孝存周禮難疏證》）</td><td rowspan="2">10</td><td rowspan="2">思賢書局
1899</td><td>中國學術名著
（世界書局 1963）</td><td rowspan="2"></td></tr>
<tr><td>續修四庫全書</td></tr>
<tr><td>六藝論疏證</td><td>1</td><td>思賢書局
1899</td><td>續修四庫全書</td><td></td></tr>
<tr><td rowspan="2">尚書中候疏證</td><td rowspan="2">1</td><td rowspan="2">思賢書局
1899</td><td>尚書類聚初集</td><td rowspan="2"></td></tr>
<tr><td>續修四庫全書</td></tr>
</table>

续表

名　稱	卷數	初印本	影印本	新印本
駁五經異義疏證	10	思賢書局 1899		
		河間李氏古鑒齋 1934	國學集要 （文海出版社 1967）	
			續修四庫全書	
發墨守箴膏肓釋廢疾疏證	3	思賢書局 1899		
魯禮禘祫義疏證	1	思賢書局 1899	續修四庫全書	
聖證論補評	2	思賢書局 1899		
禮記淺説	2	思賢書局 1899	四庫未收書輯刊	
左傳淺説	2	思賢書局 1899	四庫未收書輯刊	
鑒古齋日記評	4	善化陳氏家刻 1902	四庫未收書輯刊	
蒙學歌訣	2	湘雅堂 1903		
經學講義	10 章	《湖南學報》 1903		
倫理講義	6 章	《湖南學報》 1903		
漢碑引經考（附《漢碑引緯考》）	7	師伏堂 1904	國學集要 （文海出版社 1968）	
			石刻史料新編 （新文豐出版公司 1977）	
師伏堂駢文	4	師伏堂 1904	續修四庫全書	
			清代詩文集彙編 （上海古籍出版社 2012）	
師伏堂詩草	6	師伏堂 1904	續修四庫全書	
			清代詩文集彙編	
師伏堂詠史	1	師伏堂 1904	清代詩文集彙編	
師伏堂詞	1	師伏堂 1904	清代詩文集彙編	

续表

名　稱	卷數	初印本	影印本	新印本
經學歷史	1	思賢書局 1906	商務印書館 1924	上海群益書社 1911 年句讀本(更名《經學史講義》)、商務印書館"萬有文庫"排印本及周予同注釋本、上海群學書社 1930 年許嘯天標點本等
			續修四庫全書	
經學通論	6	思賢書局 1907	商務印書館 1920	商務印書館"國學基本叢書"排印本、中華書局 1954 年校印本、華夏出版社 2011 年周春健校注本
			續修四庫全書	
師伏堂筆記	3	師伏堂 1907		
		楊氏積微居 1930	續修四庫全書	
王制箋	1	思賢書局 1908	續修四庫全書	華夏出版社 2005 年王錦民校箋本
師伏堂春秋講義	2	鴻飛印書局 1909	續修四庫全書	

由此表可見,皮錫瑞已刊著述共有 31 種,其中 24 種被影印,《孝經鄭注疏》、《尚書大傳疏證》、《今文尚書考證》、《古文尚書冤詞平議》、《鄭志疏證》、《駁五經異義疏證》、《漢碑引經考》、《經學歷史》、《經學通論》、《師伏堂駢文》還被多次影印。至於被重新排印的著述有《孝經鄭注疏》、《南學會講義》、《經學歷史》、《經學通論》,經過整理(添加句讀、注釋、校點)的著述有《經學歷史》、《經學通論》、《今文尚書考證》和《王制箋》。與衆多的影印本相比,新印本特别是校點本顯得較爲欠缺。現有的《經學歷史》等 4 種整理本中,在斷句、標點與覆檢引文等方面,也有較多可以改進的地方。

現存的皮錫瑞未刊著述則見表二。其中,《〈讀通鑒論〉札記》和《師伏堂日記》已由全國圖書館縮微文獻複製中心製成微卷。《湖南歷史資料》曾摘刊《師伏堂日記》丁酉年冬至庚子年底有關維新變法的部分内容,①但認字、斷句、標點等訛誤較多。國家圖書館出版社 2009 年將《師伏堂日記》全文影印出版,其前言稱據湖北省圖書館藏稿

① 皮錫瑞:《師伏堂未刊日記》,連載於《湖南歷史資料》1958 年 4 期、1959 年 1 期和 2 期、1981 年 2 期。

本,實據國家圖書館藏微卷還原件,頗多模糊無法辨認之處。

表二:皮锡瑞未刊著述及其存佚(以成稿时间为序)

名稱	卷册	成稿時間	内容簡介	存佚
師伏堂經説		1884年前後	壯年研讀群經注疏所作札記之統稱,甲午、庚子年間續作校正、刪補,改名《尚書淺説》、《毛詩淺説》、《禮記淺説》、《左傳淺説》、《公羊淺説》、《穀梁淺説》、《論語淺説》、《孟子淺説》、《國語淺説》	湖南師範大學圖書館藏有稿本四册,爲《禮記》二卷、《左傳》二卷、《公羊傳》一卷、《論語》二卷。
易林證文	2卷	1890	對《焦氏易林》作疏證	現藏湖南師範大學圖書館
史記引尚書考	6卷	1894	考辨《史記》所引《尚書》,以爲"其義皆古義,其文皆今文"	已佚,僅存序文
今文尚書考證	17卷	1894	《今文尚書考證》底稿	現藏湖南師範大學圖書館
孝經古義		1894	輯采先儒解説《孝經》之語,"多從鄭注",補《孝經注疏》之闕	已佚
兩漢詠史	1卷	1895	關於兩漢歷史之樂府詩	已佚,僅存序文
宙合堂談古	1卷	1895	關於上古至春秋戰國之史論	已佚,僅存序文
春秋義説	1卷	1898	申論《春秋》"公羊改制"之義	已佚
廣皮子世録		1900	輯録皮氏歷代先賢事跡	已佚,僅存自序
《讀通鑒論》札記		1900	在《讀通鑒論》上所作眉批	現藏湖北省圖書館
十朝上諭		1903	受湖南省學務處委託,分十二類編纂清朝上諭,作教材之用	已佚,僅存凡例
春秋講義	2卷	1904	湖南高等學堂經學講義,即《師伏堂春秋講義》初稿	現藏湖南師範大學圖書館
經學歷史	2卷	1905	《經學歷史》初稿	現藏湖南師範大學圖書館
經學通論	5卷	1907	《經學通論》初稿	現藏湖南師範大學圖書館
師伏堂日記	36册	1892-1908	起自壬辰年元日,迄於戊申年二月初四日,記載起居、交遊、教學、治學與見聞感想	現藏湖北省圖書館(缺第29册)
古今書目類鈔	6册	1893	皮氏家藏圖書目録	現藏湖南省圖書館

续表

名稱	卷册	成稿時間	内容簡介	存佚
師伏堂經學雜記	3册	後人匯輯	第一册收録論經學家法短文及序文、書札等25篇,第二、三册收録通論三《禮》、《詩經》文30篇	現藏湖南師範大學圖書館
鹿門文稿	1册	後人匯輯	收録時文習作及序文、壽序、墓誌銘等10篇	現藏湖南省博物館
鹿門雜稿	1册	後人匯輯	收録詩賦、序跋、壽序、祭文、箋啟等9篇	現藏湖南省博物館
鹿門詩草	1册	後人匯輯	收早年詩作130餘首,爲《師伏堂詩草》刪棄者	現藏湖南省博物館

四、《皮錫瑞全集》整理述要

皮錫瑞著述衆多,内容豐富,不僅翔實地記録他個人的生平經歷、政治思想、社會生活和學術成就,而且對於今人瞭解和研究晚清的政治、經濟、學術、教育、文化和社會變遷,以及深入開展中國經學史的研究,都是非常實貴的資料,因此很有必要加以搜集、彙輯和整理。

筆者1998年以皮錫瑞研究爲題撰寫博士學位論文,從此留意搜集他的著述,有心開展整理工作。2003年,以"皮錫瑞集"爲題,獲得全國高校古籍整理與研究工作委員會資助,開始對他的詩文進行整理。2005年,又以"皮錫瑞經學遺稿整理與經學成就研究"爲題,獲得教育部人文社科規劃基金資助,對現存的皮錫瑞經學稿本進行整理。2006年,"皮錫瑞全集"被列爲國家清史編纂委員會文獻整理項目,全面整理皮錫瑞著述的愿望得以實現。於是根據《師伏堂日記》和《皮鹿門先生著述總目》、《皮鹿門年譜》等提供的綫索,對皮錫瑞的著述情況作了全面調查,並通過走訪長沙、武漢、北京、上海等地的圖書館、博物館,或者轉輾託人,從臺灣、香港和日本等地的圖書館,採取掃描、複印、拍照、抄録或購買等方式,將現存的著述搜集到手,然後精心點校,彙編成《皮錫瑞全集》,所收33種著述如下:

表三:《皮錫瑞全集》收書及其底本等訊息(以成稿或初刊時間爲序)

書名	卷數	底本	参校本	備注
師伏堂經説(公羊傳一卷、論語二卷)	3	湖南師範大學圖書館藏稿本		
易林證文	2	湖南師範大學圖書館藏稿本		
經訓書院自課文	3	師伏堂光緒乙未刊本		
孝經鄭注疏	2	師伏堂光緒乙未刊本	中華書局 1998 年《四部備要》本	《孝經鄭注》據嚴可均輯本(光緒九年《咫進齋叢書》本)對校
尚書古文疏證辨正	1	思賢講舍光緒丙申刊本		《尚書古文疏證》據上海古籍出版社影印乾隆十年眷西堂本及《文淵閣四庫全書》本對校
尚書古文考實	1	思賢講舍光緒丙申刊本		
尚書大傳疏證	7	師伏堂光緒丙申刊本		陳壽祺《尚書大傳輯校》據光緒十四年南菁書院《皇清經解續編》本對校
今文尚書考證	30	師伏堂光緒丁酉刊本	中華書局 1989 年盛冬鈴、陳抗點校本	
南學會講義	12 篇	戊戌年《湘報》	《師伏堂日記》所録講義底稿	
古文尚書冤詞平議	2	思賢書局光緒己亥刊本		《古文尚書冤詞》據《文淵閣四庫全書》本對校
鄭志疏證(附《鄭記考證》、《答臨孝存周禮難疏證》)	10	思賢書局光緒己亥刊本		袁鈞輯《鄭志》、《鄭記》、《答臨碩難〈禮〉》據光緒十四年浙江書局《鄭氏佚書》本對校;成蓉鏡《鄭志考證》據光緒十四年《南菁書院叢書》本對校
六藝論疏證	1	思賢書局光緒己亥刊本		袁鈞輯《六蓺論》據光緒十四年浙江書局《鄭氏佚書》本對校

续表

書名	卷數	底本	参校本	備注
尚書中候疏證	1	思賢書局光緒己亥刊本		袁鈞輯《尚書中候》據光緒十四年浙江書局《鄭氏佚書》本對校
駁五經異義疏證	10	河間李氏古鑒齋民國甲戌重刊本		袁鈞輯《駁五經異義》據光緒十四年浙江書局《鄭氏佚書》本對校;陳壽祺《五經異義疏證》據嘉慶十八年三山陳氏本對校
發墨守箴膏肓釋廢疾疏證	3	思賢書局光緒己亥刊本		袁鈞輯《發墨守箴膏肓釋廢疾》據光緒十四年浙江書局《鄭氏佚書》本對校
魯禮禘祫義疏證	1	思賢書局光緒己亥刊本		袁鈞輯《魯禮禘祫義》據光緒十四年浙江書局《鄭氏佚書》本對校
聖證論補評	2	思賢書局光緒己亥刊本		《聖證論》據馬國翰玉函山房輯本對校
禮記淺説	2	思賢書局光緒己亥刊本	湖南師範大學圖書館藏《師伏堂經説・禮記》稿本	
左傳淺説	2	思賢書局光緒己亥刊本	湖南師範大學圖書館藏《師伏堂經説・左傳》稿本	
《讀通鑒論》札記		國家圖書館藏微捲		
鑒古齋日記評	4	長沙陳氏光緒壬寅刊本		
湖南師範館講義		癸卯年《湖南學報》		附《師伏堂經學雜記》第一册所收經學講義底稿
漢碑引經考(附《漢碑引緯考》)	6	師伏堂光緒甲辰刊本		朱百度《漢碑徵經》據光緒十五年廣雅書局刊本對校
師伏堂駢文	4	師伏堂光緒甲辰刊本		
師伏堂詩草	6	師伏堂光緒甲辰刊本		

续表

書名	卷數	底本	参校本	備注
師伏堂詠史	1	師伏堂光緒甲辰刊本		
師伏堂詞	1	師伏堂光緒甲辰刊本		
經學歷史	1	思賢書局光緒丙午刊本	湖南師範大學圖書館藏《經學歷史》初稿;周予同注釋本	
經學通論	6	思賢書局光緒丁未刊本	中華書局 1954 年校印本	
師伏堂筆記	3	楊氏積微居民國十九年刊本		
王制箋	1	思賢書局光緒戊申刊本		
師伏堂日記(1892-1908)	35 册	湖北省圖書館藏稿本;國家圖書館藏微捲		
師伏堂春秋講義	2	鴻飛印書局宣統元年鉛印本		

皮錫瑞還有不少單篇著述散見各處,筆者也盡力加以搜集。首先,對《師伏堂經學雜記》、《鹿門文稿》、《鹿門雜稿》作清理,從中整理出多篇皮錫瑞的文稿、書札,同時對《鹿門文稿》、《鹿門雜稿》中數篇並非皮錫瑞的文稿作了甄别、剔除。其次,從皮名振編撰《皮鹿門年譜》、易順鼎編刻《湘壇集》、葉德輝編刻《觀古堂叢刻》、陶福履編刻《豫章叢書第三集》、龍伯堅藏《近代湘賢手札》、廖樹衡輯《珠泉草廬師友録》、夏敬觀撰《忍古樓詞話》、蘇輿輯《鯉庭獻壽圖題詠集》、佚名編《湘水懷清集》、陳建明主編《湖南省博物館館藏百位湘籍名人手迹》、湖南省社會科學院圖書館藏稿本《遊嶽麓山記》和《湘報》、《南強旬刊》等處,覓得皮錫瑞一批詩詞、書札、序跋、課卷、條陳、答問等。最後將輯録所得,分文、詩、詞、書札、答問、批語等類,各依撰寫或刊載時間,編成"詩文補遺"一卷。

另外,筆者輯録了晚清至民國有關皮錫瑞的傳記資料與著述資料,加上皮錫瑞生平大事年表,作爲附録,供學界研究皮錫瑞時參考。

筆者無論在過去從事皮錫瑞研究,還是此次整理《皮錫瑞全集》,一直得到海内外諸多前輩學者、同輩學友的精心指點和無私幫助,在項目申請與結項評審中,也得到衆多匿名專家的大力支持,或積極給予肯定,或費心指出不足,雲天高誼,感荷無既。當然,《皮錫瑞全集》最終完成,還要感謝國家清史編纂委員會的立項資助。文獻組各位專家特別是項目聯系人黃愛平教授的支持、鼓勵與寬緩期限,不僅使整理工作得以順利完成,還直接推促點校質量不斷提升。

本次編成的《皮錫瑞全集》已有 500 多萬字,但還不是真正的全集,根據《師伏堂日記》所載,還有不少書札、序跋及應酬詩文有待查找,甚至光緒二十九年(1903)刊行的《蒙學歌訣》一書,也未能在海內外各圖書館查到,該書十餘年前曾現身國內拍賣市場,但迄未有緣訪獲。皮錫瑞不僅著述繁富,而且研究專精,今天要搜集、點校其著述,很有難度。筆者因學力所限,整理工作肯定存在遺漏、疏失與錯誤,祈望博雅君子不吝賜教,無論提供資料綫索,抑或糾正點校謬誤,筆者均將銘感在心,俟有時機續加補正。

作者簡介:

吴仰湘,1970 年生,湖南省溆浦縣人,現任湖南大學岳麓書院教授。代表論著有《通經致用一代師:皮錫瑞生平和思想研究》(岳麓書社,2002 年)、《皮錫瑞的經學成就與經學思想》(湖南大學出版社,2013 年)等。

師伏堂經説・公羊傳

皮錫瑞撰　吴仰湘整理

元年者何？君之始年也(隱元年)

○注：不言公言君之始年者，王者、諸侯皆稱君，所以通其義於王者，唯王者然後改元立號。《春秋》託新王受命於魯，故因以録即位。

謹案：《公羊》以天子方得改元，故以《春秋》書元年爲託王於魯；又以文王改元爲文王稱王之證，意以文王爲受命之王，隱公亦爲受命之王，故以"元年，春，王正月"爲五始大義。後人多不然之。疏云："若《左氏》之義，不問天子、諸侯，皆得稱元年。若《公羊》之義，唯天子乃得稱元年。以隱公爲受命之王，故得稱元年矣。"説者多以《左氏》爲是。其實諸侯得改元，古無其證，後人所據者，春秋以後之事耳。春秋時，諸侯即位即改元。桓二年，《左傳》云"惠之二十四年"，又云"惠之三十年"，是東遷之初，諸侯已有改元者。《玉海》引樂資《春秋後傳》云："惟王者改元。諸侯改元，汾王以前未之有也。"則諸侯改元，自是衰世之事。《公羊》以《春秋》立一王之法，故定諸侯不改元之經。孔氏《公羊通義》乃謂"諸侯有不純臣之義，各得改元於其竟内"，非也。

王者孰謂？謂文王也

○注：以上繫王於春，知謂文王也。文王，周始受命之王，天之所命，故上繫天端。方陳受命制正月，故假以爲王法。不言謚者，法其生，不法其死，與後王共之，人道之始也。

謹案：公羊家以文王爲受命之王，後人多謂文王必無稱王之事，且以其説出緯書，不足信。不知文王稱王，考之《詩》、《書》，灼然不謬。周之文、武皆受命之王，而周人陳其功德，每詳文而畧武。《詩》所常歌，如《小雅・鹿鳴》之三，《大雅・文王》之三，《頌・清廟》、《維天之命》、《維清》，皆文王之詩，毛《傳》謂"歌文王之德,①爲後世法",《史記》云"詩人道西伯,蓋受命之年稱王",是也。《書》則《大誥》與《康誥》諸篇皆言"文考",言"寧王",不及武王。後儒不得其説,乃謂"《康誥》不及武王,可爲武王封康叔之證",蘇氏又以"寧王"爲武王。不知《書》明云"天乃大命文王,殪戎殷",正以文受天命,武纘文緒,故稱文不稱武也。漢儒去古未遠,伏生、董子皆大儒,太史公從孔安國問古文,皆有文王稱王受命改元之説。《逸周書・文傳》"文王受命之九年",《詩序》"文王受命作周也",受命改元乃稱王之確證,《公羊傳》謂"王者然後改元",是也。其後緯候盛行,説者不知證以《詩》、《書》古義,徒引緯候"赤雀丹書"爲受命之瑞,如《詩・文王》正義所引多是緯書,宜後儒之不信矣。《公羊》蓋謂文王以諸侯爲始受命之王,今託王於魯,隱公亦以諸侯爲始受命之王,其義相合。正月乃周正朔,周改正朔,始於文王。王者謂文王,其説本無可疑。《繁露・四祭》篇曰:"已受命而王,必先祭天,乃行王事,文王之伐崇是也。"引《詩》"濟濟辟王"一章,曰"此文王之郊也";又引"淠彼涇舟"一章,曰"此文王之伐崇也"。文王受命乃郊,郊乃伐崇。《郊祀》篇曰:"文王受天命而王天下,先郊乃敢行事,而興師伐崇。"下引《詩》義亦同。此公羊家言文王受命而王天下之證。又《繁露・玉杯》曰"孔子立新王之道",《奉本》篇曰"今《春秋》緣魯,以言王義",是又公羊家言《春秋》當新王、託王於魯之證,非何劭公之創解也。注云:"故假以爲王法。"疏謂:"以見孔子作新王之法,當周之世,理應權假文王之法。"是託王於魯,本屬假託之詞;以王爲文王,亦假以爲法耳。"公及邾婁儀父盟於昧",疏云:"隱公實非受命之王,但欲託之以爲始也。"其説甚明。説者以《春秋》爲素王。素王,非自爲王也,亦非以王予魯也。素者,空也,謂空設一王之法也。空設一王之法,不得不有所託,乃可以立褒貶,乃可見之行事。賈逵等未達此義,而誤以爲實事,謂:"孔子何得尊魯爲王、貶周爲諸侯?"不知《春秋》並無黜周、王魯之明文,由後人推言之,以爲其義如此,此所謂微言也。賈所疑,公羊家早辨之,《春秋繁露》説黜周、王魯之義尤明。

此其爲可褒,奈何?漸進也

○注:不言先者,亦爲所褒者法,明當積漸,深知聖德灼然乃往,②不可造次陷於不義。

謹案:傳云"漸進",承"可褒"言,謂褒之以漸進,非謂其可褒者由於能漸進也。邾婁儀父失爵當名,而始與公盟爲可褒,然使稱爲邾婁子,則嫌褒之太驟,非漸進之義,故特書字,以漸進之,是爲"因其可褒而褒之"矣。莊十年傳注:"不言楚言荆

① "德",《毛詩正義》本作"道"。

② "然"下,《春秋公羊傳注疏》本有"之後"。

者,楚彊而近中國,卒暴責之,則恐爲害深,故進之以漸。"疏謂:"故欲進之以漸,先從卑稱進之。"此"漸進"與彼注義正同。成七年經"吴伐郯",注云:"吴國見者,罕與中國交,至升平乃見,故因始見以漸進。"①疏云:"然則吴、楚相敵,亦宜言揚,當以揚州言之,而經言吴者,正以罕與中國交。至升平之世乃始見經,故因其始見於升平,故經直以漸進之。"所云"漸進"之義亦同。何氏乃不以彼注"漸進"之義解此"漸進",何也?

如勿與而已矣

○注:如即不如,齊人語也。

謹案:《左傳疏》云:"如爲不如,敢爲不敢,古人語急,故然。"何氏又以"如即不如"爲齊人語。其實"如"字應訓爲"當"。《國策》"夫宋之不足如梁也,寡人知之矣",高注:"如,當也。"《左氏傳》"君若愛司馬,則如亡","不能,如辭",杜氏皆訓爲"當"。此"如勿與而已矣",猶云"當勿與而已矣"。何氏云"不當自己行誅殺,使執政大夫當誅之",又引"禮,公族有罪,有司讞於公,公曰宥之"以證,則"與"字當讀爲"預",謂當使執政大夫誅之,而己勿與焉也。疏乃謂"不與其國而已",傳云"勿與",不云"不與其國",疏失注意,亦非傳之意也。

始滅,昉於此乎(隱二年)

○注:昉,適也,齊人語。

謹案:訓"昉"爲"適",義亦難通。《列子・黄子》篇"衆昉同疑",注:"始也。"是"昉"字亦訓"始","昉於此乎"亦即"始於此乎"。其不言"始"言"昉"者,以上有"始滅"字,故易其文曰"昉"耳。

有則何以不稱母?母不通也

○注:禮,婦人無外事,但得命諸父兄師友,稱諸父兄師友以行耳。母命不得達,故不得稱母通使文,所以遠别也。

謹案:《儀禮疏》引服虔《左氏傳注》云:"不稱主人,母命不通,故稱使②。"則《左氏》與《公羊》不異。惟《説苑・修文》篇云"某國寡小君,使寡人奉不腆之琮、不珍之屨,禮夫人貞女",似有母命之禮。子政習《穀梁》,或用《穀梁》説。《昏禮・記》云:"宗子無父,母命之。"鄭注謂:"命之,命使者。母命之,《春秋》'紀裂繻來逆女'是也。"亦與《春秋公羊》説異。

① "因",原誤作"言",據《春秋公羊傳注疏》改。

② "故"下,原衍"不",據《儀禮注疏》删。

宋公和卒(隱三年)

○注:不言薨者,《春秋》王魯,死當有王文。聖人之爲文辭孫順,不可言崩,故貶外言卒,所以褒内也。

謹案:外諸侯書卒,與本國大夫同,此《春秋》王魯之確證。説《左氏》者乃謂經承舊史策書爲周公所制之法,周公豈自尊本國而卑外諸侯哉!

吾爲子口隱矣(隱四年)

○注:口,猶口語發動也。[①]

謹案:口當假爲"[illegible]"。"訦",今以"吅"为之,又誤作"叩"。

諸公六,諸侯四(隱五年)

○注:六人爲列,六六三十六,法六律。四人爲列,四四十六人,法四時。

謹案:諸公六佾,諸侯四佾,《穀梁傳》、《廣雅》與此同,惟《左氏傳》諸侯六、大夫四爲異。孔氏《通義》曰:"天子之大夫視諸侯,故得通言四佾。"考公羊家以《春秋》改文從質,公爲一等,侯爲一等,伯、子、男爲一等。《左氏》無此義。孔氏強作調人,非是。《白虎通》引《公羊》義,又引《詩傳》曰:"大夫、士琴瑟御。"又曰:"諸公,謂三公、二王后。大夫、士北面之臣,非專事子民者也,故但琴瑟而已。"是公羊家謂大夫不得有樂,不得云天子大夫視諸侯也。又公羊家以每佾人數如其佾數,何氏與蔡邕同。左氏家服注則以每佾皆八人爲列,見《左氏傳正義》。然晉悼公賜魏絳女樂二八,二八十六人,正合四佾之數。律以《左傳》"大夫四"之文,則正大夫之制。律以《公羊》"諸侯四"之文,則大夫無樂,悼公以諸侯之樂賜之,更見寵異功臣之意。《繁露·三代改制》篇云:"法商而王,舞溢圜。法夏而王,舞溢方。法質而王,舞溢橢。法文而王,舞溢衡。"魯、晉皆周制,若皆八人爲列,則六佾、四佾安得方?當從何説爲正。《御覽》引《禮記》曰:"天子宫懸,四面舞,行八佾。諸侯軒懸,三面舞,行六佾。"八佾、六佾隨宫懸、軒懸成列,其説不同。

吾與鄭人末有成也(隱六年)

○注:末,無也。此傳發者,解鄭稱人爲共國辭。

○疏:非直解鄭擅獲諸侯爲有罪[②],而魯侯不能死難亦當絶,故令鄭稱人。言輸平,則魯侯亦合稱人矣。一個"人"字,兩國共有,故云"稱人爲共國辭"。

謹案:下注云:"稱人共國辭者,嫌來輸平獨惡鄭,擅獲諸侯[③],魯不能死難,皆當絶

① "動"下,原衍"之",據《春秋公羊傳注疏》删。

② "解"下,原衍一"解",據《春秋公羊傳注疏》删。

③ "擅"上,阮元《十三經注疏校勘記》謂當有"明鄭"二字。

之。"其義頗晦。此疏解注甚晰,但傳義不過以輸平爲諱獲耳,非必以一"人"字關兩國也。

叔姬歸於紀(隱七年)

○注:叔姬者,伯姬之媵也。媵賤,書者,後爲嫡,終有賢行。

謹案:宣十六年"郯伯姬來歸",注:"嫁不書者,爲媵也;來歸者,爲嫡也。"莊十九年傳"諸侯不再娶",注:"不再娶者,所以節人情,開媵路。是以妾有爲嫡之望,不以嫡死更立嫡爲譏。"鄭《駁異義》云:"女君卒,貴妾繼室,攝其事耳,不得復立爲夫人。魯立妾母爲夫人者,乃緣莊公哀姜有殺子般、閔公之罪,應貶故也。"又云:"《喪服・緦麻章》:'庶子爲後,爲其母。'此義自天子下至大夫、士同,不得三年。魯宣公所以得尊其母敬嬴爲夫人者,以夫人姜氏大歸齊不反故也。"則子立母與君立夫人雖不同,律以無二嫡之義,子既不能於嫡母後更事嫡母,君亦不得於嫡妻外更立嫡夫人矣。《禮・雜記》:"主妾之喪,則自祔至於練、祥,皆使其子主之。其殯、祭,不於正室。"疏引崔氏云:"'謂女君死,攝女君也。'雖攝女君,猶下正室,故殯之不於正室。"《雜記》又云:"女君死,則妾爲女君之黨服。攝女君,則不爲先女君之黨服。"《左氏》隱元年傳"繼室以聲子",注:"元妃死,則次妃攝治内事,猶不得稱夫人。"昭三年齊侯使晏嬰請繼室於晉,乃繼少姜,士文伯云少姜非伉儷。是繼室不得同正室。鄭用古文家説,與今文《春秋》異。蓋以君與大夫、士不同,大夫、士嫡死則更立嫡,故《喪服・齊衰三年章》云"繼母如母",而君不得更立嫡者,恐其專恣奪嫡故也。《白虎通・嫁娶》篇云:"嫡夫人死,更立夫人者,不敢以卑賤承宗廟。伯姬卒,叔姬升於嫡,經不譏也。或曰:嫡死,不復更立嫡,明嫡無二,防篡煞也。祭宗廟,攝而已。以禮不聘爲妾,明不升。"前説,何説所本;後説,鄭説所本。《白虎通》宗《公羊》,故以今文家説居先。

母弟稱弟,母兄稱兄

○注:母弟,同母弟。母兄,同母兄。不言同母言母弟者,若謂"不如"爲"如"矣,齊人語也。分别同母者,《春秋》變周之文,從殷之質,質家親親,明當親厚,異於群公子也。

謹案:《繁露・觀德》篇曰:"外出者衆,以母弟出,獨大惡之,爲其亡母背骨肉也。"母弟與群弟不同,杜氏《釋例》言之甚晰。《左氏》無"從殷之質"之義,亦非齊人之語。而"公弟叔肸卒",傳云"凡稱弟,皆母弟也",則今《春秋》與古《春秋》義同。

諸侯皆有湯沐之邑焉(隱八年)

○注:禮,四井爲邑,邑方二里。東方二州,四百二十國。凡爲邑,廣四十里,袤四十二里,取足舍止共槀穀而已。

謹案:《異義》從《左氏》説,"諸侯有功德於王室,京師有朝宿之邑,泰山有湯沐之邑。魯,周公之後。鄭,宣王母弟。此皆有湯沐邑,其餘則否",恐其地之不給也。如何氏所推算,則邑止四井,亦不患地之不給。

諸侯來曰朝,大夫來曰聘(隱十一年)

○注:傳言來者,解内外也。《春秋》王魯,王者無朝諸侯之義,故内適外言如,外適内言朝、聘,所以别外尊内也。

謹案:經有"公朝於王所",豈得以王者朝王者乎?《春秋》雖託王於魯,然不可實以魯爲王。此亦臨文不得不然,故曰:"《春秋》無達例。"

諸侯皆有朝宿之邑焉(桓元年)

謹案:《異義》:"京師之地皆有朝宿邑,周千八百諸侯,京師地不能容之。"孔氏廣林引"《王制》'方伯爲朝天子,皆有湯沐之邑於天子之縣内,視元士',特云'方伯',知群侯不得有。《覲禮》:'天子賜舍。'若皆有朝宿邑,何必每朝更致"。今考隱八年傳注云:"四百二十國,凡爲邑,廣四十里,袤四十二里。"則千八百諸侯,朝宿邑亦止百八十里耳。

及其大夫孔父(桓二年)

○注:賢者不名,故孔父稱字。

○疏:考諸舊本,悉無此注,且與注違,則知有者衍文也。

謹案:下文注云:"以稱字,見先君死。""禮,臣死,君字之。以君得字之,知先攻孔父之家。"何氏以稱字爲先君死之證,則不當又以爲賢者不名。四年傳注:"禮,君於臣而不名者有五:諸父兄不名,經曰王札子是也,《詩》曰王、曰叔父是也;上大夫不名,祭伯是也;盛德之士不名,叔肸是也;老臣不名,宰渠伯糾是也。"無"賢者不名,孔父是也"之文,疏云衍文,是也。《異義》:"《公羊》説:臣子先死,君父猶名之。孔子曰'鯉也死',是已死而稱名。"今何氏引"禮,臣死,君字之",則與《異義》所引《公羊》説異。

故謂之郜鼎

○注:禮,祭,天子九鼎,諸侯七,卿大夫五,士三也。

○疏:"禮,祭"至"三也",《春秋説》文。而《膳夫》云"王日一舉,鼎十有二物",何氏不取也。

謹案:十二鼎者,正鼎九,陪鼎三。禮云鼎俎奇而籩豆耦,是膷、臐、膮三陪鼎不在正鼎之數,其實亦止九鼎。《春秋説》不兼陪鼎言之,與《膳夫》所云亦無不合。何氏雖以《周禮》爲六國陰謀之書,未見其説必與《膳夫》所云異也。

若楚王之妻娟,無時焉可也

○注:娟,妹也。引此爲喻者,明其終不可名有也。

謹案:楚王妻娟事無可改。《左氏》以江芊爲成王妹,《史記》以爲寵姬,或楚王以妹爲姬乎? 成王取鄭二姬,爲禮卒於無别,疑有是事。或引"楚子取其妹季芊、畀我以出"爲證,昭王賢者,不宜有此,且其後明言王嫁季芊矣。《三國志》謂:"何晏取其同母妹,雖楚王之妻嫂,不是過也。""嫂"乃"娟"字之誤。

春曰苗(桓四年)

○注:毛也。明當見物取未懷任者。

謹案:"毛"字當作"毣"。《説文》:"毣,擇也。從見,毛聲,讀若'苗'。""毣"讀若"苗",故經、傳即作"苗",其義爲"擇取未懷任者"。《白虎通》曰:"夏謂之苗何? 擇去其懷任者也。"雖與此"春曰苗"不同,而其義無異。鄭注《周禮》云:"擇取不孕任者,若治苗去不秀實者。"以"苗"爲"擇取",是也,而不知"苗"爲假字,附會治苗之義,則反失之。郭注《爾雅》謂"爲苗稼除害",邢疏不知"苗"本"擇取"之義,乃疑"苗非懷任之名",則失之更遠矣。

貴者無後,待之以初也①**(桓七年)**

○注:無後者,施於所奔國也。獨妻得配夫,託衣食於公家,子孫當受田而耕,故云爾。

謹案:注義與"待之以初"義不相承。古以有繼世在位者爲有後,無繼世在位者爲無後。《傳》云:"必無後於魯國。"《左氏傳》云:"籍父其無後乎? 怙亂滅國者無後。"《國語》云:"余懼其無後以定晉。"國而無後,其義皆同。"貴者無後"謂諸侯出奔,不得繼世在位,而待之者仍以諸侯之禮如初也。

春曰祠,夏曰礿,秋曰嘗,冬曰烝(桓八年)

○注:無牲而祭謂之薦。天子四祭四薦,諸侯三祭三薦,大夫、士再祭再薦。

謹案:無牲而祭謂薦,《穀梁傳》范注、《禮》鄭注皆同。古者薦有三:一爲四時之薦,時物始出而薦新,於正祭外,加之以薦,所以致其愛敬。一爲毁廟之薦,鄭注《王制》云"鬼者薦而不祭"是也。蓋廟數有定,親盡則不能不毁,而毁者亦不可以不追遠,故不祭而猶薦。一爲庶人無廟及士、大夫無田之薦。無廟、無田皆不得祭,故薦於寢,其别於祭者,無牲也。何氏云"薦尚韭卵"、"薦尚麥魚"、"薦尚黍肫"、"薦尚稻雁",是以《王制》之薦解《傳》,則天子、諸侯之薦,或與大夫、士、庶不異。蓋皆無牲,則惟薦時物耳。謂"諸侯三祭三薦",則與郊説四時朝覲廢一時祭相合。廢一時祭則亦廢一時薦,故止三祭三薦。謂"大夫、士再祭再薦",蓋以

① "以",原誤作"如",據《公羊傳》改。

大夫、士惟春秋得祭、薦,冬夏不祭、薦也。其説不見他經,或亦緯書之文。

屬負茲(桓十六年)

○注:諸侯稱負茲。

○疏:諸侯言負茲者,謂負事繁多,故致疾。

謹案:疏以"茲"爲事繁多,義甚迂曲。《爾雅・釋器》"蓐謂之茲",注"茲者,蓐席也",引《公羊傳》曰"屬負茲"。《史記・周本紀》"衛康叔布茲",集解:"藉席之名。"《荀子・正論》"琅玕、龍茲、華覲以爲寶",注:"即今龍鬚席。"是"負茲"當即"卧疾牀蓐"之義。但諸侯曰"負茲",與天子曰"不豫"一例。以"負茲"爲卧席,則其義不偏矣。"負茲"當讀爲"不茲",義爲"不慈",亦爲"不子"、爲"不字"。《曲禮》疏引《白虎通》曰:"諸侯曰負子。子,民也,言憂民不復子之也。"《史記索隱》曰:"諸侯曰不茲。"子、茲,負、不,聲近相通。《書》"有丕子之責於天",鄭氏讀"丕子"爲"不子",義與"不慈"相近。

正月以存君,念母以首事(莊元年)

○注:禮,練祭取法存君,夫人當首祭事。時莊公練祭,念母而迎之。當書迎,反書孫者,明不宜也。

○疏:"存君"者,即襄二十九年注云:"正月歲終而復始,臣子喜其君父與歲終而復始,執贄存之。"然則今此練祭者,亦是臣子閔君父往年此日没,今年復此日存而禮祭之,取法存君矣。言"夫人當首祭事"者,謂夫人當爲首而營其祭事也。言"時莊公練祭"者,謂桓公去年四月薨,今年三月方爲練祭而欲迎母,非謂此時已爲練矣。

謹案:注、疏之説迂曲殊甚,疑非傳意也。《公羊》之意,以爲夫人固在齊,並非此時始孫,因莊公即位而念母,甚若以即位之後事無急於此者,故曰"念母以首事",貶之不與念母也。首事非必練祭之事,存君亦非謂存先君,君即屬莊公言。經云:"元年,春,王正月。"書正月者,以明新君即位之義,故曰"正月以存君"。正月無事,至三月始書"夫人孫於齊",莊公即位後之事始見於此,故曰"念母以首事"也。

魯子曰:請後五廟以存姑姊妹(莊三年)

○疏:所以記魯子者,欲言孔氏之門徒受《春秋》,非惟子夏,故有他師矣。其隱十一年傳記子沈子者,欲明子夏所傳,非獨公羊氏矣。

謹案:魯子爲孔氏門徒,受《春秋》,不應其人不在七十二弟子之列。疑魯子亦子夏弟子,非孔子弟子也。或以"魯子"爲"曾子"之誤,"魯"與"曾"形近致譌。

然則齊、紀無説焉(莊四年)

○注:無説,無悦懌也。

○釋文:無説,音悦。注同。

謹案:"説"當讀如本字,乃"辭説"之"説"。上云:"古者諸侯必有會聚之事,相朝聘之道,號辭必稱先君以相接。"此"説"字即"號辭",言諸侯相接,號辭必稱先君,而齊、紀先君世仇,故無號辭之説以相接,不可以並立乎天下也。注以"説"爲"悦懌",失之。

伐敗也(莊九年)

○注:自誇大其伐而取敗。

謹案:謂此戰以誇大其伐取敗,傳無其事,且此傳明復讎之義。董子《繁露》云:"三百年之久,而復讎者有二焉。"以此戰與齊襄復讎並言。是《公羊》固深許其復讎,不當謂"誇大其伐"也。"伐"即"征伐"之"伐",注云"時實不能爲納子糾伐齊[1],諸大夫以爲不如以復讎伐之",是也。傳例"内不言敗",爲内諱也。此以復讎伐之而敗,雖敗猶榮,則不必諱,故又云:"曷爲伐敗?復讎也。"蓋其不書公者,以公本無復讎之心,而不諱敗者,以敗實爲復讎之舉。"伐"即謂"以復讎伐之",注云"誇大其伐",非傳意。

其稱子糾何?貴也。其貴奈何?宜爲君者也

○注:故以君薨稱子某言之者,著其宜爲君。

謹案:王夫之《稗疏》以子糾爲齊襄之子。俞樾駁之,謂其無據。考《白虎通・封公侯》篇云:"君見弑,其子得立何?所以尊君,防篡弑也。《春秋》經曰:'齊無知殺其君,貴妾子公子糾當立也。'"《白虎通》用公羊家説。是《公羊》以齊襄公無嫡子,貴妾子公子糾當立,故以桓公之入爲篡辭,而此傳又云宜爲君也。王氏與公羊家説合,不爲無據。

夏,夫人姜氏如齊(莊十五年)

○疏:復與桓通也。

謹案:傳謂齊桓淫姑姊妹不嫁者七人,桓公未必有此事。且夫人姜氏至自齊,至是已三十年,文姜非夏姬,尤不應有此也。疏以其曾與襄通,遂疑復與桓通,亦近誣矣。

何危爾?我貳也(莊二十三年)

○注:莊公有淫泆汙貳之行。

○疏:謂莊公之行,既不清潔,又不專一,故謂之汙貳矣。

謹案:傳云"貳",注云"汙貳",蓋以"貳"即"膩"字。《廣雅・釋言》:"貳,汙也。"王氏疏證云:"貳,當作膩。""膩"即"汙"字之義。如疏説,則分"汙貳"爲二,非何

---

① "不能爲",阮校謂鄂本、宋本、閩本皆作"爲不能",監本、毛本誤倒作"不能爲"。

氏意。惟“膩”字古不經見,此“貳”字疑爲“忒”之誤字。“貳”、“忒”形似易誤,經典易訛。《禮·中庸》“其爲物不貳”,釋文:“本作僨。”《緇衣》“衣服不貳”,釋文:“本作貸。”《周語》“平民無貳”,《儀禮注》作“忒”。“僨”、“貸”,皆即“忒”字。忒,差也。“我貳也”,謂我有差失也。

夫人不僂(莊二十四年)

○注:僂,疾也,齊人語。夫人稽留,不肯疾順公,不可使即入。

謹案:何氏訓“僂”爲“疾”,蓋以“僂”爲“婁”之假借。“婁”即“屢”字,與“驟”義近。“驟”訓“數”,亦訓“疾”,故訓“僂”爲“疾”。然其義頗迂曲,疑“不僂”乃“不恭”之義。《左傳》曰“一命而僂,再命而傴”,杜注:“僂,肩傴也。”《穀梁傳》:“使僂者御僂者。”《晉語》注:“戚、施,僂人也。”《説文》:“傴,僂也。”“傴”與“僂”本訓“曲背”,引申爲“鞠躬”、“恭敬”之意。《左傳》曰“其恭也如是”,故疑“不僂”爲“不恭”。以“疾順”釋“僂”,不如以“恭順”釋“僂”。

杞伯來朝(莊二十七年)

○注:杞,夏後,不稱公者,《春秋》黜杞、新周而故宋,以《春秋》當新王。

謹案:《公羊》以《春秋》當新王,不當又云“新周”。考《繁露》云:“故《春秋》應天作新王之事,時正黑統,王魯,尚黑,絀夏,親周,故宋。”與上“親夏,故虞”一例,當以“親周”爲是。古“親”、“新”通用,《書》“惟朕小子其新迎”,①假“新”爲“親”。疑何氏例亦作“親周”,假“新”爲“親”耳。

徒葬乎叔爾(莊三十年)

○疏:謂不得與夫合葬,故言徒。

謹案:四年傳“徒葬乎齊爾”,②注:“徒者,無臣子辭也。國滅無臣子,徒爲齊侯所葬。”則此亦當爲“無臣子辭”,非謂不得與夫合葬也。

蓋以操之爲已蹙矣

○注:操,迫也。已,甚也。蹙,痛也。迫殺之甚痛。

謹案:“操”之訓“迫”,經、傳無文。《釋名·釋姿容》:“操,鈔也。”《説文》:“鈔,叉取也。”《通俗文》:“遮取謂之鈔掠。”《廣雅·釋言》:“鈔,掠也。”操之已蹙,蓋謂其鈔掠之甚痛。鈔掠多,故有旗獲過我之事,非必迫殺之也。

---

① “迎”,《尚書》本作“逆”。

② “乎”,《公羊傳》莊四年本作“於”。

旗獲而過我也(莊三十一年)

○注:建旗懸所獲得以過魯也。[1]

謹案:俞樾據《左》閔二年傳"佩衷之旗也"注"旗,表也","旗獲"乃表其所獲之物,非必懸之於旗,似勝注説。但考《繁露・滅國》篇曰:"及伐山戎,張旗陳獲,以驕諸侯。"則何氏以"旗"爲"建旗",本公羊家舊説。

季子至而不變也(閔元年)

○注:至者,聞君弑,從家至朝。季子知樂勢不能獨弑,而不變正其真僞。

謹案:"變"與"辨"通。《禮運》"大夫死宗廟,謂之變",鄭注:"變,當作'辨'。"何氏以"不變"爲"不變正其真僞",正以"變"爲"辨"之義。

獻公揖而進之(僖二年)

○注:以手通指曰揖。

○疏:蓋謂揖而招之,言用拱揖,並招引近己。

謹案:古所謂揖,如《周禮》云"土揖"、"時揖"、"天揖"、"士旁三揖"、"揖門左門右",《左氏傳》曰"公揖而入"、"王揖而入",皆此"以手通指"之揖,如今拱手之類,非今之肅拜也。君引其臣使進,故君揖而臣不必答。金鶚謂君揖則臣當拜,疑《禮經》不見臣拜爲闕文,豈其然乎?

雖然,吾馬之齒亦已長矣。蓋戲之也

○注:以馬齒長戲之,喻荀息之年老。

○疏:言雖有謀,年老必昏耄不任使,故言,蓋戲之。

謹案:荀息之年固不可知,然亡虢、舉虞止隔五年,不應遽謂其老。傳言寶則吾寶、馬齒已長,即是戲言,無謂荀息年老之意。注泥看"戲"字,以爲喻荀息年老,似未然。

襲邑也(僖十四年)

○注:襲者,嘿陷入於地中。

謹案:《春秋元命包》"沙鹿襲邑是",注:"猶淪也。"蓋"襲"有"掩藏"之義。《周書・小明武》"無襲門户",注:"掩也。"《老子》"是謂襲常",注:"藏也。"《禮・少儀》"劍則啓櫝,蓋襲之",注即"却合之"也。"陷入於地中",猶云"掩藏於地中"矣。

孰滅之?蓋徐、莒脅之

○注:言脅者,杞,王者之後,尤微,是見恐曷而亡。

---

[1] "魯",原誤作"我",據《春秋公羊傳注疏》改。

謹案:恐曷猶不至亡,"脅"當訓爲"刼"。《禮·禮運》"是謂脅君",《晉語》"乃脅欒中行",注:"刼也。"《漢書·常惠傳》"使之脅求公主",注:"謂以威迫之也。"《淮南·本經》"淫而相脅",注:"迫也。""脅之",蓋以威刼之耳。

十有五年春,王正月,公如齊(僖十五年)

○注:又合古五年一朝之義。

○疏:何氏以爲古者天子五年一巡守,諸侯亦五年一朝,天子分天下諸侯爲五部,部朝一年,五年而遍,其小國事大國亦然。

謹案:《王制》五年一朝,指朝天子而言。何氏云諸侯五年一相朝,《左氏》則云諸侯再相朝,皆不知所據。《鄭志》云:"古者,據時而道前世之言。唐、虞之禮,五載一巡守。夏、殷之時,天子蓋六年一巡守,諸侯間而朝天子。其不朝者朝罷朝,五年再朝。似如此制,禮典不可得而詳。"又云《左氏傳》子太叔之言"令諸侯三歲而聘,五歲而朝",乃文、襄霸制。是鄭專據周制,並不以《王制》爲然。何氏則據《王制》以解《公羊》,又以《王制》所言朝聘天子之禮推之,謂朝聘大國亦當然耳。

季氏之孚也

○注:孚,信也。季氏所信任臣。

謹案:"季氏所信任臣"但云"季氏之孚",殊近不詞。"孚"當讀爲"傅"。《易·需》"有孚",釋文又作"旉"。《禮·聘義》"孚尹旁達",朱駿聲謂當讀爲"葧荺"。"葧"從"傅"聲,與"旉"通用,皆與"孚"聲近,故得通假。古公子皆有傅。《左氏傳》:"公殺其傅杜原款。""獻公使荀息傅奚齊。""封桓叔於曲沃,靖侯之孫欒賓傅之。"《穀梁傳》:"申生者,里克傅之。"《周語》"景公既殺下門子",注:"王子猛之傅也。"又"賓孟適郊",注:"子朝之傅賓起也。"《晉語》"吾欲使陽處父傅護也",又"乃召叔向,使傅太子彪"。《楚語》"莊王使士亹傅太子箴"。是王子、公子皆有傅,不必定世子也。何氏謂選老大夫爲傅,則女公子亦有傅。季友爲桓之季父、姜之愛子,故宜有傅,"季氏之孚"即"季友之傅"。其人蓋亦大夫,故雖微者,其名得書於經。若季氏之臣,則陪臣矣,其名不得書於經也。

桓公嘗有繼絶、存亡之功(僖十七年)

○注:存邢、衛、杞。

謹案:《左氏内外傳》皆以存三亡國爲魯、衛、邢。當時魯雖亂,無亡徵,不若《公羊》指邢、衛、杞爲塙。

不能乎母也(僖二十四年)

○注:不能事母。

謹案:傳但云"不能乎母",不必以"事"字增成其義。《漢書·百官公卿表》"柔遠能邇",注:"能,善也。""不能乎母",猶云"不善乎母"。《左氏傳》曰:"不能其大夫,至於君祖母。"與此"不能"義同。

魯子曰:是王也,不能乎母者,其諸此之謂與?

○注:猶曰:是王也,無絶義,不能事母,而見絶外者,其諸謂此灼然異居、不復供養者與?

○疏:《春秋》惡其所爲,是以書出以絶之,實非出奔。

謹案:王者雖不能乎母,不至異居、不復供養。魯子曰"此之謂與",蓋謂"不能乎母",而見絶外者,即此"出居於鄭"之謂與?《公羊》固不同《左氏》義,然傳亦無"不復供養"之文也。

滅同姓也(僖二十五年)

○注:絶先祖支體尤重,①故名,甚之也。

○疏:以此言之,則知《公羊》、何氏以爲齊人滅萊、楚滅隗、晉滅下陽之屬,皆非同姓,是以不名耳。

謹案:《公羊》以齊、楚、晉所滅之國皆非同姓,其説亦未可考。諸國不名,獨衛侯燬名者,聖人蓋甚惡燬也。衛爲狄滅,與邢同受齊封,乃齊桓死而遽伐齊,邢人、狄人伐衛救齊。何氏云:"狄稱人者,善能救齊。"狄與邢善,則衛惡可知。今又滅邢而絶先祖支體,其罪在於齊、楚、晉之上,故尤惡之,而書其名。説《左氏》者乃疑晉、楚諸國絶同姓不名,今燬獨名,以爲涉下"衛侯燬卒"而衍,非也。

不與致天子也(僖二十八年)

○注:時晉文公年老,恐霸功不成。

○疏:皆《春秋説》文及《史記》文。《檀弓》下篇云"孺子其圖之",鄭玄注云:"孺,稚也。"孺子猶稚子,則於僖九年獻公卒時,仍謂之稚子。今得稱云年老者,正以《禮記》非正典,何氏不醇取之。

謹案:晉文之年,《左氏内外傳》有明文。此云年老,則與《史記》云"反國,年六十二"相合。蓋各有所據,不得以《左氏》難《公羊》也。疏以秦穆公稱重耳爲孺子,疑與《禮記》不合,亦非是。"孺子"乃天子、諸侯、大夫正嫡之稱,非必幼稚,見《左氏傳》"今也得欒孺子"解中。

魯郊,非禮也(僖三十一年)

○注:以魯郊非禮,故卜爾。

謹案:《異義》引《公羊》説:"禮,郊及日皆不卜,常以正月上丁也。魯與天子並事

---

① "支",原誤作"之",據《春秋公羊傳注疏》改。

變禮。[1] 今成王命魯使卜從乃郊,不從即已,下天子也。魯以上辛郊,不敢與天子同也。"考《春秋》、《禮記》,皆以郊用辛。惟《書・召誥》"丁巳,用牲於郊",公羊家蓋據此。周三月,夏正月也。何劭公無此説,似不以用丁爲然。傳云"魯郊,非禮",言其非禮之正耳。《繁露・郊事對》[2]篇曰:"臣湯問仲舒:'天子祭天,諸侯祭土,魯何緣以祭郊?'臣仲舒對曰:'周公,聖人也,有祭於天道,故成王令魯郊也。'"是董子亦以郊爲成王所賜,但以非正禮,故宜卜爾。

祭泰山、河、海

謹案:《異義》引古《尚書》説:"六宗,謂天宗三,日、月、星辰;地宗三,泰山、河、海。"又引"《春秋》魯郊祭、三望。魯下天子,不祭日、月、星,但祭其分野星、國中山川,故言三望"。古《尚書》説與許君皆用《公羊》之義。鄭氏謂:"魯竟不及於河,《禹貢》'海、岱及淮惟徐州',徐即魯地,三望謂淮、海、岱。"其説不同。

宋三世無大夫,三世内娶也(文八年)

○注:宋以内娶,故威勢下流,三世妃黨争權相殺,司城驚逃,子哀奔亡,主或不知所任,朝廷久空,故但舉官起其事也。大夫相殺,例皆時。

謹案:《公羊》之義,以爲天子、諸侯不臣妻父母。宋三世内娶,三世皆無大夫,因妻父母之尊,不得臣之,故皆官舉,而不得稱以大夫。以官舉爲尊稱,而大夫是臣號爲卑稱也。何氏以爲"朝廷久空,故但舉官起其事",則似以爲朝廷無人,皆不得爲大夫,故不稱大夫而稱其官,恐非傳意。或據《左氏傳》"宋用公族,並無妃黨",三《傳》各有所據,不得以《左氏》難《公羊》,且宋用殷法,不忌同族爲昏,亦未必宋之公族中無妃黨也。

死以爲周公主(文十三年)

○注:《禮記・明堂位》曰:"封周公於曲阜,地方七百里,革車千乘,蓋以爲有王功,故半天子也。"

謹案:《周禮》、《禮記》正義屢言孟子、何休、張、包、周等不信《周禮》有五百里之國。此注乃不引《孟子》"周公封魯,地方百里",而引《明堂位》"地方七百里",並無辨駁之語,是何氏亦以爲魯公之封實有地方七百里,而不止於百里也。

自内出者,無匹不行。自外至者,無主不止(宣三年)

○注:匹,合也。無所與會合,則不行。必得主人乃止者,天道闇昧,故推人道以接之。

謹案:傳、注義皆至精,足以發明以祖配天之義。王肅倡爲以祖配祖之邪説,妄謂

---

① "與",原誤作"於",據皮錫瑞《駁五經異義疏證》改。

② "對",原闕,據《春秋繁露》補。

以稷配嚳,甚爲無義。宋以後多惑其説,何也?何氏又以上帝爲五帝,在太微之中,迭生子孫,更王天下,亦與鄭氏義同。後人不信感生帝之説,謂帝即天,則《孝經》曰"郊祀后稷,以配天;宗祀文王於明堂,以配上帝",何以不並言天,而必分配天、配帝爲二乎?

靈公有周狗,謂之獒(宣六年)

○注:周狗,可以比周之狗,所指如意。

謹案:注謂狗可比周,義甚迂曲。《金樓子》云:"羅含之雞能言,西周之犬能語。"則周狗疑以地言,如韓盧、宋猈之類。

不與晉而與楚子爲禮也(宣十二年)

○注:不與晉而反與楚子爲君臣之禮,以惡晉。

○疏:"不與晉"至"禮也",但作一句連讀之。注云"不與晉而反與楚子爲君臣之禮",亦爲一句連讀之。

謹案:俞樾説"爲禮"二字當爲衍文,下云"曷爲不與晉而與楚子"爲句,"爲禮也"三字爲句。其説於文似便,但考《繁露》曰:"《春秋》之常辭也,不與夷狄而與中國爲禮。"又曰:"《春秋》常辭,夷狄不得與中國爲禮。至邲之戰,夷狄反背中國,不得與夷狄爲禮,避楚莊王也。"是下文當作一句讀,此"爲禮"二字亦非衍文也。

是以使君王沛焉

○注:沛焉者,怒有餘之貌,猶傳曰"力沛若有餘"。

謹案:"沛"當假借爲"怖"。《説文》:"怖,恨怒也。"《廣雅·釋詁》:"怖,怒也。"《韓詩·白華》"視我怖怖",傳:"意不悦好也。"注謂"怒有餘",正合"怖"字之義;至引傳"力沛若有餘",則其義不同,當從《廣雅》"沛,大也"之訓。

君之不令臣交易爲言

○注:令,善也。交易,猶往來也。言君之不善臣屢往來爲惡言。

謹案:"爲"字本訓"母猴","人爲"當作"僞","詐僞"當作"譌",而經典相承,皆假借以"爲"作"僞",以"僞"作"譌"。此"爲言"字,與《詩·采苓》"人之爲言"、《説文》"對"篆下説解"責對而爲言者多非誠",[①]"爲"字皆"譌"字之義。何氏不知"爲"即"譌"字,乃以"爲惡言"增成其義,失之。

而微至乎此

○注:微,喻小也。積小語言,以致於此。

謹案:注以"積小語言"解傳"微"字,似太費詞,"微"字不當爲"細小"之義。《詩

① "責",原誤作"奏",據《説文》改。

·柏舟》"胡迭而微",傳謂"虧傷也"。此"微"字亦當爲"虧傷"之義,"微至乎此"言"虧傷至於此"也。

不赦,不詳

○注:善用心曰詳。

謹案:注義迂曲,非傳意也。古"詳"、"祥"通用。《易》"視履考祥",虞本作"詳"。《周書》"皇門以昏求臣,作威不詳",注:"善也。"《左》成十六傳"德刑詳,義禮信",疏:"詳者,祥也。"此"詳"亦當假借爲"祥",故下云:"以吾不詳道民,災及吾身。""災"、"祥"二字相對,"不祥",故有災也。《繁露》正作"不祥"。

狄人不有(宣十五年)

謹案:"有"當爲"親有"之義。《左》昭二十年傳"是不有寡君也",注:"有,相親有也。"

什一行而頌聲作矣

○注:頌聲者,太平歌頌之聲。

○疏:文、宣之時,乃升平之世,言但能均其衆寡,等其功力,平正而行,必時和而年豐,什一而稅之,則四海不失業,歌頌功德而歸鄉之,故曰"頌聲作矣",不謂宣公之時實致頌聲。

謹案:傳、注本泛説,不謂宣公之世。疏泥於升平、太平之文,層層比較,知其與文、宣之時不合,又謂"但能均其衆寡"云云,則四海歌頌功德,似宣公時亦可致頌聲者,非也。

蕭同姪子者,齊君之母也(成二年)

○注:蕭同,國名。姪子者,姪娣之子嫁於齊,[1]生頃公。

謹案:《春秋》但有蕭國,無蕭同國。《左》莊十二年傳"蕭叔大心",注:"叔,蕭大夫名。"疏:"此宋蕭邑大夫也,以此年有功宋人,以蕭邑别封其人爲附庸。"此傳作"蕭同姪子",與《左傳》作"叔子"不同,而皆以爲頃公之母。杜注以"同叔"爲蕭君之字。何氏蓋以傳作"姪子",故其解異。然諸侯以國繫名,如晉重、魯申之例,亦不妨以蕭同爲蕭君之名,姪子爲其姪娣之子也。

是則土齊也

○注:則晉悉以齊爲土地,是不可行。

謹案:"以齊爲土地"但云"土齊",殊近不詞。惠氏《古義》曰:"土,讀曰杜。"然"耕者東畝",亦非杜塞鄰國交通之義。《詩·緜》"自土沮漆",傳:"土,居也。"此

---

① "姪娣"上,《春秋公羊傳注疏》原有"蕭同君"三字。

云"土齊",猶云"居齊"。《左氏傳》曰:"惟吾子戎車是利。"蓋使耕者東畝,則晉於齊往來甚便,晉且以齊爲東道主而居之不去矣。

晉郤克投戟,逡巡再拜稽首馬前

○疏:齊師已敗,行賓命之禮。

謹案:"賓命"乃"殞命"之誤。《晉語》曰"獻之以得殞命之禮",注謂:"獻籩豆之數,如征伐所獲國君之獻禮,若秦獲晉惠,是爲殞命。"又引《司馬法》曰:"其有殞命,行禮如會。"但如韋注,則殞命之禮謂籩豆禮數,亦非軍中所有,疏引證亦不盡合。

立武宫,非禮也

○注:禮,天子、諸侯立五廟,受命始封之君立一廟,至於子孫,過高祖,不得復立廟。周家祖有功,宗有德,立后稷、文、武廟,自高祖以下而七廟。

謹案:何氏説與鄭同。古天子止五廟,七廟專據周言,更無九廟之説也。注又云:"天子卿、大夫三廟,元士二廟,諸侯之卿、大夫比元士,二廟,諸侯之士一廟。"則與鄭《祭法》注不同,疏以爲《禮説》文。

於是使嬰齊後之也(成十五年)

○注:弟無後兄之義,爲亂昭穆之序,失父子之親。故不言仲孫,明不與子爲父孫。

○疏:《異義》:"《公羊》説云:'質家立世子弟,文家立世子子,而《春秋》從質,故得立其弟。'"以此言之,何得謂之"亂昭穆之序"者,正以質家立世子弟者,謂立之爲君而已,豈謂作世子之子乎?今嬰齊後之者,若爲歸父之子然,故爲"亂昭穆之序"。言"失父子之親"者,若後歸父,即不爲仲遂之子,故云"失父子之親"矣。

謹案:《儀禮·喪服傳》云:"爲人後者,爲之子也。"左氏家説亦臣、子一例,是爲人後與爲子同。而何注與疏非之者,蓋爲人後,惟服制同於爲子耳,而昭穆之序則不可亂。今公孫嬰齊謂之仲嬰齊,是直以歸父爲父,遂爲祖,而以王父之字爲氏矣,故注謂"不與子爲父孫"。且大夫與諸侯不同,諸侯以國爲體,故繼世不立,則旁支承統;若大夫,不得世故,必取死者之子若昆弟之子以爲後,不得取尊同之昆弟爲後也。

退而殺叔仲惠伯

○注:殺叔仲惠伯不書者,舉弑君爲重。叔仲惠伯事與荀息相類,不得爲累者,有異也。叔仲惠伯直先見殺爾,不如荀息死之。

謹案:惠伯所死者,先君之正嫡,視荀息爲過之,其不書者,諱之也。蓋如《春秋》書法,則當書曰:"公子遂弑其君之子赤,及其大夫叔仲彭生。"《春秋》爲尊者諱,故公皆不書弑,書弑則非諱尊之義。若不書弑而但書惠伯之死,則又無以見其死君難也,故皆不書。何氏謂"不如荀息死之",又謂"叔仲惠伯不賢",皆未得不書之義。《左氏傳》注謂史畏襄仲不書者,亦非也。

何以致會?不耻也。曷爲不耻?公幼也(成十六年)

○注:據扈之會公失序耻。

謹案:《白虎通》曰:"童子當受君命者,使大夫就其國命之,明王者不與童子爲禮也。"以《春秋》魯成公幼,乃與諸侯會,不見公,經不以爲魯耻,明不與童子爲禮也。盧氏據《左傳》駁之曰:"成四年傳云:公如晉,晉侯見公不敬;公歸,欲求成於楚。其非年幼顯然。又公衡爲質於楚在成二年,杜預以爲公之子。即以爲公之弟,而已自能逃歸,則其年亦非甚幼矣。"愚嘗考《左氏》襄九年傳云:"國君十五而生子,冠而生子。"天子、諸侯十二而冠,定昏之時當在十四五歲。成公以十四年始遣叔孫僑如爲迎昏於齊,則即位時不過一二歲耳,計至十六年會沙隨之時,①當在十七八歲,乃公幼之明證。杜以公衡爲成公子,不考之甚,未可據之以駁《公羊》。

故相與往殆乎晉也(襄五年)

○注:殆,疑。疑讞於晉,齊人語。

謹案:"殆"當假借爲"治","治"猶"理"也。《荀子・彊國》篇云"彊殆中國",注:"殆,或爲治。"是古"殆"、"治"通假之證。

古者上卿下卿,上士下士(襄十一年)

○注:説古制司馬官數。古者諸侯有司徒、司空,上卿各一,下卿各二;司馬事省,上、下卿各一。上士相上卿,下士相下卿,足以爲治。襄公委任強臣,國家内亂,兵革四起,軍職不共,不推其原,乃益司馬作中卿官,逾王制,故譏之。言軍者,本以軍數置之。

○疏:作中卿官者,謂於司馬内更作一卿官,尊於小卿,故曰作中卿官也。求其實置中卿,而言作三軍者,言本所以置此中卿官者,正欲令助司馬爲軍將,將三軍。

謹案:諸侯三卿、五大夫,司徒、司空皆有小卿二人;司馬事省,止一小司馬,兼小宗伯之事。何氏之説,亦以司馬之下卿爲小司馬,而謂司馬本有上、下卿各一,今置中卿,故爲三軍,則與説者謂"天子六卿故六軍,諸侯三卿故三軍"者不同。蓋以司馬上、下卿各一,爲二軍;今更置中卿,爲三軍。將軍者皆司馬,而司徒、司空皆不將軍。《書・甘誓》"乃召六卿",鄭氏謂即周之六卿。金鶚《五官考》云:"《周官》所云軍將皆命卿者,謂選將帥之才,命之以爲卿,非必使大宰、司徒等六卿將之也。"六卿惟司馬掌兵,其餘或非所長。冢宰至尊,不宜屬於司馬。又六軍並

① "六",原誤作"七",據《公羊傳》改。

行,則六卿當並出,國事其誰理乎?《甘誓》之六卿,亦謂六軍之將,其爵爲卿耳。然則何氏謂軍將皆屬司馬,其説可信。

以邑氏也(襄十五年)

○注:諸侯入爲天子大夫,不得氏國稱本爵,故以所受采邑氏,稱子。所謂采者,不得有其土地、人民,採取其租稅耳。

○疏:《公羊》之義,天子圻内不封諸侯,謂采地以爲國,比圻外諸侯田,自採取其稅租而已,不得取即有其人民,身没之後,子孫不世,不得以諸侯難之。

謹案:《公羊》之説,當是古義。若圻内諸侯亦世國,與圻外諸侯何以異?春秋時亦世國,非古制也。

剽之立,於是未有説也(襄二十六年)

○注:凡篡立,皆緣親親也。剽以公孫,立於是位,尤非其次,故衛人未有説喜。

○釋文:有説,音悦。注同。

謹案:"説"當讀如字,"未"當作"末"。"末有",猶云"無有"。"末有説也"與"吾與鄭人末有成也"文法正同。剽以公孫,立非其次,故"末有説",謂其無辭以自解説也。注讀爲"悦喜"之"悦",失之。

則我宜立者也(襄二十九年)

○注:闔廬,謁之長子光。

謹案:《左氏傳》"我,王嗣也",正義引:"《公羊傳》:'僚者,長庶也。'《世本》云:'夷昧及僚,夷昧生光。'服虔云:夷昧生光而廢之。僚者,夷昧之庶兄。夷昧卒,僚代立,故光曰'我王嗣'。是用《公羊》爲説。"今何氏以闔廬爲謁長子,則與《左傳》杜注説同,而與孔氏所引《公羊》説異。豈孔氏所引乃嚴、顔諸家之説,而非何氏之説乎?

其詞,則丘有罪焉爾(昭十二年)

○注:丘,孔子名。其貶絶譏刺之辭有所失者,是丘之罪。聖人德盛尚謙,故自名爾。

謹案:夫子自謂"有罪",非謂貶絶譏刺之辭有所失也,"罪"即"知我罪我"之"罪"。孟子曰:"是故孔子曰:'知我者,其惟《春秋》乎?罪我者,其惟《春秋》乎?'"解者以爲亂臣賊子歸罪夫子,其説大謬。夫子作《春秋》,本以懼亂臣賊子,豈自認一罪名,謂其得罪於後世之亂臣賊子乎?"知我者",謂知夫子之心、《春秋》之義者也;"罪我者",謂不知夫子之心、《春秋》之義者也。公羊家有黜周、王魯、貶天子、絶諸侯之義,而後人多非之。然則如《公羊》者,知夫子者也;後人之不信《公羊》者,罪夫子者也。彼謂《春秋》必不黜周、王魯,而夫子之《春秋》實是黜周、王魯;彼謂《春秋》必不貶天子、絶諸侯,而夫子之《春秋》實是貶天子、絶諸侯,則爲是説者,非辨《春秋》,實罪夫子也。傳引子言自謂有罪,正是此意。孟子所引"知"、"罪"並言,此但云"有罪",義尤切近。孟子又引孔子曰:"其義,則丘竊取之矣。"《春秋》大義,惟存《公羊》。爲《左氏》學者,必謂經承舊史、史承赴告,則但有其事、其文而無其義。何氏傳《公羊》,大義賴以粗明,而此注解"有罪"爲"辭有所失",則猶未得也。

大夫聞君之喪,攝主而往(昭十五年)

○注:主,謂已主祭者。臣聞君之喪,義不可不即行,故使兄弟若宗人攝行主事而往。不廢祭者,古禮也。

謹案:徐邈、清河王懌皆引此傳"攝主而往",爲大夫、士有主之證,且引注義,以爲斂攝神主而已,不暇待祭也。何氏注以爲主祭之主,而非主位之主,則與徐氏、清河王所引《公羊》注異。蓋彼所引者,嚴、顔諸家之注,非何氏注。清河王懌以何氏爲不然,謂:"君聞臣喪,尚爲之不繹,況臣聞君喪,豈得安然代主終祭?"不知諸侯之繹,猶大夫之賓尸。傳云:"大夫聞大夫之喪,尸事畢而往。"注謂:"賓尸事畢而往。"繹與賓尸皆非正祭,其禮爲輕,故君聞臣喪,可以不繹。正祭則不可廢,故惟去樂,而必卒事。大夫於大夫喪爲輕,故可俟賓尸事畢;於君喪爲重,故不待賓尸,並不待正祭畢。而正祭終不可廢,故使人攝行主事而往也。何氏謂"大夫不世,已父未必爲今君臣",亦推而言之耳。古者祭祀最重,無不卒事者也。《異義》:"《公羊》説:卿、大夫非有土之君,不得祫享昭穆,故無主。大夫束帛依神,士結茅爲蕞。"是《公羊》説大夫無主。徐氏引《公羊》注以爲有主,與《異義》《公羊》説不同。此傳之義,當從何氏。

蔡昭吴奔鄭

○注:不言出者,始封君言歸,嫌與天子歸有罪同,故奪其有國之辭,明專封。

○疏:《左氏》、《穀梁》皆以朝吴爲蔡大夫,則知此昭吴亦爲蔡大夫矣,而舊解以昭吴爲蔡侯廬之字者,似非何氏之意。

謹案:公羊家有七等之説,名不若字。《春秋》書字爲褒,既奪其有國,自不應書其字。何氏之意,蓋以蔡受楚之專封,不成其爲國,故於其大夫出奔不書出,爲奪其有國之辭也。

昭公將弑季氏(昭二十五年)

○注:傳言"弑"者,從昭公之辭。

○疏:君討臣下正應言"殺",今傳云"弑",故須解之。

謹案:下文"吾欲弑之,何如",注云:"昭公素畏季氏,意者以爲如人君,故言'弑'。"夫昭公雖畏季氏,何至自處臣列?若以季氏爲君,而以臣弑君之辭稱之,且傳亦何得從昭公之辭稱之爲"弑",以亂君臣之義乎?傳言"弑",亦即"殺"也。"殺"、"弑"雙聲,"弑"從"殺"省,故"弑"、"殺"二字古通用。文十四經"齊公子商人弑其君舍",《穀梁》經作"殺"。昭十三年經"弑其君虔於乾溪",①《穀梁》亦作"殺"。《穀梁》莊元年傳"躬君弑於齊",釋文:"弑,又作'殺'。"是二字通用之證。此傳應稱"殺"而言"弑",正猶《穀梁》經應書"弑"而云"殺"。後人泥於"弑"字,必謂臣弑其君之詞。何氏所云亦附會,非古義也。

乘大路

○注:天子大路。

謹案:《明堂位》曰:"大路,殷路也。乘路,周路也。"鄭注以郊乘素車爲魯禮。是乘大路者,謂僭乘天子郊天之車。諸侯但當乘乘路,不得乘大路。大路爲殷路,而反尊者,周以當時之制爲卑,先代之制爲尊。如周公用白牡,魯公用騂犅,魯祭先公用醆斝,而醆斝不得及尸君,皆以先代之器爲重。故殷路有大路之名,諸侯不得僭矣。《左氏傳》以天子賜大夫路亦稱大路,非《公羊》之義。

執事以羞

○注:謙自比齊下執事,言以羞及君。

○疏:言己之尊卑比齊之執事也,而舉措不善,失守社稷,由是之故,以羞及君。

謹案:如注、疏説,當以"執事"二字爲句,"以羞"二字爲句,甚爲不詞。傳云"執事以羞",猶云"以羞執事"。昭公非必自比齊之執事,蓋不敢言以羞及君,但謂羞及君之執事耳。

寡人有不腆先君之服,未之敢服

○注:禮,天子朝皮弁,夕玄端。朝服以聽朝,玄端以燕,皮弁以征不義、取禽獸、行射。

謹案:天子朝以皮弁,諸侯朝以朝服。天子之皮弁,即天子之朝服,《詩・頍弁》傳"天子、諸侯朝服以燕,天子之朝皮弁"是也。② 古經典皆不見天子别有朝服。注云"朝皮弁",又云"朝服以聽朝",似以天子别有朝服,不知天子朝服爲何。且何氏注有云朝朝暮夕,則朝皮弁、夕玄端之朝,亦即聽朝之朝。若朝服别爲一服,則朝既用皮弁,聽朝又用朝服,又何以分爲二事耶?疑何氏所云朝服亦即皮弁,"朝服以聽朝"即申言"朝皮弁"之義。下云"玄端以燕",亦承上"夕玄端"而言,則"朝服以聽朝",即承上"朝皮弁"而言可知。其變皮弁言朝服者,正謂天子之皮弁即朝服耳。"皮弁以征不義、取禽獸、行射",以《禮經》考之,"皮弁"疑當爲"韋

---

① "三",原誤作"四",據《公羊傳》改。

② "皮弁是也",《毛詩正義》本作"皮弁以日視朝"。

弁"。古者天子皮弁以聽朝、以食、以郊、以聽祭報、以蜡、以燕、以賓射、以燕射。何氏所云,惟射當用皮弁耳。若征不義、取禽獸,皆不用皮弁。古戎事韋弁服,《月令》疏熊氏云"天子秋、冬田,韋弁服"是也。《儀禮》鄭注韋、皮一類,則何氏所云皮弁,或兼韋弁言之。又考《詩疏》引《孝經援神契》曰:"皮弁、素幘,軍旅也。"《白虎通・三軍》篇曰:"王者征伐所以必皮弁、素幘何?伐者,凶事也。素服,示有悽愴也。伐者質,故衣古服。"則春秋之世,行軍者或亦用皮弁,故何氏據以爲説也。

人未足而盱有餘(昭三十一年)

謹案:《説文》:"虍,讀若《春秋傳》曰'虍有餘'。"虍,荒烏切,與"盱"音近。蓋今本作"盱有餘",許所據本作"虍有餘"。《春秋傳》乃今文《春秋》,段氏泥於許書稱《春秋》必古《春秋左氏》説,乃謂"有訛字,不可通,疑是'賈余餘勇'之'賈'",非也。

主人習其讀而問其傳,則未知己之有罪焉爾(定元年)

○注:主人,謂定、哀也。設使定、哀習其經而讀之,問其傳解詁,則不知己之有罪於是。此孔子畏時君,上以諱尊隆恩,下以辟害容身,慎之至也。

謹案:"主人"既謂定、哀,不當復稱定、哀爲"己"。昭十二年傳:"其詞,則丘有罪焉爾。"文義與此正同。此"己之有罪焉爾",即彼傳所云"丘有罪焉爾"。"己"當屬夫子言,"有罪"即指黜周、王魯、貶天子、絶諸侯之類。夫子逆料後之不知我者必以此罪我,故自認爲有罪。昭、定、哀爲所見之世,尤多避忌,故傳屢發此義。此言定、哀所以多微辭者,乃特爲迂曲,使其難明,即當時定、哀有習其讀、問其傳者,亦未知夫子之《春秋》有貶天子、絶諸侯之罪。何氏謂定、哀讀之不知己之有罪,與昭十二年傳義不合,非也。

定君乎國,然後即位

○注:定昭公之喪禮於國。

謹案:定昭公之喪禮,不得云"定君"。"定君",當謂定新君之位。

異大乎災也

○注:是時定公喜於得位,而不念父黜逐之恥,反爲淫祀,立煬宫,故天示以當早誅季氏。①

○疏:何氏以爲定公者,昭公之子,與賈、服異。舊云定公爲昭公弟,立非其次,是以喜之。而謂昭公爲父者,臣、子一例故也。

---

① "氏",原闕,據《春秋公羊傳注疏》補。

謹案:"爲人後者爲之子",臣、子一例,義亦可通。然如何氏之説,則實以定公爲昭公子,與以宣公爲僖公子,皆公羊家别有所據,不得據《左氏》疑之。

記災也(定二年)

○注:此本子家駒諫昭公所當先去以自正者。昭公不從其言,卒爲季氏所逐。定公繼其後,宜去其所以失之者,故災亦云爾。

謹案:此出董子《高園遼東廟災異對》,亦公羊家舊説。

朋友相衛,而不相迿(定四年)

○注:相衛,不使爲讐所勝。迿,出表辭,猶先也。不當先相擊刺,所以伸孝子之恩。

○疏:依《大司馬》,田獵習戰之時,云:"爲表,百步則一,爲三表;又五十步爲一表。"然則表者,謂其戰時旅進旅退之限約。迿者,謂不顧步伍勉力先往之意,故曰"出表辭"。

謹案:如注、疏説,則"不相迿"即《禮》云"不爲魁"、"無爲戎首"之意。但"迿"爲"出表辭",其説他無所見。《説文》無"迿"字,止有"袀"字,云:"行示也。從彳,匀聲。《司馬法》:'斬以約。'"《六書故》引《説文》作"徇",從旬聲。此作"迿",俗又作"狥"、作"殉",皆即"袀"字,故《釋文》:"音峻,又音巡,又玄徧反。"何氏解"迿"爲"先",如其説,當作"不爲先",與"不爲魁"、"無爲戎首"義同,不當云"不相先"也。此"迿"字,當即殉死之"殉"。《孟子》"以身殉道,故驅其所愛子弟以殉之",注:"從也。"《史記・韓世家》"將以殉韓",索隱曰:"從死也。"《屈賈傳》"貪夫殉財",索隱曰:"亡身從物謂之殉。"此言朋友之道,但宜相衛,不使爲仇所勝,不宜相殉以身,從之死也。戰國、兩漢之俠,多有借軀報仇以爲朋友者,皆亂世之風,實非古義,故《禮》曰"不許友以死",此傳曰"不相迿"。"不相迿"即"不許友以死"之義,注、疏解爲"先",似失之。

譏二名。二名,非禮也(定六年)

○注:爲其難諱也。一字爲名,令難言而易諱,所以長臣子之敬,不逼下也。《春秋》定、哀之間,文致太平,欲見王者治定,無所復爲譏,唯有二名,故譏之。此《春秋》之制也。

○疏:文王之臣散宜生、孔子門人宓不齊之屬,皆親事聖人,而以二字爲名者,謂依古禮,若似堯名放勛、舜名重華、禹名文命、宣王之輿名子爲宫皇之屬是也。但孔子作《春秋》,欲改古禮爲後王之法,是以譏其二名,故注即言"此《春秋》之制也"。然則傳云"二名,非禮"者,謂非新王禮,不謂非古禮也。

謹案:許氏《異義》從《左氏》説"楚公子棄疾弑其君,即位之後改爲熊居,是爲二名",引文、武時有散宜生、蘇忿生,以非《公羊》。劉敞引孔子母名徵在,近人又引黄帝名軒轅,與放勛、重華,皆二名。不知此疏已明言之,謂譏二名非禮,乃"非新王之禮,不謂非古禮"。故孔子之前,不妨有二名;孔子之時,亦不妨有二名也。天下之勢,日趨於文。故夏、殷無避諱之義,周人以諱事神,始有諱以崇敬。然二名則難諱,若盡諱則勢多窒礙,故禮又有"二名不偏諱"之義。然二名雖不可偏諱,而猶非所以長臣子之敬,故孔子作《春秋》爲後王法,又制爲不二名之義,使其難言易諱。蓋周公立避諱之法,必如此而後盡善,所以爲致太平。故其説於定、哀始著之,而定、哀之前雖有二名,亦不之及,原不必追繩古人,謂古已有不二名之義也。彼疑古有二名,與謂"二名,其細已甚,不足譏"者,蓋皆未見及此。《左傳》杜注以爲脱文。哀十三年經"晉魏多",不云"魏曼多",傳亦發"譏二名"之例。此爲脱文,不應兩處俱脱。疏謂"《穀梁》及賈經皆無'何'字",尤不應三《傳》俱脱也。

皆説然息(定八年)

○注:説,解舍。然,猶如。

謹案:注訓"然"爲"如","皆説如息",亦不可解。蓋"然"猶"如"也,"如"猶"而"也。古"如"、"而"通用。"皆説然息",言"皆説而息"也。

龜青純

○注:純,緣也,謂緣甲頓也。千歲之龜青髯。經不言龜者,以先知,從寶省文。

謹案:如何氏説,則當以寶爲龜、玉爲璋。後人多據《左氏傳》"夏后氏之璜,封父之繁弱",《穀梁傳》"寶玉者,封圭也。大弓者,武王之戎弓也",謂其中無有龜。《左傳正義》以所盜無龜爲《公羊》之妄。朱芹以《禮・樂記》"所謂大輅者"一節,爲《明堂位》脱簡誤入,其曰"青黑緣者,天子寶龜也",正與何氏云"青髯"合。是魯當日受賜寶龜,其説有據。

季氏之宰,則微者也

謹案:"則微"疑當作"側微",《書序》"虞舜側微"。

孔子行乎季孫,三月不違(定十二年)

○疏:按上十年"齊人來歸邑"之下,傳云:"孔子行乎季孫,三月不違。"以此言之,三月之外,違之明矣,故上有注云:"定公貪而受之,此違之驗。"然則三月之後,必似違之。今此傳文復言之者,蓋不違有二。何者?按:如《家語》,定十年之時,孔子從邑宰爲司空,十一年又從司空爲司寇。然則爲司空之時,爲季孫所重,是以三月不違也。及作司寇之時,季孫重之,復不違三月,是以此傳文言其事矣。

謹案:書傳皆云"三月不違",如疏説,是六月不違矣。齊人歸田謝過,本無不當受之義。何氏泥於"來歸"之文與"齊人來歸衛寶"同,謂"夫子不欲受,定公受之,此違之驗",不知《春秋》美惡不嫌同辭。疏曲附注義,創爲六月不違之説,更失之。

三卜之運也(定十五年)

○注:運,轉也。已卜春三正,不吉,復轉卜夏三月、周五月,得二吉,故五月郊也。《易》曰:"再三瀆,瀆則不告。"不得其事,雖吉猶不當爲也。

謹案:《曲禮》正義引此作"得一吉",曰:"如休之意,魯郊轉卜三正,假令春正月卜不吉,又卜殷正,殷正不吉,則用夏正郊天。若此三正之内有凶不從,則得卜夏三月,但滿三吉日,則得爲郊。此《公羊》及何休之意也。《穀梁》三正正月卜吉則爲,四月、五月則不可,與《公羊》之説同,與何休之説異。休以四月、五月卜滿三吉,則可郊也。"《禮正義》作"一吉",較徐《疏》本爲勝。僖三十一年傳曰:"求吉之道三。"注:"三卜,吉凶必有相倚者,可以決疑,故求吉必三卜。"又云:"三卜,吉則用之,不吉則免牲。"是三卜之中,得一吉即可用也。孔穎達謂"休以四月、五月卜滿三吉,則可郊",何氏初無是説。注又明言"不得其事,雖吉猶不當爲",是以五月郊爲不當爲。孔氏謂休以四月、五月可郊,疑未必然也。僖三十一年傳:"三卜,禮也;四卜,非禮也。"是《公羊》之義,亦以四月、五月爲不可,與《穀梁》同。

常之母有魚菽之祭(哀六年)

○注:齊俗,婦人首祭事。言魚豆者,示薄陋無所有。

○疏:主婦設祭之時,助設而已,其實男子爲首,即君牽牲,夫人奠酒;君親獻,夫人薦豆之類是也。若其齊俗,則令使婦人爲首。

謹案:古無婦人主祭之禮。古者女子先嫁三月,祖廟既毁,教於宗室,教成之祭,牲用魚,芼之以蘋藻,以婦人主之,《詩》云"有齊季女"是也。陳乞爲陳氏大宗,其妻則宗婦也。陳乞即未必有姑姊妹女子子將嫁,而陳氏同宗之女或有教於其家者。此亦理之所有,故乞假以諼諸大夫。其云"魚菽之祭",正與《禮記》牲用魚合。其不用蘋藻而用菽者,以豆藿亦可爲芼,當時或不能盡如禮,以豆藿代蘋藻耳。何氏謂齊俗婦人主祭,魚豆示薄陋,恐未必然。

何以書？記異也

○注:晉分爲六卿。

○疏:《左氏》及《史記》皆云晉三分爲魏、趙、韓,今云分爲六卿者,蓋其初時,晉君失政,六卿用事,不妨其下滅時但三家分之矣。

謹案:何氏此注殊不可通。定十三年傳云:"晉趙鞅取晉陽之甲,以逐荀寅與士吉射。"此時荀、范既逐,晉無六卿,何氏豈不知之？疏謂初時六卿用事,則何氏明言"自是之後",不當推之六卿用事之前,荀、范未逐之時也。疑"六卿"乃"四卿"之誤。古"四"字作"[illegible]",與古"六"字作"[illegible]"相似易訛。《禮·王制》:"今以周尺六尺四寸爲步。"《考工記》云:"六尺有六寸,與步相中也。"是《王制》"四"字當作

"六",猶此注"六"字當作"四"。《史記・晉世家》:"出公怒,告齊、魯,欲以伐四卿。四卿恐,遂反攻出公。"此晉分爲四卿之明證。其後三家共滅知氏,遂分爲三晉矣。

末不亦樂乎堯、舜之知君子也?(哀十四年)

○注:末不亦樂後有聖漢,受命而王,德如堯、舜之知孔子爲制作。

謹案:孔子作《春秋》爲後王法,本無可疑。漢承周後,即以夫子之《春秋》爲漢制法,亦無不可。必謂孔子知漢將興,作以授漢,則近誣矣。緯書附會以端門之命,見何氏注,詞甚鄙誕。蓋由當時説《春秋》者撰造此説,獻媚於時,故漢一代尊信《公羊》最甚。説《左氏》者羨之,乃亦造爲"其處者爲劉氏"之言,以證漢爲堯後,劉炫以爲先儒欲求道通而竄入者是也。説《公羊》者謂孔子爲漢制法,正與説《左氏》者竄入六字相同,故《公羊傳》與董子《繁露》皆無此説。其説始自緯書,漢人引用甚夥,如《史晨碑》"玄丘作制帝卯行",《韓勑碑》"孔子近聖,爲漢定道",班固《典引》"故先命玄聖,使綴學立制"之類是也。劭公與康成皆生漢時,不能不用其説,故注亦引血書端門之事。後人乃以何、鄭用緯書爲詬病,並三科九旨皆不之信,則《春秋》之大義亡矣。此注以"堯、舜"爲漢德如堯、舜,《公羊》之著竹帛雖在漢初,然其時風氣樸純,未必遽有貢媚時王之事。且"樂"字與上"樂道堯舜"、下"樂乎此也"之"樂"字義皆一貫,"堯、舜"亦當即上所云堯、舜。若如注義"德如堯、舜",不應但云"堯、舜"二字也。"堯、舜"即指古之堯、舜。"堯、舜之知君子",言堯、舜有知,亦當知夫子作《春秋》之意。堯、舜知夫子之意,則夫子樂矣。"末不亦樂乎堯、舜之知君子也",言夫子以質古聖爲樂。下云"制《春秋》之義,以俟後聖,以君子之爲,亦有樂乎此也",言夫子以信後聖爲樂也。

師伏堂經説・論語

皮錫瑞撰　吴仰湘整理

卷上

有朋自遠方來(《學而第一》)

○注:包曰:"同門曰朋。"

○皇疏:同處師門曰朋,同執一志爲友。朋猶黨也,共爲黨類在師門也。友者有也,共執一志,綢繆寒暑,契闊飢飽,相知有無也。

謹案:皇氏所據之本,蓋作"友朋"。《文選・陸機〈挽歌〉》"友朋自遠來",其所據本亦然。《釋文》:"有,或作'友',非是。"古本或作"友朋",《釋文》以爲非者,以包注但云"同門曰朋",不釋"友"字耳。《白虎通》引作"朋友自遠方來"。

道千乘之國

○注:馬曰:"《司馬法》:'六尺爲步,步百爲畞,畞百爲夫,夫三爲屋,屋三爲井,井十爲通,通十爲成。成出革車一乘。'然則千乘之賦,①其地千成,居地方三百一十六里有畸,唯公侯之封乃能容之,雖大國之賦亦不是過焉。"包曰:"千乘之國者,百里之國也。古者井田,方里爲井,十井爲乘,百里之國適千乘也。"融依《周禮》,包依《王制》、《孟子》。義疑,故兩存焉。

謹案:《周禮》賦法亦無明文,《司馬法》未必成周之制。《公羊》哀十二年傳注云"軍賦,十井不過一乘",與包氏合。孔疏云孟子、何休、包、周皆不信《周禮》有五百里、四百里之國,是以其説相同。或疑一乘甲士三人、步卒七十二人、馬四匹、牛十二頭,非十井八十家所能給,不知《司馬法》有二説:一以爲一乘七十五人,一以爲一乘士十人、徒二十人。江永謂:"七十五人者,丘乘之本法。三十人者,調發之通制。"古者鄉、遂出兵不出車,都、鄙出車不出兵,即出兵,調發亦止三十人。

① "千",原誤作"一",據《論語注疏》改。

至於丘乘之法,八十家而具七十五人,無過家一人耳。此但備而不用,惟蒐田講武乃行。講武之事,人人正當使之知兵。馬、牛本在民間,暫以供用。造車取之公家材木,亦不患不給也。皇、邢二疏,皆未晰其同異。皇疏解"夫三爲屋"云:"夫一家有夫、婦、子,三者具則屋道乃成,故合三夫目爲屋也。"不知"夫三爲屋",謂合三夫之家,共名爲屋。如皇疏,則是一家夫、婦、子三人目爲屋矣。

三年無改於父之道

○注:孔曰:"孝子在喪,哀慕猶若父存,無所改於父之道也。"

謹案:孔説固善,然無解於父之不善者,故皇疏:"或問曰:'若父政善,則不改爲可。若父政惡,[①]惡教傷民,寧可不改乎?'答曰:'本不論父政之善惡,自論孝子之心耳。若人君風政之惡,則冢宰自行政;若卿、大夫之心惡,則其家相、邑宰自行事,無關於孝子也。'"皇以改政無關孝子,其説雖辨,亦有難行。後之小人往往倡爲邪説,以惑其君,使先朝弊政終不能革,誠以有難處者在也。且三代下,冢宰攝政之舉亦不能行,無論家相、邑宰。汪中謂:"古書言三、九,多是虛數。三年無改者,爲其爲道也。[②] 三年云者,雖終其身可也。若其非道,雖朝没而夕改可也。"其説最爲明通。

思無邪(《爲政第二》)

○注:包曰:"歸於正。"

○邢疏:"《詩》之爲體,論功頌德,止僻防邪,大抵皆歸於正,故此一句可以當之也。"

謹案:注、疏均不解"思"字,似以"思"爲語助,無實義。皇疏則以"此章舉《詩》,證爲政以德之事。言爲政之道唯思於無邪,無邪則歸於正也。衛瓘曰:'不曰思正而曰思無邪,明正無所思邪,邪去則合於正也'",則以"思"爲"心思"之"思"。近人多謂《詩》中"思"字,或在句首,或在句末,皆語助,"思無邪""思"字,亦當爲語助。攷《魯頌・駉》篇兩"思"字,其義不同,"思無邪"當爲"心思"之"思";"思馬斯徂"之"思"當爲語助,與《衛風》"秉心塞淵,騋牝三千"義同。若概以爲語助,則聖人引以蔽《詩》三百之義不可見矣。

思而不學則殆

○注:不學而思,終卒不得,徒使人精神疲殆。

謹案:古"殆"、"怠"通用。《方言》:"怠,壞也。"《廣雅・釋詁》:"殆,壞也。"是"怠"、"殆"義同之證。《詩・玄鳥》"受命不殆",箋云:"受天命而行之不解殆。"

---

① "若",原誤作"者",據皇侃《論語義疏》改。

② 上"爲",原誤作"惟",據汪中《述學・釋三九》改。

《老子》:"周行而不殆。"劉歆《與揚雄書》:"收藏不殆。"皆假"殆"爲"怠",與此同。

季康子問:使民敬、忠以勸

謹案:以,猶"與"也。

孝乎惟孝

○注:包曰:"孝乎惟孝,美大孝之辭。"

○皇疏本作"孝于惟孝",注:"苞氏曰:'孝于惟孝者,美孝之辭也。'"

謹案:古"于"、"乎"通用。《吕覽・審應》"然則先王聖于",即"聖乎"也。古本當作"孝于",與下"友于"相對。自僞古文竊其語入《君陳》篇,又截去上"孝于"二字,而校《論語》者,遂疑二句文字本不相對,改上句"于"字爲"乎",並以"乎"字絶句矣。

非其鬼而祭之,諂也

○注:鄭曰:"人神曰鬼。非其祖考而祭之者,是諂求福。"①

謹案:鄭義甚精,即"神不歆非類"之意。鬼、神雖通稱,然人鬼可曰神,山川之神不可曰鬼。有謂兼山川之神言者,大謬。

孔子謂季氏,八佾舞於庭(《八佾第三》)

○注:馬曰:"魯以周公故,受王者禮樂,有八佾之舞。季桓子僭於其家廟舞之。"

謹案:説者據賀循《喪服要記》"凡諸侯之嫡子,繼代爲君。君之群弟,不敢宗君。君命其母弟爲宗,諸弟宗之,爲大宗",謂:"公羊家以季友爲莊公母弟,孟氏、叔氏皆非嫡,當以季氏爲大宗。季氏立桓公廟於家,惟季氏得主祭,孟氏、叔氏當助祭於季氏家。舞佾、歌《雍》,皆當專責季氏。"其説固正,然《通典》又引傅純問賀循曰:"王氏以别子爲祖,諸侯母弟則盡爲祖矣。杜氏以爲始封之君,别子一人爲祖。二家不同,願聞其説。"答曰:"君之母弟與群庶弟爲别子,其後俱爲大宗,則魯之三桓、鄭之七穆,盡其人矣。"據其説,則三桓當各爲别子,孟、叔二氏不必助祭於季氏家。下云"三家之堂",則不當單指季氏家甚明,宜以《通典》所載賀氏之説爲正。此云"季氏",下云"三家",蓋舞八佾止季氏一家,歌《雍》則三家皆同也。《喪服要記》亦賀氏之説,而其義不同,殆亦如許氏之《異義》早成、《説文》晚定乎?

三家者以《雍》徹

○皇疏:或問曰:"魯祭亦無諸侯及二王後,那亦歌此曲耶?"答曰:"既用天子禮樂,故

---

① "諂",原誤作"謂",據《論語注疏》改。

歌天子詩也。"或通云:"既用天子禮樂,故當祭時,則備設此諸官也。"或云:"魯不歌此《雍》也。季氏自僭天子禮,非僭魯也。"

謹案:三説皆未盡善。魯雖用天子禮樂,豈得臨祭設官,假以諸侯、二王後之名?若假設諸侯,則魯亦當自稱天子矣。魯若不歌此詩,則三家何從僭?三家所僭之事皆僭魯,非魯所本無而三家僭之也。惟前一説可通,故邢疏但用前一説。然《禮・仲尼燕居》曰"客出以《雍》,徹以《振羽》",乃"客出以《振羽》,徹以《雍》"之誤。子言大饗之禮,未嘗專指魯言,則以《雍》徹,不惟魯得用之,諸侯皆得用之,非必用天子禮樂乃得歌此詩也。若以諸侯不得有諸侯及二王後助祭爲疑,則古人歌《詩》,亦不盡如本義,如兩君相見歌《文王》之類皆是。特三家以之則爲僭,故子譏之。

喪,與其易也,寧戚

○注:包曰:"易,和易也。喪失於和易,不如哀戚也。"

謹案:喪不宜失於和易,"易"當假借爲"惕"。《禮・郊特牲》"示易以敬也","易"亦當爲"惕",與此正同。此言敬惕不如哀戚耳。①

夷狄之有君,不如諸夏之亡也

○皇疏:反不如夷狄之國尚有尊長統屬,不至如我中國之無君也。

○邢疏:言夷狄雖有君長,而無禮義,中國雖偶無君,若周、召共和之年,而禮義不廢。故曰:"夷狄之有君,不如諸夏之亡也。"

謹案:《春秋》大義,内諸夏而外夷狄。《公羊》襄七年傳"陳侯逃歸",何氏解詁曰:"逃歸者,②抑陳侯也。孔子曰:'夷狄之有君,不如諸夏之亡。'不當背也。"何氏嘗注《論語》,其注《論語》蓋亦如是解。邢疏深得《春秋》之義。韓文公《原道》引《論語》,亦同邢氏之説。皇疏抑揚太甚,非聖人之言。朱注舍邢從皇,失之。

季氏旅於泰山

○注:馬曰:"旅,祭名也。"

○皇疏:鄭注《周禮》云:"旅,非常祭也。"今季氏旅泰山,是非常祭,故云旅也。

○邢疏:《周禮・大宗伯職》云:"國有大故,則旅上帝及四望。"鄭注云:"故,謂凶烖。旅,陳也,陳其祭事以祈焉,禮不如祀之備也。"

謹案:皇、邢二疏皆據鄭注爲説,但季氏既僭祭,必自以爲當祭,不自謂不當祭而從非常祭之名,且必備大祭之文,必不至禮不如祀之備也。古"旅"、"臚"通用,《儀

---

① 按,稿本此條有眉批云:"'戚'字,俞氏讀爲'蹙',似較得之。"

② "逃歸",何休《春秋公羊經傳解詁》本作"加逃"。

禮》"旅占"一作"臚"。是"旅於泰山"與《史記》云"臚於郊祀"義同,謂臚陳其禮以祭之耳。《史記索隐》曰:"臚字訓陳也,出《爾雅》文。以言秦是諸侯,而陳天子郊祀,實僭也,猶'季氏旅於泰山'然。"《正義》曰:"臚音旅,祭名。又旅,陳也。"當以訓"陳"爲是。

必也射乎?

○注:孔曰:"言於射而後有争。"

謹案:《釋文》:"鄭讀以'必也'絶句。"不知其説如何。據《禮·射義》篇注曰:"'必也射乎',言君子至於射,則有争也。"亦與孔説相同,《釋文》恐未可據。鄭《禮注》以"揖讓而升下"爲句,《詩箋》以"下而飲"爲句。

禘自既灌而往者

○注:孔曰:"灌者,酌鬱鬯灌於太祖,以降神也。"

○邢疏:言未殺牲,先酌鬱鬯酒灌地,以求神於太祖廟也。

○皇疏:先儒舊論灌法不同,一云:於太祖室裏龕前東向,束白茅置地上,而持鬯酒灌白茅上,使酒味滲入淵泉以求神也。而鄭康成不正的道灌地,或云灌尸,或云灌神,故《郊特牲》注云:"灌,謂以圭瓚酌暢,始獻神也。"又《祭統》注云:"天子、諸侯之祭禮,先有灌尸之事,乃後迎牲。"案鄭二注或神或尸,故解者或云灌神是灌地之禮,灌尸是灌人之禮,而鄭注《尚書大傳》則云:"灌是獻尸,尸乃得獻,乃祭酒以灌地也。"

謹案:"灌"即"祼"也。《説文》:"祼,灌祭也。"《周禮·小宰》"祼將之事",注:"祼之言灌也。"古無灌地降神之禮,皇疏前一説近於喪禮之用苴,古之祭禮皆不用此。《周禮·甸師》[①]:"祭祀,供蕭茅。"[②]鄭大夫云:"蕭,或爲'茜',讀爲'縮'。"此即持酒灌白茅之説。後鄭不從,故皇氏謂"康成不正的道灌地"是也。古者君以圭瓚酌鬯灌尸,爲一獻;夫人以璋瓚酌,爲亞獻。灌爲九獻之始,明是灌尸,即是灌神。若但灌白茅以滲入地,何得列於九獻之内?邢氏灌地降神之説,與孔注不合,朱注從之,非是。而俞樾謂鄭注《大傳》"尸乃得獻,乃祭酒以灌地",與《禮注》不合,疑非鄭注,則又不然。古人飲食必祭,故尸亦有墮祭鬱鬯之酒,一獻最重,豈有不祭之理?祭者以酒灌尸,尸受祭而灌於地以降神。鄭云灌尸,又云灌神,其實一事。或云"灌神是灌地之禮,灌尸是灌人之禮",其説分别甚晰,安得疑爲尸所以伸報本之忱,而非祭者所以展降神之敬哉?《郊特牲》云:"鬱合鬯,臭陰達於淵泉。"若尸不受酒以灌地,何謂"達於淵泉"?然則邢疏、朱注專指灌地,而

① "甸師",原誤作"甸人",據《周禮》改。

② "供",《周禮》本作"共"。

不知爲灌尸,固失之;俞氏知爲灌尸,又以爲全不灌地,楚失而齊亦未得也。

吾不與祭,如不祭

○注:包曰:"孔子或出或病而不自親祭,使攝者爲之,不致肅敬於心,與不祭同。"

謹案:如包氏說,以不自親祭,使人攝之,解"不與祭",則當作"不主祭",而不當云"不與祭"矣。古無稱"主祭"爲"與祭"者,且"祭"字承上文兼祭先、祭神言,祭先或使人攝,祭神無使人攝之禮,疑注説未可從。"與"字當讀如字,不當如《釋文》音"預"。子曰:"死而無悔者,吾不與也。"此"吾不與"三字之義當與彼同,夫子嘗謂"吾不與人之祭,如不祭者",故祭必如在也。

王孫賈問曰

謹案:《廣韻》引《世本》云:"衛有王孫賈,出自周頃王之後。王孫賈之子自以去王室久,改爲賈孫氏。"是王孫賈,周頃王之孫子。曰"獲罪於天",疑即指周天子言。

與其媚於奥,寧媚於竈

○注:孔曰:"奥,内也,以喻近臣。竈,以喻執政。"

謹案:皇、邢二疏申注,皆以西南隅隱奥無事,故尊者居之,其處雖尊,而閑静無事,以喻近臣雖尊,不執政柄;竈者飲食之所由,雖處卑外,爲家之急用,以喻國之執政,並不指祭禮説。朱注乃引五祀之禮以解之,顧炎武遂有"奥何神哉"之疑。然注、疏以"奥"指近臣,亦未合。奥,尊者所居,自當指君。《左氏傳》云"國有奥主",是"奥"指君之證。朱注謂"自結於君,不如阿附權臣",良是,而必以祭禮解之,則反失之矣。

《關雎》樂而不淫,哀而不傷

○注:孔曰:"樂不至淫,哀不至傷,言其和也。"

謹案:此章乃夫子稱美《關雎》之義。孔注渾融,似淺實確,不必定引《詩序》。而皇、邢二疏,皆據《詩序》"樂得淑女,不淫其色"以解"樂而不淫","哀窈窕,思賢才,而無傷善之心"以解"哀而不傷"。然《詩序》末數句之義實有可疑,疑後人取《論語》之義以附益之,非必子夏之舊。故鄭氏箋讀"哀"爲"衷",不用《論語》"哀而不傷"之義,亦疑其説之不安耳。愚有辨,見《詩經説》。鄭注云:"哀世夫婦之道[①],不得此人,不爲減傷其愛。"亦不引《詩序》爲説。然其解不知何據,疑出《魯詩》,以爲刺詩,所謂"周道衰,詩人本之衽席,《關雎》作也"。

哀公問社於宰我

○注:孔曰:"凡建邦立社,各以其土所宜之木。"

---

① "哀世"下,原衍"失",據《毛詩正義》删。

○邢疏[1]:張、包、周本以爲"哀公問主於宰我"。先儒或以爲宗廟主者,杜元凱、何休用之以解《春秋》,以爲宗廟主,[2]今所不取。

○釋文:社,如字。鄭本作"主",云:"主,田主,謂社也。"

謹案:張、包、周傳《魯論》,作"社"者當出《古論語》。鄭以《古論語》正《齊》、《魯》讀,故雖作"主",而解爲"社"。《周禮·大司徒》注云:"田主,田神后土,田正之所依也。所宜木,謂若松、柏、栗也。"正鄭解"田主"爲"社"之義。《左氏》文二年傳正義云:"案《古論語》及孔、鄭皆以爲社主,張、包、周等並爲廟主。"《禮·祭法》正義引《五經異義》云:"今《春秋公羊》説:夏后氏以松,殷人以柏,周人以栗。古《周禮》説:虞主用桑,練主用栗,無夏后以松爲主之事。許君謹案:從《周禮》。《論語》所云,謂社主也。"今攷漢世通行今文,惟許、鄭用古文説,而《周禮》説與《公羊》不同者,蓋《周禮》説專言周制,而《公羊》並明三代之禮。夏之練主以松,殷之練主以柏,周之練主以栗,與《周禮》説亦無異義。《公羊》文二年注云:"虞主三代同者,用意粗,未暇别也。"《白虎通》引《論語》"哀公問主於宰我",是據《魯論》、《公羊》之説。《御覽》引《白虎通》云:"所以用桑者,始與神相接,三王俱以桑。"是以松、柏、栗專爲練主之異,可證與許、鄭、孔注不同。

管氏有三歸

○注:包曰:"三歸者,娶三姓女也。婦人謂嫁曰歸。"

謹案:《韓非子·外儲説》:"桓公曰:使子有三歸之家。"一曰:"管仲父出,朱蓋青衣,置鼓而歸,庭有陳鼎,家有三歸。"《晏子春秋·雜篇》曰:"昔吾先君桓公有管仲,恤勞齊國,身老,賞之以三歸,澤及子孫。"是"三歸"者,乃謂管仲自朝歸家,家有三處,皆爲桓公所賜,猶漢賜甲第一區之比。賞以三歸,猶云賞以甲第三區耳。管仲受三歸之賜,其子孫世守之,故曰"澤及子孫"。曰"管氏有三歸",不曰"管仲有三歸",正謂管氏子孫有此三歸之家。下"塞門"、"反坫",皆曰"管氏",亦謂管氏之家有此,非但管仲之身也。若以爲娶三姓女,則當云"管仲",不當云"管氏"。且自管仲而言,當云"三娶",不當云"三歸"矣。

無適也,無莫也(《里仁》第四)

○注:言君子之於天下,無適無莫,無所貪慕也。[3]

○皇疏:范甯曰:"適、莫,猶厚薄也。君子與人,無有偏頗厚薄。"

---

① "邢",原闕,據《論語注疏》補。

② "以",原誤作"亦",據《論語注疏》改。

③ 按,此注唯見於皇疏本。

○邢疏：言君子於天下之人，無擇於富厚與窮薄者。

○釋文：適，鄭本作"敵"。莫，鄭音"慕"，無所貪慕也。

謹案：邢疏義甚淺陋，皇疏爲勝，然以"適、莫猶厚薄"，亦不知何據。如鄭義，則適者仇敵，與我相惡者；莫者貪慕，與我相好者也。言君子無所偏惡，無所偏好，其義甚明。邢疏本無注，皇疏之注云"無所貪慕"，與《釋文》引鄭注合，當即鄭義。《白虎通》曰："君所以不爲臣隱何？以爲君之與臣，無適無莫，義之與比。賞一善而衆臣勸，罰一惡而衆臣懼。"《風俗通》曰："蓋人君者，闢門求賢，得賢而賞，聞善若驚，無適也，無莫也。"《後漢書・劉梁傳》梁著《和同論》曰："是以君子之於事也，無適無莫，必攷之義也[①]。"又曰："苟得其道，則兄弟不阿。苟得其義，則仇讎不廢。"下引祁奚舉解狐、周公誅二叔爲證。是兩漢舊説皆指用賢，"君子"屬人君言，與鄭義合。《詩・杕杜》箋云[②]："君子之人，來至此國，皆可來至君所[③]。君子之人，義之與比。"則鄭亦以此屬人君之用賢言也。

夫子之道，忠恕而已矣

○皇疏：忠，謂盡中心也。恕，謂忖我以度與人也。言孔子之道更無他法，故用忠恕之人，以己測物，則萬物之理皆可窮驗也。

○邢疏：忠，謂盡中心也。恕，謂忖己度物也。言夫子之道，惟以忠恕一理，以統天下萬事之理。

謹案：皇疏稍涉作用，邢疏較爲渾融。蓋聖人之道，不外忠恕之一理，故曰"一以貫之"。人能盡忠恕之理，便是聖人。學者學爲忠恕，便是學聖人之道；若能盡忠恕，則亦聖人矣。子貢問一言終身可行，子曰："其恕乎！"恕之一言可行終身，則忠恕一理實足以盡夫子之道。子貢曰"不欲勿施"，而子曰"非爾所及"，足見忠恕之不易盡，而非可淺視矣。宋儒過於求深，乃疑忠恕之外别有"一貫"，而忠恕不足以盡夫子之道。朱注云："曾子有見於此而難言之，故借學者盡己、推己之目以著明之。"是以忠恕特學者之事，而非聖人之道，其視忠恕既太淺，而所謂"一貫"者不知何義，反涉於虚無渺茫矣。又有將"一貫"分析，謂忠是"一"，恕是"以貫之"，且有謂一忠貫萬恕者，其説尤齷齪，不足辨。

子謂公冶長(《公冶長第五》)

○注：孔曰："公冶長，弟子，魯人也。姓公冶，名長。"

---

① "之"下，《後漢書・劉梁傳》本有"以"。

② 據下引箋語，此詩乃《唐風・有杕之杜》，非《小雅・杕杜》。

③ "皆可來至君所"，鄭箋原作"皆可求之我君所"。

○邢疏:案《家語・弟子》篇云:"公冶長,魯人,字子長。"又案《史記・弟子傳》云:"公冶長,齊人。"而此云魯人,用《家語》爲説也。

謹案:《左》襄二十九年傳"使公冶問",公冶蓋亦魯之公族。此公冶長當是其人之後,以王父字爲氏者,當爲魯人。注云"名長",《家語》云"字子長",則注與《家語》亦不盡合。皇疏引范甯曰"名芝,字子長",不知何據。公冶當爲氏,注云"姓公冶",是混姓、氏而一之,亦非也。

瑚璉也

○注:包曰:"瑚璉,黍稷之器。夏曰瑚,殷曰璉。"

○邢疏:案《禮記・明堂位》云:"夏后氏之四璉,殷之六瑚。"如記文,則夏器名璉,殷器名瑚。而包咸、鄭玄等注此《論語》,賈、服、杜等注《左傳》,皆云"夏曰瑚"。或别有所據,或相從而誤也。

謹案:"瑚璉"古作"胡輦",見《韓勑禮器碑》。《明堂位》釋文作"四連"。"連"、"輦"字古通用。《周禮・鄉師》鄭注引"《司馬法》曰:'夏后氏謂輦曰余車,殷曰胡奴車,周曰輜輦。'故書'輦'作'連'。鄭司農云:連,讀爲'輦'"。《巾車》"連車",本亦作"輦車"。《管子・海王》:"服連軺輦。"《立政》:"刑餘戮民不敢服絻,不敢畜連。"是"連"、"輦",古今字。《説文》:"連,負連也。"段氏云當作"負車"也。古作"胡輦",亦作"胡連",疑皆取車爲名,"胡"取胡奴車名,"連"取輦名。夏雖名輦曰余車,然《司馬法》云"夏后氏二十人而輦",是夏時已有輦名。蓋夏曰"連",取義於輦車之輦,殷曰"胡",取義於胡奴車之胡,從《明堂位》爲合。若云"夏曰瑚,殷曰璉",則不相合矣。

不知其仁,焉用佞

○邢疏:言佞人既數爲人所憎惡,則不知其有仁德之人[①],復安用其佞耶?

謹案:疏義迂曲,殆非經旨。皇疏本下有"也"字,與下"孟武伯問子路仁乎"一章文法正同,則"不知其仁"當屬仲弓説。或稱仲弓爲仁,而惜其不佞,夫子則以仁不可輕許,而佞不足爲能,故斥之曰:"焉用佞?禦人以口給,屢憎於人。"既深言佞之非,而後復言仁之難稱,即於弓亦未敢許,故曰"不知其仁",而終又申言佞之無用,正與或言"仁而不佞"相對。若如邢疏之説,"仁"字不屬仲弓,則聖言與或人之言全不相顧,而"不知其仁"二句如贅設矣。

子使漆雕開仕

○注:孔曰:"開,弟子。漆雕,姓;開,名。"

---

① "其有",原倒,據《論語注疏》乙正。

○邢疏:案《史記・弟子傳》:"漆雕開,字子開。"

謹案:《漢・藝文志》作"漆雕啓",《史記》作"開",避景帝諱也。《家語》"開,字子若",更未可據。《論語》記者叙事皆稱字,無稱弟子名者,當從《漢志》,以"開"爲字。孔注云"開,名",非是。丁杰謂:"吾斯之未能信","吾"字乃"启"字之誤。

吾與汝弗如也

○注:包曰:"既然子貢不如,復云吾與汝俱不如者,蓋欲以慰子貢也。"

○皇疏:顧歡申包注曰:"此言我與爾雖異,而同言弗如,能與聖師齊見,所以爲慰也。"侃謂顧意是言我與爾俱明汝不如也,非言我亦不如也,而秦道賓曰:"《爾雅》云:'與,許也。'仲尼許子貢之不如也。"

謹案:顧、秦二説皆迂曲。秦説即朱注所本。包氏之意,則謂子稱己與子貢皆不如顔淵,與"惟我與爾有是夫"句法相似。《鄭康成别傳》:"玄從馬融學,季長謂盧子幹曰:'吾與汝皆不如也。'"曹操祭橋公文、稱夏侯淵,皆云"仲尼稱不如顔淵"。《唐書・孝友傳》任處權見任希古,曰:"孔子稱顔淵之賢,自以爲不如。"皆與包注義合。

夫子之言性與天道

○注:性者,人之所受以生也。天道者,元亨日新之道。①

謹案:《釋文》:"鄭云:七政變通之占。"《後漢書・桓譚傳》"天道、性命,聖人所難言",注引鄭注:"性,謂人受血氣以生,有賢愚吉凶。天道,七政變動之占也。"鄭義甚確。古言天道,皆主吉凶禍福而言,如《易》:"天道虧盈。"《左氏傳》:"天道多在西北。""天道遠,人道邇。""天道不諂。"《國語》:"天道賞善而罰淫。""我非瞽史,焉知天道。"《老子》:"天道無親。"皆論吉凶之數,與天命之性是兩事。何注"天道",與"性"相混。皇疏以性爲孔子所稟之性,與元亨日新之道合德,又非何氏之旨。

臧文仲居蔡,山節藻棁。

○注:包曰:"居蔡,僭也。節者,栭也,刻鏤爲山。棁者,梁上楹,畫爲藻文。言其奢侈。"

謹案:注、疏分爲兩事,一言其僭,一言其奢。朱子從横渠之説,以爲一事,謂爲藏龜之室山節藻棁。近人皆以爲非,全祖望獨從朱説,曰:"臧孫居蔡,非私置也,蓋世爲魯國守蔡之大夫。據《家語》'文仲一年爲一兆,武仲一年而爲二兆,孺子一

---

① "日新",原誤作"利貞",據《論語注疏》改。

年而爲三兆'，[①]是世官也。封父之繁弱，或以爲即蔡之别名，見陸農師注《明堂位》。故武仲奔防，納蔡求後，以其爲國寶也。管仲奢汰，僭用山節藻棁，不足爲怪。臧孫儉人也，豈有以天子之廟飾自居，而使妾織蒲於其中者？"今攷全氏附會朱注，其所引證，皆不足據。繁弱，弓名，古無異説。陸佃，王氏新學，臆説不可從。《家語》，王肅增加，亦非可據之書。且《家語》明云"臧氏有守龜"，則蔡明是臧氏之物。且如《家語》之説，正見文仲不諂瀆鬼神，亦與朱説不合。惟武仲納蔡見《左傳》，爲可據。然遂據此以臧孫爲魯國守蔡之大夫，亦無明文可執。文仲之儉不見經傳，妾織蒲乃與民争利，未可即以爲儉之證。春秋時大夫多僭，如趙文子有恭德，以升在位，亦斲其桷而礱之。文仲亦非明大義者，安見其必無山節藻棁之事哉？當以注、疏之説爲正。

未知，焉得仁

○注：但聞其忠事，未知其仁也。

○皇疏：李充曰："子玉之敗，子文之舉。舉以敗國，不可謂智也。賊夫人之子，不可謂仁。"

○釋文：鄭音"智"，注及下同。

謹案：如注説，則夫子當云"未知其仁也"，與答孟武伯同，不當云"未知，焉得仁"也。朱注説亦迂曲，當從鄭讀。李充之説，蓋即鄭義。《漢書·人表》、《論衡》、《中論》皆從"智"字解。

猶吾大夫崔子也

○注：孔曰："當春秋時，臣陵其君，皆如崔子，無有可止者。"

謹案：《釋文》："崔，鄭注云：'《魯》讀崔爲高，今從《古》。'"《魯》讀"崔"爲"高"者，謂"此猶吾大夫崔子"之"崔"，非謂"崔子弑其君"之"崔"也。不然，崔杼弑君，《魯》讀何得易之曰"高子弑其君"乎？王充《論衡》云："仕宦爲吏，亦得高官，將相長吏，猶吾大夫高子也。"仲任正用《魯》義，高子謂高厚也。《左氏傳》謂高厚從君於昏，是使崔杼專廢立之功，釀成弑逆之禍，皆由高厚啓之。故文子惡崔杼，尤惡高厚，見列國大夫皆從君於昏者，遂有"猶吾大夫高子"之歎。不然，列國大夫雖多庸陋，豈皆弑其君者？文子何得誣之，比以弑君之崔子哉？孔注亦知其不可通，但曰"臣陵其君，皆如崔子"。崔子明是弑君，豈特陵其君而已耶？

---

① "文仲一年爲一兆，武仲一年而爲二兆，孺子一年而爲三兆"，《孔子家語·好生》原作"文仲三年而爲一兆，武仲三年而爲二兆，孺子容三年而爲三兆"，全祖望引而有誤。

再,斯可矣

○注:鄭曰:"文子忠而有賢行,其舉事寡過,不必及三思。"

○皇疏:有一通云:"言再過二思則可也。"又季彪曰:"曾子三省其身,南容三復白圭,夫子稱其賢。且聖人敬慎,於教訓之體,但當有重耳,固無緣有減損之理也。時人稱季孫名過其實,故孔子矯之,言季孫行事多闕,許其'再思,斯可矣',無緣乃至三思也。此蓋矯抑之談耳,非稱美之言也。"

謹案:"再,斯可矣",皇疏本作"再思,斯可矣"。鄭注以文子舉事寡過,不必及三思,是美文子之詞。季彪以文子行事多闕,許其再思,則可無緣及三思,是抑文子之詞。文子在當時,名爲忠賢,其實奸人之尤。季氏專魯,實始文子。東門遂殺適立庶,文子如齊納賂請會,嘗與弒逆之謀,復乘宣公之薨,逐東門氏而專國政。子言政逮大夫四世,明從文子數起,不應加以稱美之詞,季彪之説勝於鄭注。

邦有道則知,邦無道則愚

○注:孔曰:"佯愚似實,故曰不可及也。"

○皇疏:言武子若值邦君有道,則肆己智識,贊明時也。若值國主無道,則卷智藏明,佯愚同昏也。

○邢疏:若遇邦國有道,則顯其知謀。若遇無道,則韜藏其知而佯愚。

謹案:此與子謂南容"直哉史魚"、"君子哉蘧伯玉"文法相同,皆是虛論其理,謂其人處有道之邦如此,處無道之邦如彼,非必實指其人事蹟,而分列其何時爲有道,何時爲無道也。朱注分文公爲有道,成公爲無道,其説殊拘。陸稼書、閻百詩、毛西河、全榭山或申朱,或駁朱,嘵嘵辨論,皆不知有道、無道不必指實。且文公雖名中興,然受齊桓之封,桓死即伐其國,又滅同受齊封之邢,不禮晉文以貽後禍,不得遽云有道。成公無他失德,晉以私怨,致其國亂,其實乃文公所貽之禍,不得遽云無道也。

孰謂微生高直[①]

○注:魯人。

謹案:微生高即尾生高。古"微"、"尾"通用。《書》"鳥獸孳尾",《史記》作"字微"。《戰國策》蘇代謂楚王曰:"此方其爲尾生之時也。"高誘注《淮南子》:"尾生,魯人。"又蘇代謂燕昭王曰:"尾生高不過不欺人耳。"是尾生名高,其人素有直名,蓋嘗守硜硜之信者。《漢書 · 古今人表》作"尾生高",吴師道謂即《論語》"微生高"。或據《莊子》尾生與女子期於梁下,水至不去,抱梁柱而死,《史記》亦云與

① 按,此條原在下卷最末。

女子期,謂尾生乃千古風流之祖,亦千古名教之罪人。然《燕策》蘇秦見燕侯,但云"信如尾生,期而不來,抱梁柱而死",不云與女子期,則《莊子》、《史記》所云女子,或亦未可信也。

足恭

○注:孔曰:"足恭,便辟貌。"

○邢疏:便辟其足以爲恭,謂前却俯仰,以足爲恭也。一曰:"足,將樹切。足,成也。謂巧言令色以成其恭,取媚於人也。"

謹案:"足"當如字,巧言、令色、足恭,三事平列。《爾雅》:"夸毗,體柔也。"郭注:"屈已卑身,以柔順人也。""足恭"即體柔,"巧言"即口柔,"令色"即面柔。

願無伐善,無施勞

○注:孔曰:"不自稱己之善,不以勞事置施於人。"

謹案:孔注以"伐善"爲伐己之善,"施勞"爲施勞於人,則二句之義不一律。故朱注易之,謂"施勞"爲"張大己之勞"。近人又訓"伐"爲"敗",讀"施"爲弛毀之"弛",謂無敗人之善、毀人之勞,則二句之義皆相對。然求之《論語》之義,似猶不然。下"老者安之"三句,邢疏云:"願老者安,己事之以孝敬也。朋友信,己待之以不欺也。少者歸,己施之以恩惠也。"皇疏云:"若老人安己,己必是孝敬故也。朋友信己,己必是無欺故也。少者懷己,己必有慈惠故也。"是三"之"字,皆夫子指自己言,必己有以見信於人,人皆安己、信己、懷己,而後其願償也。子路云:"與朋友共,敝之無憾。"皇疏:"一家通云:言願我既乘服朋友衣馬而不慚憾也。殷仲堪曰:施而不憾,士之近行也。若乃用人之財,不覺非己,推誠闇往,感恩不生,斯乃交友之至。仲由之志與?"是子路所願,亦願己共朋友之物而人不憾。其義實較前説爲深,邢疏、朱注皆用前説,於義淺矣。以子路與夫子之願推之,則顔子所願,亦當屬人之於己。言"願無伐善"者,願人無稱伐己之善;"無施勞"者,願人無施己以勞也。《小爾雅・廣詁》:"伐,美也。"自美其善爲伐,美人之善亦爲伐,如《公羊》莊廿八年傳注:"伐人者爲客,讀伐,長言之。見伐者爲主,讀伐,短言之。"不必專以伐爲自伐。《中庸》云:"施諸己而不願,亦勿施於人。"是人施己爲施,不獨己施於人爲施。"願無施勞",正與"施諸己而不願"義合。如此解之,乃與前後二節一例。蓋我能共朋友之衣馬,至於敝之而人無憾,則我之心必能物我無間,視人如己,可知矣。我能使人無稱我之美,無施我以勞,則我之心必能不矜誇於人,亦無見惡於人,可知矣。我能使人老者皆安我,朋友皆信我,少者皆懷我,則我之心必能有以養老者,有以孚朋友,有以慈少者,可知矣。三"願"字,皆願人之於己如此,非願己之於人如此也。如此解,則三節一律,足見聖賢志願之深。若如時解,則義淺矣。

十室之邑

謹案:皇、邢二疏,皆無明説。上文"千室之邑",皇疏云:"凡制地方,一里爲井,井有三家。若方二里半爲方一里者六,又方半里者一,則合十八家有餘。故云十室之邑。"是皇氏意不止十室,言十室者,舉大數耳。今攷四井爲邑,邑以十二家爲定制[①],如地狹勢偏,不足四井,或三井,或二井,或一井,皆可爲邑。《孟子》曰:"鄉田同井,出入相友,守望相助。"可見一井亦可爲邑,不必定滿十室。又鄉遂之邑,以二十五家爲定制,如有不足,則四鄰,或三鄰,或二鄰,皆可爲邑。五家爲鄰,二鄰則十室也。

必有忠信如丘者焉

○皇疏:衛瓘曰:"所以忠信不如丘者,由不能好學如丘耳。苟能好學,則其忠信可使如丘也。"

○邢疏:言十室之邑雖小,必有忠信如我者也,安不如我之好學也?

謹案:邢疏前説,與皇疏之義略同;後説引"衛瓘讀'焉,於虔切',爲下句首。焉,猶安也"。以"焉"字屬下讀,亦衛氏説,而與皇疏所引衛氏説不同,當以邢疏後説所引衛氏爲正。皇疏之説,近於尊己卑人,與不誣十室之義不合。近解以"焉"字絶句,則亦尊己卑人,非夫子謙抑之旨也。

子華使於齊(《雍也第六》)

○皇疏:但不知時爲魯君之使,爲孔子之使耳。

○邢疏:時仕魯,爲魯使適於齊也。

謹案:毛西河謂:"夫子爲司寇時,故有粟如此之多,又與原思爲宰同時,故類記之。"閻百詩則謂:"夫子爲司寇時,子華年止八歲。"然攷《家語》所記孔子弟子之年,多不可據。即以原思而論,《家語》原思少三十六歲,夫子年五十三四時爲司寇,原思是時方十七八,安能爲宰?"三"字當爲"二"字之訛。子華少四十二歲,是時方十一二歲,安能出使?"四"字或亦"三"字之訛,未可據此以爲非爲司寇時也。

子謂仲弓曰

○注:言父雖不善,不害於子之美。

謹案:此章當是子與仲弓泛論其理,非必屬仲弓言。注云"父雖不善",亦未明指仲弓之父。皇疏"仲弓父劣",邢疏"仲弓父賤人,而行不善",似皆附會無據。王

---

① "十"上,原衍"三",據文義刪。按,四井爲邑,井有三家,一邑當爲十二家。

充《論衡·自紀》篇云"伯牛寢疾,仲弓潔全",又附會犂牛即伯牛。以伯牛爲仲弓父,雖漢人舊説,恐未可從。

有澹臺滅明者

○邢疏:是亦弟子也。注不言弟子者,從可知也。

謹案:滅明雖受業聖門,疑此時尚未受業,故夫子問子游,若不知武城有此人者。或即因子游稱其人,以此爲夫子所識,其後遂受業於夫子,亦未可知。若謂滅明此時已爲弟子,則夫子不應不知武城有此一人;子游亦不必歷舉其生平以對,若夫子從未知其人者,皆於事理不合也。

而有宋朝之美

○注:孔曰:"言當如祝鮀之佞,而反如宋朝之美,難乎免於今之世害也。"

○邢疏:言人當如祝鮀之有口才,則見貴重。若無祝鮀之佞,而反有宋朝之美,難乎免於今之世害也。

○皇疏:本注"反"字作"及",[1]疏云:言人若不有祝鮀佞,反宜有宋朝美;二者並無,則難免今世之患難也。一本云:"反如宋朝之美也"。通者云:"佞與淫異,故云'反'也。"

謹案:孔注"反"字,義不可通。邢疏專重佞説,若無口才,則雖有美色,亦不得免,其説殊不近理,且解"反如宋朝之美""反"字甚爲牽強。皇疏"通者云:佞與淫異,故云'反'",其義尤不可通。惟皇氏云:"當於爾時貴佞重淫,此二人並有其事,故得寵幸而免患難。"又引范甯曰:"祝鮀以佞諂,被寵於靈公。宋朝以美色,見愛於南子。無道之世,並以取容。孔子惡時民濁亂,惟佞、色是尚,忠正之人,不容其身,故發'難乎'之談。"佞、美平列,其説甚當,而又云"若不有祝鮀佞,反宜有宋朝美",則二句之義亦不可通。且其注本作"及",而疏作"反",亦不可解。蓋皇氏亦知佞、美當平列,而泥於注文"而及"二字其義難通,故其所據注本作"及",而疏仍訓爲"反",遂與前後之解皆不相符也。今攷《論語》"而"字即訓爲"及",乃由此達彼之詞。《周禮》"旅師而用之",注:"而,讀爲'若',聲之誤也。"《管子·山權》"數以終而身",注:"若也。""而"、"若"一聲之轉,其義相通。"若"字亦訓爲"及",《漢書·高帝紀》"若一郡降者,封萬户",注:"及也。""若"可訓"及",則"而"亦可訓"及",王氏《釋詞》辨之甚明。閻氏《釋地》:"或曰:《詩》'予豈不知而作',箋云:而,猶'與'也。作'與'字解,尤顯。"[2]其説是也。子蓋言不有祝鮀

---

① "'反'字作'及'",原誤作"'及'字作'反'",據《論語注疏》阮校改。

② "尤"上,閻若璩《四書釋地》本有"辭"。

之佞,與有宋朝之美,難以免患耳。孔注不知"而"字乃由此達彼之詞,而誤以爲轉語,故解爲"而反如宋朝之美"。邢疏曲爲之説,而不可通。皇疏知注不可通,又不知"而"字即當訓"及",乃疑注"反"字爲"及"字之誤,改爲"而及如宋朝之美",其説亦不可通,故疏前後皆是,而中數句説甚不安。又仍作"反"字,不作"及",蓋皇氏解《論語》不誤,而不知注義本不然,必從而爲之辭,則反失之矣。朱注好諛、悦色平列,用范甯、皇疏之説,實較孔注爲長。近人講漢學者明知孔注乃魏晉人僞作,乃必附會孔説以駁朱注,而不顧其穿鑿難通,所不可解也。

仁者先難而後獲

○注:孔曰:"先勞苦而後得功,此所以爲仁。"

○皇疏:言臣必先歷爲難事,而後乃得禄受報。故范甯曰:"艱難之事則爲物先,獲功之事則爲物後,則爲仁矣。"

謹案:此與《禮·儒行》"勞而後禄"義同,故注、疏即以《儒行》之義爲解。朱注謂先求爲仁之難,而後獲此仁,陳義雖高,與上夫子言知,以爲務民義、遠鬼神,但就外面説者不類。子言仁、知,多就處世接物而言,不得疑其淺顯,而從後人淵微之論也。

觚不觚

○注:馬曰:"二升曰觚。"

○皇疏:本注作"三升曰觚"也。

謹案:觚容三升、二升,古有二説。《異義》引《韓詩》説"二升曰觚",又引古《周禮》説"觚二升"。《周禮·釋人》:"爵一升,觚三升。"《異義》引《周禮》説乃作二升。陳壽祺謂《禮器》正義所載《異義》"觚二升",乃"三升"之誤。《説文》:"觚,鄉飲酒之爵也。一曰:觴受三升者謂之觚。"是亦用《周禮》説,與《韓詩》説不同。《韓詩》説:"觚,寡也,飲當寡少。"竊疑當以《韓詩》説爲正。後人沈湎於酒,或改酒器二升之觚爲三升,故有二升、三升之不同,此夫子所以歎"觚不觚",謂其不合於"寡少"之義也。許君《異義》用《周禮》説以駁《韓詩》,而《説文》不引其説,乃云:"一曰:觴受三升者謂之觚。"蓋《異義》早成,《説文》晚定,或亦疑三升之不足爲據,故存爲别解也。

井有仁焉,其從之也

○注:孔曰:"宰我以仁者必濟人於患難,故問有仁人墮井,將自投下從而出之不乎?"

謹案:孔説殊不可通。仁者濟人患難,有人墮井,皆當救之,何必其爲仁人?故皇疏引或問曰:"仁人救物,一切無偏,何不但云井中有人,而必云有仁者耶?若唯救仁者,則非仁人墮井,仁人所不救乎?"其難孔説,誠無以解。若以聞惡人墮井亦不往,則曲説難通矣。古"仁"、"人"字通用。《漢禮器碑》"四方土仁","仁"即"人"字。朱注解作"井有人焉",甚是。孔注不知"仁"即"人"字,故有此曲説。若删去"仁"字,但作敢問"有人墮井",則文從字順矣。俞氏《續論語駢枝》必欲翻朱注之案,謂:皇疏本作"井有仁者焉",不得以"仁"爲"人",宰我問"其從之也",不云"救之",蓋以仁者必好其同類之仁人,設有仁人在井,亦當從之。其説尤不可通。宰我以從井救人爲問,即《孟子》乍見孺子入井之意。孔謂濟人患難,其説不誤。若如俞説,宰我欲仁者從其同類之仁人,何必從於井中?豈獨井中有仁人乎?宰我在言語之科,不應有此謬問。皇疏本多一"者"字,疑即因孔注"仁人墮井"而誤加之。俞氏《平議》亦以皇疏因注文增"者"字未足據,而《續駢枝》又據之以駁朱注,非也。

夫子矢之

○注:孔曰:"矢,誓也。行道既非婦人之事,而弟子不説,與之呪誓,義可疑焉。"

○皇疏:蔡謨曰:"矢,陳也。夫子爲子路矢陳天命,非誓也。"

○邢疏:欒肇曰:"見南子者,時不獲已,猶文王之拘羑里也。'天厭之'者,言我之否屈乃天命所厭也。"

謹案:蔡謨、欒肇之説,勝於孔注,故《史記注》獨取二人之説。[①]朱注知爲不得已而見之,又從孔注"呪誓"之説,不如訓"矢"爲"陳"。

竊比於我老彭(《述而第七》)

○注:包曰:"老彭,殷賢大夫。"

○皇疏:老彭,彭祖也,年八百歲,故曰老彭。

○邢疏:即《莊子》所謂彭祖也。李云:"名鏗,堯臣,封於彭城。歷虞、夏至商,年七百歲,故以久壽見聞。"《世本》云:"姓籛,名鏗,在商爲守藏史,在周爲柱下史,年八百歲。籛,音翦。一云即老子也。"崔云:"堯臣,仕殷世。其人甫壽七百年。"王弼云:"老是老聃,彭是彭祖。"

○釋文:《大戴禮》云"商老彭",是也。鄭云:"老,老聃。彭,彭祖。"

謹案:"老彭",或以爲一人,或以爲二人。李、崔皆云壽七百歲,既爲堯臣,亦但能至商,不能至周。若更爲周守藏史,則不止七百歲,並不止如《世本》、包注所云八百歲矣。故鄭、王以爲二人。彭祖,堯臣,不應居老聃後。故朱子從包注,以爲殷賢大夫。然夫子云"我老彭",親之之詞,必屬夫子同時之人。"彭"、"聃"聲近,"老彭"即夫子問禮之老聃無疑。夫子問禮老聃,見《曾子問》。惟老聃所言謹於

---

① "記",原誤作"説",據《史記·孔子世家》改。

古禮,而其作《道德》五千言掊擊禮樂,正相背馳,則甚可疑。故鄭注但云古壽考者之稱,似亦疑其與作五千言者非一人也。朱子曰:"以《曾子問》言禮證之,述而不作,信而好古,皆可見。蓋聃,周之史官,掌國之典籍、三皇五帝之書,故能述古事而信好之。如五千言,或古有是語而傳之。《列子》引黄帝書,即'穀神不死'章也。"其説明通,而注《論語》必從包注,則不可解。楊慎《丹鉛總録》引佛經《三教論》曰:"五千文者,容成所説。老子爲尹談,蓋述而不作。《莊子》引容成氏曰:'除日無歲,無外無内。'則容成氏固有書矣。"其説亦即朱子之説,所引佛經則不足據。宋翔鳳《論語説義》謂老子爲守藏史,蓋掌《歸藏易》。《歸藏》,黄帝之書,亦因朱子之言而推闡之耳。

申申如也,夭夭如也

○注:馬曰:"申申、夭夭,和舒之貌。"

謹案:"申"有伸義,"夭"有屈義。"申申如"、"夭夭如",謂非伸亦非屈也。《漢書·叙傳》正作"夭夭伸伸"。

自行束脩以上,吾未嘗無誨焉

○注:孔曰:"言人能奉禮,自行束脩以上,則皆教誨之。"

謹案:"束脩"有數説。有以爲十脡脯者,邢疏所引《檀弓》、《少儀》、《穀梁傳》,與《唐六典》、《開元禮》所載是也。有以爲檢束自脩者,漢光武詔、《鄧后紀》、《鄭均》《馮衍》《劉般傳》所云是也。有以爲年十五以上者,鄭氏注及《後漢書·馬援》《杜詩》《延篤傳》所云是也。《釋文》:"《魯》讀'誨'爲'悔'。"如《魯》讀,則當以束脩屬夫子自言。夫子嘗云"吾十有五而志於學",正與鄭注謂束脩爲年十五以上相合,是"行束脩以上"當爲十五志學以上。夫子蓋謂十五志學以來,吾未嘗無可悔之事,並不指教人説。《家語》齊太史子與謂南宫敬叔曰:"孔子凡所教誨,束脩以上三千餘人。"《家語》,王肅增加,務與鄭異,未可據。

富而可求也

○注:鄭曰:"若於道可求者,雖執鞭之賤職,我亦爲之。"

謹案:古"而"、"如"通用。此言"而可求",下言"如不可求",兩相對舉。"而可求",即"如可求"也。鄭以"若"字解"而"字,正"而"、"如"同義之證。《史記·伯夷傳》引作"富貴如可求"。

聖人,吾不得而見之矣;得見君子者,斯可矣

○注:疾世無明君。

○邢疏:聖人,謂上聖之人,若堯、舜、禹、湯也。君子,謂行善無怠之君也。又言善人之君,吾不得而見之矣。得見有常德之君,斯亦可矣。

謹案:注、疏皆屬人君言。《詩·賓筵》鄭箋云:"王既不得君子以爲賓,又不得有恒之人。"是鄭引《論語》之義,通上下言,不專指君,取義較闊。

文莫,吾猶人也

○注:莫,無也。文無者,猶俗言文不也。文不吾猶人者,言凡文皆不勝於人也。

○皇疏:文,文章也。莫,無也。無,猶不也。

謹案:注、疏之解與朱異,而其解"文"字則與朱注同。不知"文莫"乃雙聲連語,"文"非"文章"之謂。《説文》:"忞,彊也。""慔,勉也。""文莫"即"忞慔","勉彊"之意,亦即《廣雅》之"釛莫",《毛詩》之"黽勉",《韓詩》之"密勿",《爾雅·釋詁》之"蠠没"、《釋訓》之"懋慔",《封禪文》之"旼穆",《大戴禮》之"亹穆",《漢書·谷永傳》之"閔免",《方言》二篇之"紛母"、七篇之"侔莫"也。楊氏《丹鉛録》引樂肇《論語駁》:"燕、齊謂'勉強'爲'文莫'。"其義郅塙。今皇、邢二疏皆不載。

《誄》曰:禱爾於上下神祇

○注:孔曰:"子路失旨。《誄》,禱篇名。"

○皇疏:樂肇曰:"案説者徒謂無過可謝,故止子路之請,不謂上下神祇非所宜禱也。在禮,天子祭天地,諸侯祈山川,大夫奉宗廟。此禮祀典之常也。然則'禱爾於上下神祇',乃天子禱天地之辭也。子路以聖人動應天命,欲假禮福二靈。孔子不許,直言絶之也。若以行合神明,無所禱請,是聖人無禱請之禮。夫知如是,則禮典之言棄,《金縢》之義廢矣。"

謹案:《士喪禮》"禱於五祀",不云"禱於上下神祇"。皇疏以此爲古禱天地之辭,則樂氏之言信而有徵,勝於孔注。皇氏乃云不如依何集爲是,何也?子路引《誄》爲夫子禱,不當引誄死之辭,當從《釋文》引《説文》作"讄",累功德以求福也。皇疏云:"《誄》者,謂如今行狀也。誄之言累也,人生有德行,死而累列其行之跡爲謚也。"解亦失之。

啓予足,啓予手(《泰伯第八》)

○注:鄭曰:"啓,開也。使弟子開衾而視之也。"

謹案:開衾視手足,不得即云"開手足"。"啓"當假借爲"瞀","瞀",省視也。啓足、啓手,謂省視其足與手。

則有司存。

○皇疏:云付之有司,不關汝也。有司,謂典籩豆之官。

○邢疏:則有所主者存焉。

謹案:"司存"乃雙聲連語,"存"亦"司"也。《後漢書·崔琦傳》:"百官内外,各有司存。"王巾《頭陀寺碑》:"庀徒揆日,各有司存。"[1]皆"司存"二字連用之證。疏以"有司"二字連讀,訓"存"爲"在",失之。

而致美乎黻冕

○皇疏:冕是首服,爲尊。黻是十二章,最下,爲卑。卑尊俱居,中可知也。一云:黻非服章,政是韠黻之服也。舉此,則正服可知也。

○邢疏:鄭玄注此云:"黻是祭服之衣。冕,其冠也。"《左傳》"晉侯以黻冕命士會"亦當然也。黻,蔽膝也。祭服謂之黻,其他謂韠。

謹案:黻冕,猶云衮冕、毳冕、希冕。以衣配冕,不當舉下服之蔽膝以配冕也。皇疏前説爲正。鄭注明言"祭服之衣",邢疏既引之,又以黻爲蔽膝,顯與鄭義相違。《左傳》"晉侯以黻冕命士會",亦當是黼黻之黻,非韠黻之黻也。

卷下

麻冕,禮也(《子罕第九》)

○注:孔曰:"冕,緇布冠,古者績麻三十升布以爲之。"

謹案:江氏《鄉黨圖攷》云:"孔以緇布冠解之,與始冠之緇布冠相混。又謂績麻三十升布爲之,亦非也。古布幅闊二尺二寸,當今尺一尺三寸七分半,若容三十升之縷二千四百,則今尺一分之地,幾容一十八縷,此必不能爲者也。孔意蓋謂古者朝服十五升,冠當倍於衣。不知冠升倍衣,唯喪服斬衰三升,冠六升則然,自齊衰以下,則非倍半之數矣。禮無冠倍於衣之例,孔誤釋耳。麻冕之布亦不過十五升,如今尺之一分容九縷,已是細密難成矣。"今攷江氏謂孔誤以緇布冠釋冕,是也,而用《語録》與金仁山之説,以注疏爲誤,謂麻冕止用十五升布,則甚不然。大古冠布,齊則緇之。後代尚文,不用布冠。故緇撮惟庶人常冠之,士以上則惟用以始冠,冠後皆用玄繒爲冠。惟喪冠用布,祥冠即用素縞,亦以絲而不以布也。麻冕所以用麻者,亦屬反本復古之意。皇疏云:"冠冕通文,且周家素貌,冠亦用三十升緇布也。"邢疏云:"冕者,冠中之别號,故冕得爲緇布冠。"皆屬強解。不特冕與冠異,即玄亦與緇異。冕,玄上纁下,色用玄,非用緇也。古朝服、燕服用布,而冠用絲;祭服用絲,而冕反用布。古人蓋有精意存焉。祭有反本之義,故冕特用布,首服尊於身上之服,故用三十升極細之布。惟其布極細而難成,故改用絲而反爲儉。

---

① "各",原誤作"備",據《文選》卷五十九改。

若如江氏之説,即用朝服十五升之布爲之,則無以見尊重首服之義。且古朝服用布,祭服用絲,絲貴於布,乃其明證。若古以朝服之布爲冕,今改用祭服之絲爲冕,是古用麻反儉,今用純反奢矣,夫子何以云"今也儉"哉?江氏又謂十五升布已是細密難成,則古之朝服、燕服,又何以不用絲,而必用此細密難成之布?豈朝服、燕服之布,反貴於祭服之絲哉?此其説皆不可通也。

毋意

○注:以道爲度,故不任意。

○釋文:意,如字。或於力反。

謹案:《公羊》昭十二年傳注曰:"此夫子欲爲後世法,不欲令人妄億措。'子絶四:毋意,毋必,毋固,毋我。'"則何氏讀"意"爲"億","毋億"即"不億不信"之義。《釋文》"於力反",與何氏讀同。

子畏於匡

○皇疏:心服曰畏。孔子同物畏之。孫綽云:"兵事險阻,常情所畏,聖人無心,故即以物畏爲畏也。"

○邢疏:記者以衆情言之,故云"子畏於匡",其實孔子無所畏也。

謹案:皇、邢二疏,皆以夫子不當有畏懼,故以同物情言之。其實"畏"乃"拘囚"之名。《禮·檀弓》:"死而不吊者三:畏,厭,溺。"畏者,拘囚之謂。鄭注亦引孔子畏於匡以證。《史記·世家》:"匡人於是遂止孔子,拘焉五日。"《荀子·賦篇》:"孔子拘匡。"是古皆謂子拘於匡。"畏於匡",即"拘於匡"也。

雖覆一簣

○注:馬曰:"雖始覆一簣,不以其功少而薄之。"

謹案:如馬説,必沾一"始"字方可通。古"唯"、"雖"通用,此"雖"字當讀"唯"。

法語之言能無從乎?

○邢疏:以禮法正道之言告語之。

謹案:俞樾謂:"'語'、'言'疊用,甚爲不辭。此當以'法語之'、'巽與之'爲句。皇疏解'與命與仁'曰:'與者,以言語許與之也。'此云'巽與之',義與彼同。兩'言'字並屬下讀,皆語辭也。"俞氏以"言"字屬下讀,甚爲有見,而謂爲語辭,則不然。"言"字爲語辭,惟見於《詩》,他書無作虚字解者。兩"言"字,仍當爲"言語"之"言",謂"法語之,所言能無從乎"、"巽與之,所言能無説乎"也。

未之思也夫何遠之有

○釋文:夫,音"苻",注同。一讀以"夫"字屬上句。

謹案:屬上句者是也。此與"莫我知也夫"句法相同。《左氏傳》"無爲吾望爾也夫"、"無伯也夫"、"曰義也夫"、"猶義也夫",皆以"夫"爲語助。

孔子於鄉黨(《鄉黨第十》)

○皇疏:"於鄉黨",謂孔子還家教化於鄉黨中時也。天子郊内有鄉黨,郊外有遂鄙。孔子居魯,魯是諸侯,今云鄉黨,當知諸侯亦郊内爲鄉、郊外爲遂也。孔子家當在魯郊内,故云"於鄉黨"也。

謹案:魯都曲阜。應劭曰:"曲阜在魯城中,委曲長七八里。"酈道元曰:"阜上有季氏宅,宅有武子臺,臺西北二里爲周公臺,周公臺南四里許爲孔廟,即夫子之故宅也。"則夫子所居,在魯都城之中,並非郊内。蓋城中亦有鄉黨之名。

入公門

○皇疏:公,君也。謂孔子入君門時也。

謹案:金鶚云:"此言聘賓之禮。入公門,謂庫門也。雉門,君與賓同入,賓無獨立之理。廟門内,君立於中庭,賓無中門而立之理。惟庫門之外,君未迎賓之時,賓立門外以俟,或有中門而立之理。故君子必謹之。"陳壽祺則謂:"文次'君召使擯'後,'執圭'章前,此謂將聘圖事之禮。公門據己國。或見《聘禮·記》注引"孔子升堂"至"没階",上下又引'孔子之於執圭'、'孔子之享禮'爲證,《玉藻》'賓入,不中門,不履閾'其文亦與《鄉黨》合,因以《論語》'入公門'訖'復其位',爲即行聘時事。然公門之名,非可施於他國。'公揖,入每門,每曲揖',則無專位;執圭,'升西楹西',則未暇攝齊。義皆不與《鄉黨》相應。"其辨甚塙,則謂聘賓之禮,非也。

執圭

○注:包曰:"執持君之圭。"

○皇疏:若自執朝王,則各如其寸數。若使其臣出聘鄰國,乃各執其君之玉而減其君一寸也。

○邢疏:其諸侯之臣聘天子及聘諸侯,其聘玉及享玉降其君瑞一等,故《玉人》云"瑑圭璋八寸,璧琮八寸,以覜聘"是也。

謹案:疏分析甚明,朱注誤以爲即命圭,蓋見包氏解爲"執持君之圭",不知包注蓋用《禮記》"凡執主器,執輕如不克"之意。瑑圭亦君之物,故曰"君之圭",乃見執之宜敬之意,非必以爲命圭也。

享禮,有容色

○注:鄭曰:"享,獻也。聘禮,既聘而享,用圭璧,有庭實。"

謹案:孔廣森云:"禮與享爲二事。禮者,謂主人以醴禮賓也[①]。聘儀[②],既聘乃享,既享乃禮,既禮乃私覿。"孔氏説雖有據,但《聘禮》云:"若有言,則以束帛如享禮。"此"享禮"二字連用之證。又《聘禮·記》云:"及享,發氣焉盈容。"正與此云"有容色"合,仍從鄭注爲正。

必有寢衣

○注:孔曰:"今被也。"

謹案:《説文》"被"篆下引《論語》文,又《衣部》:"衣,依也。上曰衣,下曰裳。象覆二人之形。"疑"衣"之本義當爲"被"。《釋名》:"被,被也,所以被覆人也。""衣"字之形象覆二人,正與"被"義合。從二人者,或象夫婦,不然一衣止覆一人,何以取象覆二人乎?《周禮·玉府》"掌王之燕衣服",鄭注:"巾絮、寢衣、袍襗之屬。"是鄭義亦與孔注相同。謂燕衣服,則非齊時所用。《毛詩傳》"齊則角枕錦衾",非别有寢衣也。

齊必變食

○注:孔曰:"改常饌。"

謹案:皇疏以"食不厭精"以下,兼明平常禮。邢疏則謂自"不多食"以上,皆蒙齊文。是齊不忌酒肉。《周禮·膳夫職》:"王齊日三舉。"先儒謂不食餕餘,故三太牢。朱竹垞云:"王日食一太牢,遇朔當兩太牢,齊則加至三太牢。"朱注據《莊子·人間世》,以爲"不飲酒,不茹葷"。但《莊子》所謂葷者,謂葱、蒜、韭、薤之屬。酒與葷氣味昏濁,耗散神志,故齊者戒之,非謂肉食。齊之食肉,經有明文,惟飲酒不見經傳。《周語》"王即齊宫,淳濯饗醴",注謂王飲醴酒。醴爲六飲之一,與酒略異,故可飲。且《周語》所云,是耕耤之齊,與祭祀之齊不同。《詩·信南山》"以爲酒食,畀我尸賓",鄭箋云爲尸者齊戒之時,王畀之酒。是亦泥於"畀"字之義,疑尸前不應言"畀",故以爲齊戒時。不知"畀"字本通上下言之,非必爲尸者齊而飲酒也。邢疏以"不多食"以上皆蒙齊文,蓋以"不徹薑食"。孔注曰:"齊禁葷物,薑辛而不臭,故不去。"據此以爲皆齊戒時事。然餒敗不食之類,皆謹疾養生之

① "也"上,原衍"時",據孔廣森《經學卮言》删。

② "儀",原誤作"禮",據孔廣森《經學卮言》改。

道，非必齊時爲然，不如皇疏兼明常禮之義較爲宏通。金鶚《齊必變食説》乃謂《周官》爲王莽竄易，古本當作"王齊則不舉"，又據《玉藻》，謂：王日一舉爲舉少牢，惟朔日則太牢；若謂齊三太牢，則天子一年齊期約有百二十日，是用三百六十太牢，並日食、朔食，約有六百太牢，天子每年殺牛至六百之多，毋乃暴殄？不知古者無忌殺牛之説，或謂古人不用牛耕。《玉藻》云"夫人與君同庖"，則王后亦與天子同庖。宫中每日所食，當共此一太牢之物。不然，天子一人一日安能食一太牢哉？古無山珍海錯，以惟辟玉食之尊，而合宫中之人，每日食一太牢，則亦未爲甚暴殄矣。其齊必三舉者，古人祭禮委曲繁重，非強有力者弗能行，故齊戒時必補虚強氣。先王制禮，皆有精義。蓋不飲酒、不茹葷臭之菜，即所謂"必變食"，非如釋氏之戒殺也。

割不正，不食

○皇疏：古人割肉必方正，若不方正割之，故不食也。江熙云："殺不以道爲不正也。"

○邢疏：謂折解牲體，脊、脅、臂、臑之屬，禮有正數，若解割不得其正，則不食也。

謹案：朱注引漢陸續母"切肉未嘗不方"爲證。王氏《稗疏》謂"正"與"方"不同，譏其以漢後切肉之法，解三代割骨之制。蓋據邢疏，以割專指折解牲體，然皇疏已有割肉方正之説。古禮，食有大胾，祭祀有倫膚，皆割肉爲之，或亦有必方正之制，則即以割肉言，亦無不可也。

唯酒無量，不及亂

○皇疏：酒雖多，無有限量，而人宜隨己能而飲，不得及至於醉亂也。

○邢疏：唯人飲酒無有限量，但不得多，以至困亂也。

謹案：古"唯"、"雖"通用，此"唯"字當作"雖"。皇疏云"酒雖多"，正與上文"肉雖多"文法一律，則皇本作"雖"，今本疑傳寫之誤。邢疏云"唯人飲酒無有限量"，失之。

雖疏食菜羹瓜祭，必齊如也

○注：孔曰："齊，嚴敬貌。三物雖薄，祭之必敬。"

○釋文：《魯》讀"瓜"爲"必"，今從《古》。

謹案：朱注從《魯》讀作"必"，然《玉藻》云"瓜祭上環"，《公羊》襄二十九年傳注引《論語》亦以"瓜祭"絶句，當以"瓜"字爲是。皇疏本作"苽"，然"苽"乃雕胡，古不常食。《内則》："食，蝸醢而苽食、雉羹。"鄭注謂"人君燕食所用"。是苽非人臣所常食，故經傳罕見之。疑"苽"即"瓜"字之訛。

鄉人飲酒

〇注:孔曰:“鄉人飲酒之禮主於老者。”

謹案:如孔説,則是黨正飲酒,明齒讓之事,故曰“主於老者”。黨正飲酒亦在鄉飲酒中,故亦得曰“鄉人飲酒”。《鄉飲酒義》:“鄉人、士、君子,尊於房、户之間。”鄉人乃鄉大夫。皇疏云“謂鄉飲酒之禮”,後人以爲野人無故群飲,大謬。

鄉人儺

〇注:孔曰:“儺,驅逐疫鬼。恐驚先祖,故朝服而立於廟之阼階。”

謹案:《郊特牲》云:“孔子朝服立於阼,存室神也。”《禮》云“存室神”,當在寢,不在廟。蓋逐疫鬼,當在生人所居之室,恐有疫鬼,故逐之。若廟中,何必驅疫?室神,當爲五祀之神。孔以爲先祖,又以爲廟之阼階,非是。

迅雷風烈必變

〇注:鄭曰:“風疾雷爲烈。”

〇皇疏:風而雷疾急,名爲烈也。

謹案:鄭注義頗難通。蓋以“風”字略逗,謂風當疾雷之時則爲烈也。

先進於禮樂,野人也。後進於禮樂,君子也(《先進第十一》)

〇注:孔曰:“先進、後進,謂仕先後輩也。禮樂因世損益,後進與禮樂俱得時之中,斯君子矣。先進有古風,斯野人也。”

〇皇疏:先輩,謂五帝以上也。後輩,謂三王以還也。

〇邢疏:此章孔子評其弟子之中仕進先後之輩也。①

謹案:皇疏與邢疏皆失之。夫子言先後輩,自當是同時輩行之人。皇氏泥於注云“古風”,以爲五帝、三王之古,非是。邢氏又泥於注云“仕先後輩”,合下章不及仕進之門爲説,以此謂不從陳、蔡而得仕進者,則夫子不應稱其弟子爲先進,義亦非是。即孔注已有誤。注云“後進與禮樂俱得時之中”,則夫子何以不從後進而從先進?朱注知其難通,故以“先進”四句爲時人之言。然夫子口中,並無引人言之説,則“先進”、“後進”,自屬夫子所品評。《論語》“君子”、“小人”,多以貴賤言。此“野人”即“小人”,所謂質勝文則野也。而“君子”字,則與“文質彬彬,然後君子”不同。孔注乃以文質彬彬之“君子”解此文,此其所以失也。“君子”對“野人”言。古以都邑之人爲“君子”。《詩·都人士》以“都人士”與“君子女”並言,是“都人士”即都君子。故《左氏傳》有“都君子”之稱。此“君子”與“野人”乃互

---

① “評”,原誤作“許”,據《論語注疏》改。

文見義,猶云都之君子、野之小人耳。"先進"、"後進",乃夫子同時先後輩之人。"先進"近於質,"後進"近於文,皆不得中。夫子之從"先進",即禮奢寧儉之意。

不踐迹亦不入於室

○注:孔曰:"踐,循也。言善人不但循追舊迹而已,亦少能創業,然亦不入於聖人之奧室[①]。"

謹案:如孔說,則"亦"字下當增一句,再加"然"字一轉方合。朱注解"不踐迹"三字亦甚費詞。此當以八字作一句讀,謂善人天性雖善,不踐聖人之迹,亦不入聖人之室也。

毋吾以也

○注:孔曰:"女無以我長,故難對。"

謹案:如注說,當倒其詞曰"毋以吾也",義方可通。《釋文》:"以,鄭本作'已'。"當從鄭義爲優,蓋謂毋因吾而止也。

克己復禮爲仁(《顏淵第十二》)

○注:馬曰:"克己,約身。"孔曰:"復,反也。身能反禮,則爲仁矣。"

○皇疏:范甯云:"克,責也。復禮,謂責克己失禮也。"

○邢疏:劉炫云:"克訓勝也,己謂身也。身有嗜欲,當以禮義齊之。"[②]

謹案:馬訓"克"爲"約",范訓"克"爲"責",皆與劉說相近。劉說即朱注所本也。孔說"身能反禮",則以"能"訓"克",以"身"訓"己",謂能身反禮則爲仁。"克己"之"己",即"爲仁由己"之"己",不用"克勝己私"之說,其義似較勝。《左氏傳》云"不能自克",下引"克己復禮,仁也",則已同於馬、范、劉之說矣。

商聞之矣

謹案:皇、邢二疏皆不云聞之何人,亦不云所聞者爲何語,似以下文皆爲所聞。朱注以聞爲聞之夫子,無所據;又專以"死生"二字爲所聞,其下皆子夏之言,又疑其言太過。愚謂此當以"皆兄弟也"以上爲子夏所聞,末一句乃子夏之言耳。如此解,則亦無疑於言之太過矣。

惜乎夫子之説君子也

○注:鄭曰:"惜乎夫子之説君子也,過言一出,駟馬追之不及。"

○皇疏:言汝所説君子,用質不用文,爲過失之甚,故云惜乎夫子説君子。

---

① "室",原闕,據《論語注疏》補。

② "禮",原誤作"仁",據《論語注疏》改。

謹案:注、疏之説,以九字作一句讀,"君子"即上"質而已矣"之君子。"惜乎"二字直貫到"駟不及舌",語本一氣。朱注以"説"字絶句,"君子"指子成,失之。

片言可以折獄者

○注:孔曰:"片猶偏也。偏信一言以折獄者,唯子路可也。"

○皇疏:一云:"子路性直,情無所隱者。若聽子路之辭,則一辭亦足也。"孫綽云:"聽訟者便宜以子路單辭爲正,不待對驗而後分明也,非謂子路聞人片言而便能斷獄也。"

謹案:以片言即子路之言,得子路之片言即可折獄,與"無宿諾"之義更相合。

先之,勞之(《子路第十三》)

○注:孔曰:"先導之以德,使民信之,然後勞之。"

謹案:孔注以"先之勞之"爲一事。《釋文》:"鄭力報反。"則當分爲二事。

必也正名乎

○注:馬曰:"正百事之名。"

○皇疏:所以必須正名者,爲時昏禮亂,言語翻雜,名物失其本號,故爲政必以正名爲先。下卷云"邦君之妻,君稱之曰夫人"之屬,是正名之類也。《韓詩外傳》云:"孔子正假馬之名,而君臣之義定。"

謹案:皇疏解"正名"之説最確。觀所引《外傳》,而知正名之旨,實關君臣大義。所以名正而後言順,夫子之説非迂也。正名百物,始於黄帝。《爾雅》一篇,猶見大略。《禮・大傳》曰:"名者,人治之大者也。"《左氏傳》曰:"名以出義,義以制禮。"足見古人重名之義,是以其後有名家之學。朱注乃謂"出公不父其父而禰其祖"爲名不正。當時衛人雖不立蒯聵,然蒯聵與出公,父子之名固在。《左氏傳》曰:"疾與亡君,皆君之子也。"其時出公並未改其父稱,若以禰其祖爲非,則尤不知古者爲人後者爲之子。出公既已繼祖而立,則祖廟即爲禰,不得謂其名不正也。且惟夫子欲正百事之名,故子路以爲迂。若將與人父子之間,則子路當患其太切,不患其太迂矣。鄭注云:"正名,謂正書字也。古者曰名,今世曰字。《禮記》曰:'百名以上,則書之於策。'孔子見時教不行,故欲正其文字之誤。"則誠有近於太迂者,未若馬注之義較宏也。

善人爲邦百年,亦可以勝殘去殺矣

謹案:古經傳用"亦"字,必有所對而發。《詩》"亦白其馬",傳:"亦,亦周也。"箋:"亦,亦武庚也。"是其義也。此與下文"亦可以即戎矣"文法相同,"亦"字皆有所指。春秋時殘殺盛行,人以爲勝殘去殺者,必武健嚴酷之人而後可。春秋時戎兵爲重,人以即戎者,必剛勇果毅之人而後可。夫子則曰:勝殘去殺者,不必武健嚴酷之人也,善人爲邦百年,亦可以勝殘去殺矣;即戎者,不必剛勇果毅之人也,善人教民七年,亦可以即戎矣。如此解,“亦”字乃有所指,亦可以見夫子推重善人之意。

冉子退朝

○注:周曰:“罷朝於魯君。”

○釋文:鄭云:“季氏朝。”

謹案:周以爲魯君之朝,故馬以“政”爲有所改更匡正,“事”爲凡行常事。鄭以爲季氏朝,則當以“政”屬君,以“事”屬臣。如邢疏引《左》昭公二十五年傳“爲政事、庸力、行務,以從四時”,杜預曰:“在君爲政,在臣爲事也。”此當以鄭氏之説爲正。《魯語》云:“自卿以下,合官職於外朝,合家事於内朝。”是卿大夫家本有二朝。韋注以“外朝”爲君之公朝,如其説,當言公朝、私朝,安得以内、外言之?公朝而謂之外,毋乃不敬?且其上文明言“公父文伯之母如季氏,康子在其朝”,韋注:“自其外朝。”其外朝,當在季氏家。若以爲君之公朝,敬姜安得至君之公朝哉?閻氏《釋地》謂:“陳用之誤合《國語》之文,謂卿以下有二朝,不知其一仍屬公朝,敬姜明言‘子將業君之官職焉’。君之官職,豈合議於私家?”今攷陳氏用《國語》不誤,閻氏乃爲韋注所誤耳。敬姜云外朝業君之官職,而夫子以冉有言“有政”爲非者,蓋官職雖君之事,仍是卿大夫所供之職。若政,則全屬國政,故不可議於私家。夫子正名之義,此其一端。欒肇曰:“斯蓋微言以譏季氏專政之辭。若以家臣無與政之理,則二三子爲宰而問政者多矣,未聞夫子有譏焉。”其説是也。

不可以作巫醫

○注:鄭曰:“言巫醫不能治無常之人。”

○皇疏:巫醫爲治之不差,故云不可作巫醫也。一云:言不可使無恒之人爲巫醫也。

謹案:皇疏後説,即朱注所本。前説本鄭注,人多疑其不然。今攷《列子》所載文摯望龍叔之心、扁鵲易公扈嬰齊之心之事,則古之神醫,或有能治人心術者,南人甚言之耳。

羿善射,奡盪舟(《憲問第十四》)

謹案:注、疏謂即夏之羿、奡。寒浞之子名澆,不名奡。澆,或音“驍”,或音“交”,或音“聊”。惟《集韻》有“奡”音,以爲寒浞子,恐即據孔注爲説。王逸注《楚辭》,

亦引《論語》"澆盪舟"。然澆之盪舟,不見所出,《紀年》所云戰濰覆舟亦未可據,或即因《天問》"覆舟斟鄩"附會爲之。邢疏云:孔注謂"能陸地行舟"者,以此文云"奡盪舟",盪,推也,以此知其多力,能陸地推舟也。則孔注謂陸地行舟,不過就《論語》本義推之,别無所據。而陸地行舟之説尤不近理,近人多駁其非,是孔注未可從也。《書》"無若丹朱傲",《釋文》云:"字又作奡。"吴斗南因悟即此盪舟之奡,與丹朱爲二人:"蓋禹之規戒,若但作傲慢之'傲',則既云'無若丹朱傲'矣,下文何必又曰'傲虐是作'乎?以此知丹朱與奡爲兩人也。'罔水行舟',正'陸地行舟'之明證。曰'朋淫於家',丹朱與奡二人同淫樂也。"今攷吴氏之説甚確,然猶未知"無若丹朱傲"乃帝舜之言,《史記·本紀》明有"帝曰"二字,又未知奡與丹朱皆堯子。《説文》:"奡,讀若傲。《虞書》:'若丹朱、奡。'"《管子·宙合》篇:"若敖之在堯也。"是"奡"本讀若"傲",字亦作"敖"。故今本作"傲",説者遂以爲"傲慢"之"傲"矣。《吕覽·去私》篇"堯有子十人",《求人》篇"臣以十子",是堯子有十人。《孟子》言九男,蓋丹朱不在内,奡即庶子九人之一。鄭注:"朋淫,淫門内。"二人,故曰朋;淫兄弟,故曰門内。"用殄厥世",即"不得其死"之證,屬奡説,不屬丹朱説。若以爲但指丹朱一人,時爲虞賓,安得云"用殄厥世"乎?鄭注"罔水行舟"曰:"丹朱見洪水時人乘舟,今水已治,猶居舟中,頟頟使人推行之。"此云"盪舟",亦當如鄭義所云,非"陸地行舟"之謂也。疏引《説文》、《淮南》諸書,謂帝嚳時有羿,堯時亦有羿。此奡既非寒浞之子,則羿或亦當爲堯時之羿,而皆非夏時之人。

愛之,能勿勞乎?忠焉,能勿誨乎?

〇注:孔曰:"言人有所愛,必欲勞來之;有所忠,必欲教誨之。"

謹案:朱注以上句爲父教子,下句爲臣事君。近人又據《孟子》"教人以善謂之忠",以二句皆言師道。今攷《白虎通》曰:"臣所以有諫君之義何?盡忠納誠也。《論語》曰:'愛之,能勿勞乎?忠焉,能勿誨乎?'"《吴志·步騭傳》太子登與騭書曰:"欲盡心於明德,歸分於君子。至於遠近士人,猶或未詳。《傳》曰:'愛之,能勿勞乎?忠焉,能勿誨乎?'斯其義矣。豈非所望於君子哉!"皆以愛、忠斥人臣納善言,疑用《魯論》之説。《鹽鐵論·授時》篇大夫曰①:"縣官之於百姓,如慈父之於子也,忠焉,能勿誨乎?愛之,能勿勞乎?"則以此爲皆言爲父之事。《詩·隰桑》箋云:"謂我心愛此君子,雖遠在野,其能不勤思之乎?孔子曰:'愛之,能勿勞

① "授時",原誤作"疾貪",據《鹽鐵論》改。

乎？忠焉,能勿誨乎?'"又以此爲思賢之詞。則二句當泛説,孔注是也。必專指一事,則隘矣。

奪伯氏駢邑三百

○注:孔曰:"伯氏食邑三百家,管仲奪之。"

謹案:《新序》以管仲奪伯氏邑,與商鞅之用刑並論。習鑿齒亦以"昔管仲奪伯氏駢邑三百,没齒而無怨言",比諸葛亮之使廖立垂泣、李平致死。是此乃指管仲行罰之公而人服之,非桓公奪以與仲也。《荀子》所云"與之書社三百",與《晏子春秋》云"桓公以書社五百封管仲"相合,其地不名駢邑,不得並爲一事。孔注以"三百"爲"三百家"者,《禮·雜記》"大夫之喪,其升正柩也,執引者三百人",注:"諸侯之大夫,有三百户之制。"疏:"謂小國中下大夫也。故鄭注《易·訟卦》云:'小國之下大夫,采地方一成,其定税三百家,故三百户也。'其實大國下大夫亦三百户,故《論語》云管仲'奪伯氏駢邑三百',注云:'伯氏,齊大夫。'是齊爲大國,下大夫亦三百家也。熊氏云:小都一成之地方十里,一成所以三百家者,一成九百夫,宫室、塗巷、山澤三分去一,餘有六百夫,地又不易再易,①通率一家而受二夫之地,②是定税三百家也。"疏解詳明,可爲此注之證。

賜也賢乎哉

謹案:《詩·北山》"我從事獨賢",毛傳:"賢,勞也。"故孟子引申其義,曰"我獨賢勞也",正以"勞"字解"賢"字。此"賢"字亦當爲"勞"字之義,"賢乎哉"猶云"勞乎哉"。下云"夫我則不暇","不暇"正與"勞"義相對。以爲稱子貢之賢,失其指矣。

莫己知也,斯己而已矣

○注:此硜硜者徒信己而已,言亦無益。

○皇疏:又言孔子硜硜不肯隨世變,唯自信己而已矣。

謹案:注、疏以此爲荷蕢譏孔子之詞,承上"硜硜"二字説,其解非是。此不當承"硜硜"言。"硜硜"是荷蕢譏孔子,此二句乃荷蕢自言處世之法,謂人既莫己知,斯求諸己而已,不必求諸人也。此二句與下"深則厲"二句之意正相貫注,注、疏誤以爲承上句言,則與下二句反隔斷,而下二句之意反嫌鶻突不明矣。朱注改"斯己"之"己"爲"已"字,強經就我,不可從。

---

① "再"上,原衍"一易",據《禮記正義》删。

② "二",原誤作"三",據《禮記正義》改。

闕黨童子將命

○注:馬曰:"闕黨之童子將命者,傳賓主之語出入。"

○皇疏:謂闕黨之中有一小兒,能傳賓主之辭出入也。

謹案:注、疏之説甚明,乃闕黨之人使此童子傳命,非謂夫子使之傳命也。朱注乃云夫子使之。觀下文云:"非求益者,欲速成者。"是童子將命,夫子不以爲然。若云夫子使之,豈有自使之而復自譏之者乎?

顔淵問爲邦(《衛靈公第十五》)

○皇疏:顔淵,魯人。當時魯家禮亂,故問治魯之法也。云"子曰行夏之時"者,孔子此答,舉魯舊法以爲答也。三王所爲正朔雖異,而田獵、祭祀、播種並用夏時,魯家行事亦用夏時。云"乘殷之輅"者,亦魯禮也。周禮,天子自有五輅,用玉輅以郊祭。而殷家唯有三輅:一曰木輅,二曰先輅,三曰次輅。而木輅最質素,無飾,用以郊天。魯以周公之故,雖得郊天,而不得事事同王,故用木輅以郊也。《郊特牲》鄭注:"素車,殷輅也。魯公之郊,用殷禮也。"云"服周之冕"者,亦魯郊也。魯郊不得用大裘,用衮以郊。或曰:"魯既用周次冕以郊,何不用周金輅以郊耶?"答曰:"周郊,乘玉輅以示文,服用大裘以示質。但車不對神,故示文;服以接天,故用質也。"云"樂則《韶舞》"者,謂魯所用樂也。周用六代樂,魯既得用天子之事,故賜四代禮樂,自虞而下。《左》襄二十九年傳"觀止矣",杜注:"魯用四代之樂,故及《韶箾》而季子知其終也。"云"放鄭聲,遠佞人"者,亦魯禮法也。

謹案:此章皆解爲顔子泛問爲邦之法,夫子斟酌古今以答之。朱注云"顔子王佐之才,故問治天下之道",似近於僭矣。皇疏指治魯言,疑得其旨,而據乘素車以解殷輅,據用四代樂以解《韶舞》,尤確。

斯民也,三代之所以直道而行也

○注:馬曰:"三代,夏、殷、周也。用民如此,無所阿私,所以云直道而行。"

謹案:《禮·玉藻》鄭注曰:"犆,讀如'直道而行'之'直'。直,謂緣也。"是鄭解"直道而行"爲"緣道而行",猶云"遵道而行"也,不以"直"爲"曲直"之"直",與馬注不同。

有馬者借人乘之

○注:包曰:"有馬不能調良,[1]則借人乘習之。"[2]

① "馬"下,原衍"者",據《論語注疏》删。

② "人"下,原衍"使",據《論語注疏》删。

○皇疏:孔子又曰,亦見此時之馬難調禦者,不能調則借人乘服之也。

○邢疏:"有馬者借人乘之"者,此舉喻也。喻己有馬不能調良,當借人乘習之也。

謹案:包注以史闕文、馬借乘二義平列,並無專重闕文一事,而以馬借乘爲舉喻之説。注云"言此者,以俗多穿鑿",兼二事説。史不闕文爲穿鑿。有馬不借人乘習,必自乘之,以致傾覆,是亦穿鑿也。皇疏説亦明瞭。邢疏誤以注云"穿鑿"專指史不闕文,故以馬借乘爲舉喻,其説甚爲迂曲。近人乃以此爲古義,然包注、皇疏皆無是説也。朱注分爲二事,亦與皇疏云"歎世澆流迅速,時異一時"義近,而以"借人"爲"與朋友共"之義,則與皇疏不同。

徐中舒、方壯猷先生佚著《尚書學講義》校讀記

趙燦鵬

上海圖書館藏有一部《尚書學講義》,署"方欣安輯",暨南大學 1929 年 10 月鉛印出版,全一册,共 184 頁。此書存本稀少,目前僅知另有一部藏於上海社會科學院圖書館。目録卷端題"國立暨南大學歷史社會學系　尚書學講義第一種"。全書由四個部份組成,依次爲徐中舒《尚書講義》(40 頁)、王國維《尚書講義》(54 頁)、方欣安《尚書講義》(24 頁)、方欣安選《尚書學講義》(66 頁),頁碼皆自爲起訖。

方欣安即方壯猷(1902–1970),湖南省湘潭縣人,現代著名歷史學家,曾任武漢哲學社會科學研究所研究員、中南圖書館(即今湖北省圖書館)館長、湖北省文物管理委員會副主任委員,以治民族史、宋遼金元史著稱。方先生原名彰修,學名方興,字欣安(或作欣菴、新安、心安),1926 年畢業於清華國學研究院,1927 至 1929 年間,在暨南大學、復旦大學等校任兼職講師,講授中國古代史、中國文學史等課程。①

徐中舒(1893–1991),安徽省懷寧縣人,現代著名歷史學家、古文字學家、考古學家,曾任四川大學歷史系教授、中國先秦史學會理事長、《漢語大字典》主編,以治先秦史、古文字學、明清史爲學界所推崇。1926 年畢業於清華國學研究院,1927 至 1929 年

① 岳華:《方壯猷傳略》,北京圖書館《文獻》叢刊編輯部等:《中國當代社會科學家》第五輯,北京:書目文獻出版社,1983 年,第 11–19 頁。岳華爲方壯猷先生哲嗣方克立教授筆名。按方先生在暨大、復旦的教學經歷似乎都不久。1927 年底暨大編輯出版的《國立暨南大學改組特刊·職教員一覽表》,1928 年 1 月 14 日出版的《暨南週刊》寒假特刊載黄振漢《改組後的國立暨南大學》附"職員一覽表",皆未見方先生的姓名。1928 年初,他在清華國學研究院的同學、暨大同事周傳儒説"……方君壯猷,原任復旦、暨南功課,後不滿暨南當局,辭去教職,專在復旦"(周傳儒:《從上海給研究院同學謝國楨君的一封信》,《清華週刊》,第 29 卷第 2 號,1928 年 2 月 17 日,第 160 頁)。據暨大 1929 年 10 月印行方先生輯《尚書學講義》,卷端題"國立暨南大學歷史社會學系《尚書》學講義第一種",可知方先生於 1928–1929 年間,又重返暨大,執教於歷史社會學系。但是方先生的姓名與《尚書》學課程,未載於暨大 1929 年編輯出版的《暨南年鑒(1929 年)·教職員》,及 1929 年 9 月 16 日出版的《暨南校刊》第三期《文學院史學社會學系准開學程(十八年上學期)》。而 1929 年復旦大學編輯出版的《復旦大學章程·大學部教員》,及 1935 年復旦大學編輯出版《三十年的復旦(1905–1935)·中國文學系系史》列舉該系歷任教員,亦無方先生姓名。方先生于 1929 年赴日本留學,從東京大學教授白鳥庫吉研究東方民族史,出國前並曾在商務印書館任編輯工作(錢穆:《師友雜憶》,北京:三聯書店,1998 年,第 143 頁)。順帶一提的是,方先生的密友徐中舒先生是安徽懷寧人,懷寧先賢中亦有名方壯猷者,字午橋,清道光二十年(1840)舉人,有《海鶴翁稿》、《方壯猷文集》行世(柯愈春:《清人詩文集總目提要》,北京:北京古籍出版社,2001 年,第 1558 頁)。

間，在暨南大學、復旦大學等校任教，講授中國文字學史等課程。[①]

該書第一部分卷端題"《尚書》講義　徐中舒"，内容爲《商書》四篇（《盤庚上、中、下》、《高宗肜日》、《西伯戡黎》、《微子》）、《周書》八篇（《牧誓》、《大誥》、《金縢》、《康誥》、《酒誥》、《梓材》、《召誥》、《洛誥》）的注釋，共計十二篇。

第二部分版心題"尚書講義　王靜安"、"尚書講義第三編"，總以"商書參考材料"、"商周書參考材料"之名，收録王國維古史論著七篇：（一）《殷之先公》；（二）《殷之先王》；（三）《殷先王世數》；（四）《商諸臣》；（五）《商之都邑及諸侯》（以上"商書參考材料"五篇，見《古史新證》）；（六）《殷周制度論》（"商周書參考材料"一篇，見《觀堂集林》）；（七）《殷都邑考》（收録《説自契至於成湯八遷》、《説商》、《説亳》、《説耿》、《説殷》等五篇，見《觀堂集林》）。

第三部分版心題"尚書講義第一編　方欣安"，内容爲"漢以後僞《尚書》"，收録《僞古文尚書》二十五篇白文，及《書古文訓》中之古文《尚書》舉例。

第四部分版心題"尚書學講義第二編　方欣安選"，收録《尚書》學參考材料十六種：（一）阮元《國史儒林傳·閻若璩傳》；（二）閻若璩《尚書古文疏證》目録；（三）崔述《古文尚書辨僞》卷二"集前人論《尚書》真僞"；（四）皮錫瑞《書經通論》之二十五"論僞古文多重複且敷衍不切"；（五）皮錫瑞《書經通論》之二十四"論僞孔書相承不廢，以其言多近理，然亦有大不近理者，學者不可不知"；（六）惠棟《古文尚書考》（節選）；（七）閻若璩《尚書古文疏證》第九"言《左傳》'德乃降'之語今誤入《大禹謨》"；（八）閻若璩《尚書古文疏證》第十七"言安國古文學源流真僞"；（九）李紱《書古文尚書冤詞後》；（十）丁晏《尚書余論》；（十一）孔安國《尚書孔氏傳序》（僞）；（十二）孔安國《孔子家語後序》（僞）；（十三）皮錫瑞《經學史講義》[②]第五章《經學中衰時代》；（十四）萬斯同《羣書疑辨》卷一《古文尚書辨》；（十五）《四庫全書總目》卷十三"書類存目一"《書古文訓》提要；（十六）孫星衍《尚書隸古定釋文序》。

徐中舒、方壯猷二先生爲清華國學研究院 1926 年畢業生，"古史新證"是導師王國維 1925 年 9 月在清華國學研究院開講的第一堂課，當年 10 月，王氏並講授《尚書》課程，[③]《觀堂集林》是王氏考辨古史的代表作。《尚書學講義》第二部份從王氏《古史新證》、《觀堂集林》中選録七篇論著，體現出徐、方二先生師承所在。這一部份題名"商書參考材料"、"商周書參考材料"，與第一部份徐中舒先生《尚書講義》緊相配合，

① 何崝：《徐中舒傳略》，陳翔華等編：《中國當代社會科學家傳略》第十一輯，北京：書目文獻出版社，1990 年，第 260-284 頁。

② 按：皮錫瑞著《經學歷史》，有上海羣益書社 1911 年版，題名《經學史講義》。

③ 孫敦恒：《清華國學研究院史話》，北京：清華大學出版社，2002 年，第 53 頁。

應該爲徐先生編選。①

署名爲方壯猷先生所編的第三、四部份，與顧頡剛先生 1926 年在廈門大學所編《尚書》講義第一編序目全同，②當係據顧著改編而成。且第四部份"《尚書》學參考材料"之六，爲惠棟《古文尚書考》(節録)，卷首還保留有顧氏案語"頡剛案：……今以限於鈔印之力，止録《舜典》及《大禹謨》兩章……"一段，可爲證明。

徐中舒先生的《尚書講義》，凡《今文尚書》二十八篇，"虞夏書"未録，"商書"闕《湯誓》一篇，"周書"闕《洪範》、《多士》、《無逸》、《君奭》、《多方》、《立政》、《顧命》、《康王之誥》、《柴誓》、《吕刑》、《文侯之命》、《泰誓》等十二篇。其中多採用王國維之説，例如《盤庚中》"暫遇"(7 頁)、《金滕》"丕子"(19 頁)、《酒誥》"棐徂"(29 頁)、《洛誥》"惟七年"(40 頁)等條；亦有自抒新解處，如《微子》"刻子"(12 頁)等條，可與王氏在清華國學研究院的《尚書》講義參看。③

廣泛利用甲骨文、金文等新出資料，解説簡明切要，是徐先生《尚書講義》的一個顯著特點。這部講義學術價值的另一方面，在於參考材料選録的精當。參考材料有三部份(第一、二部份僅見目録，正文未收)：

第一是從《史記》中選録《殷本紀》、《周本紀》和《三代世表》中的殷、周世表及《魯周公世家》等十篇。

第二是清代學者崔述有關古史記載進行全面考辨的論著。崔述(1740-1816)號東壁，其辨僞考信工作在 1920 年代由於劉師培、梁啟超、胡適、錢玄同、顧頡剛等學者的表彰，④以"科學的古史家"著稱於世，⑤崔氏學説盛極一時，"東壁《遺書》幾於一時人手一編"⑥。梁啟超認爲崔氏《考信録》一書，"考證三代史事實最謹嚴，宜一流覽，以爲治古史之標準"⑦。徐先生選擇崔氏《商考信録》、《豐鎬考信録》、《豐鎬考信别録》

① 本書卷首目録闕載方壯猷先生編選第三、四部份，僅載講義第一、二部份，且篇目拆散，另按"商書"、"周書"的部類重新編排，可證。

② 顧頡剛：《〈尚書〉講義(廈門大學)》，王煦華整理，彭林主編：《中國經學》第 3 輯，桂林：廣西師範大學出版社，2008 年，第 15-17 頁。按顧先生于 1926-1929 年間，在廈門大學、廣州中山大學開設《尚書》研究課程，編印有《尚書講義第一編》(廈大)、《尚書學講義》(中大)，後者收録參考材料六十二篇，彙集漢代以來《尚書》學者之説。參見顧潮編著：《顧頡剛年譜》，北京：中國社會科學出版社，1993 年，第 130-135、145 頁；王煦華：《顧頡剛先生在中山大學》，《慶祝楊向奎先生教研六十年論文集》編委會編：《慶祝楊向奎先生教研六十年論文集》，石家莊：河北教育出版社，1998 年，第 666 頁。

③ 吴其昌：《王觀堂先生尚書講授記》，劉盼遂記：《觀堂學書記》，王國維：《古史新證——王國維最後的講義》，北京：清華大學出版社，1994 年，第 231-299 頁。

④ 陳光唐：《邯鄲歷史人物傳續集》，北京：中國文聯出版社，2000 年，第 199 頁。

⑤ 胡適：《科學的古史家崔述》，載[清]崔述撰：《崔東壁遺書》，上海：上海古籍出版社，1983 年，第 952 頁。

⑥ 錢穆：《讀崔述〈洙泗考信録〉》，見錢穆：《孔子傳》，北京：三聯書店，2002 年，附録(二)，第 116 頁。按：原文如此，疑當作"東壁《遺書》一時幾於人手一編"。

⑦ 梁啟超：《國學入門書要目及其讀法》，《〈清華週刊〉書報介紹副刊》第三期，1923 年 5 月，第 8 頁。

三種計四十篇,作爲《尚書講義》的主要參考材料,正是時代學術風氣的一種反映。①

第三是王國維有關古史的重要論著,《古史新證》爲王氏有關甲骨文與殷商史研究一系列獨創性成果的總結,②《殷周制度論》就殷周祀典、世系、宗法、喪服、分封制度等方面進行系統論述,"義據精深,方法縝密,極考證家之能事"③,有"近世經、史二學上第一篇大文字"之稱。④

以上三種參考材料,較爲全面地提供了閱讀《尚書》的歷史背景知識。

以筆者淺見,這部編纂於八十多年前的大學講義,内容包括中國上古史最基本的原始文獻與學術文獻,根據今天學術進步的程度衡量,仍然具有較高的學術價值,可以作爲一種有相當學術深度的先秦史文獻讀本,供中國古代史專業教學使用,尤其適合先秦史專業的研究生研讀。

與徐先生同時在清華國學研究院從學於王國維的楊筠如,著有《尚書覈詁》一書,備受學界稱譽,近年學者以宋代朱熹、蔡沈師弟薪火相承,撰定《書集傳》的美談,稱其能發揚王氏《尚書》之學。⑤ 作爲王國維《尚書》學的另一傳承之作,徐中舒先生《尚書講義》的發現,相信將引起學術界廣泛的重視。

作者簡介:

趙燦鵬,香港嶺南大學哲學博士,華東師範大學歷史學博士,曾任上海圖書館歷史文獻中心研究部主任、中國圖書館學會古籍專業學術委員、國際圖聯家譜與地方史專業執行委員,現爲暨南大學中國文化史籍研究所副教授,主要研究歷史文獻與中國思想文化史。

---

① 現今古史學界已不大重視崔述的作品,著名先秦史家趙光賢曾經感慨,崔氏著作雖經顧頡剛精心整理出版,"但讀者並不多,不少在大學講授先秦史的教師竟不讀《考信録》"(趙光賢:《崔述在中國史學史上的地位》,《北京師範大學學報(社科版)》1992年第5期,第58頁)。吕思勉曾經説"……崔氏考據之學,並無足稱"(吕思勉:《論學集林・讀〈崔東壁遺書〉》,上海:上海教育出版社,1987年,第177頁),這是一種有代表性的批評意見。但在筆者看來,撇開其偏頗固陋之處,崔述對上古歷史所作的細密考辨,特别是《商考信録》、《豐鎬考信録》、《豐鎬考信别録》三種著作中試圖建立系統的商、周史的努力,仍然具有久遠的價值。

② 倉修良主編:《中國史學名著評介・〈古史新證〉》,濟南:山東教育出版社,1990年,第三卷,第475-498頁,條目撰者謝維揚師。徐中舒《王静安先生傳》(《東方雜誌》第二十四卷第十三號,1927年7月10日,第49頁):"……先生在研究院講演《古史新證》、《尚書》……先生此時對於古史,已有成熟之見解。其《古史新證》,乃增損《殷卜辭中所見先王先公考》、《續考》、《殷周制度考》諸篇而成,凡前後之不足持者,至是皆刊削淨盡。"

③ 徐中舒:《王静安先生傳》,第48頁。

④ 抗父:《最近二十年間中國舊學之進步》,《東方雜誌》第十九卷第三號,1922年2月10日,第37頁。

⑤ 李學勤:《尚書覈詁新版序》,載楊筠如撰、黄懷信標校:《尚書覈詁》,西安:陝西人民出版社,2005年,第4頁。按王國維晚年有志撰寫《尚書注》,但未寫成,他於1924年爲容庚《金文編》作序説:"余嘗欲撰《尚書注》……荏冉數年,未遑從事……"(《王序》,容庚編著:《金文編》,北京:中華書局,1985年,第9頁)

《詩》和《樂》
——以《關雎》爲例

鄭良樹

内容摘要 漢代有六經,舊謂《樂》亡,僅存五經。實則《樂》並未亡,在今本《詩》之中。《樂》可分"歌詞"(即文字部分)及"歌譜"(即曲調,如後代之工尺譜)。歌譜乃純音樂,於經義無關宏旨。今本部分《詩》乃《樂》之歌詞,故反復紛沓。蓋傳《詩》者據"歌詞"改動原本《詩》句,使之可以歌唱。原本《詩》不反復紛沓,蓋詩本質貴簡煉精要,只可吟,不宜唱,與《樂》之歌詞不同。傳《詩》者據《樂》改易原本《詩》句,部分《詩》之詞乃與《樂》之"歌詞"相糅合,《樂》乃告亡,而《詩》之原貌亦卒難言矣。引《樂》入《詩》,《樂》乃亡。

關鍵詞 《詩經》 《樂經》 《關雎》

西漢儒家經典有六經,即《詩》、《書》、《禮》、《樂》、《易》及《春秋》;其中《樂》亡,僅存五經,故西漢武帝立博士學官時,僅有五經博士,獨缺《樂》博士。

《樂》亡的原因,歷來論者説法不一,大致上有兩種不同的意見。第一種説法謂焚於秦火;秦焚書坑儒,漢初開書禁,群書依賴口耳相傳而復出,《樂》乃曲調樂譜,没有經過特定的訓練,是無法傳習的,故而亡佚;第二種説法謂根本就没有"《樂經》"這回事,清儒邵懿辰在《禮經通論》裏説:"《樂》本無經也,…… 樂之原在《詩》三百篇之中,樂之用在《禮》十七篇之中…… 而初非别有《樂經》也。"兩派的説法雖然有差异,不過,他們都有一個共同點:樂是一些没有文字的樂譜,不能獨立成書。

《樂》是不是只有曲調的樂譜呢?這些樂譜和《詩》有什麽關係呢?今本《詩》和《樂》又有什麽關係呢?這些,都是值得思考的問題。

首先,筆者認爲《詩》和《樂》恐怕是一部書;《詩》一書而兩傳,一傳爲《詩》,一傳爲《樂》;前者是詩體的著作,以文字爲主;後者是樂譜,文字加上曲調。所謂曲調,即後世的工尺譜。至於文字,兩本基本上相同,結構上或組合上則略有差异,一適合吟誦,一適合歌唱。

這裏,我們以《關雎》爲例,來論證這種説法。《詩・國風 ・召南 》中有《關雎》一首,共分五章,全文如下:

關關雎鳩,
在河之洲。
窈窕淑女,
君子好逑。

參差荇菜,
左右流之。
窈窕淑女,
寤寐求之。

求之不得,
寤寐思服。
悠哉悠哉,
輾轉反側。

參差荇菜,
左右采之。
窈窕淑女,
琴瑟友之。

參差荇菜,
左右芼之。
窈窕淑女,
鐘鼓樂之。

此詩有兩種組合方式:一種是現在《詩》内所出現的形式,一種是《樂》内所出現的形式。我們所要討論的是第二種。

在《樂》中,這首詩是如此歌唱的:

a　關關雎鳩,在河之洲。窈窕淑女,君子好逑。

b　求之不得,寤寐思服,悠哉悠哉,輾轉反側。

c

d　參差荇菜,左右流之。窈窕淑女,寤寐求之。

e　參差荇菜,左右采之。窈窕淑女,琴瑟友之。

f　參差荇菜,左右芼之。窈窕淑女,鐘鼓樂之。

歌唱時,其先後秩序是如此的:

a + d——　第一節

b + e——　第二節

c + f——　第三節

a、b 及 c 是三個主調,d、e 及 f 是一個副調。d、e 及 f 吟唱三次,每次配一個主調。主調的曲調可以不相同,以展現其變化多姿;三次副調的曲調則完全相同,以表現其反覆紛沓。

《詩》在過録歌唱時,先過録第一節:

關關雎鳩,在河之洲。窈窕淑女,君子好逑。

參差荇菜,左右流之。窈窕淑女,寤寐求之。

接下來過録第二節:

求之不得,寤寐思服,悠哉悠哉,輾轉反側。

參差荇菜,左右采之。窈窕淑女,琴瑟友之。

最後過録第三節:

參差荇菜,左右芼之。窈窕淑女,鐘鼓樂之。

三節編合在一起,正好是今本《詩》中《關雎》的組合方式。

這個推測如果可靠的話,今本《關雎》的排列是《樂》的形式,而且還缺了第三個主調(即 c),而不是《詩》的本來面目。也就是説,今本《詩》内的《關雎》是《樂》本,而不是《詩》本;更可以説,《樂》是存在的。

《樂》本的本來面目是:a、b 及 c 分别有各自的曲調(即後世的"工尺譜"),d、e 及 f 的曲調("工尺譜")却是相同的,所以才會反覆歌唱。换句話説,今本《關雎》的結構形式正是《樂》本《關雎》演奏時的"現場實録"、"直播"。説《樂》亡是不對的;《樂》並没有亡,它就存在於今本的《詩》内,只是其曲調亡佚了,僅存文字罷了。

明劉濂在《樂經元義》中説:“余謂《樂經》不缺,《三百篇》者,《樂經》也,世儒未之深考耳。”又説:“所謂《詩》者,以辭義寓於聲音,附之辭義,讀之則爲言,歌之則爲曲,被之金石弦管則爲樂,《三百篇》非《樂經》而何哉?”謂《樂》即在《詩》中,可謂卓見,惟未能細論其理。朱載堉《樂律全書》説:“漢初制氏世在樂官,但能紀其鏗鏘鼓舞,而不能言其義;齊、魯、韓、毛但能言其義,而不知其音。於是《詩》與《樂》始判爲二。魏、晋已降,去古彌遠,遂謂《樂經》亡,殊不知《詩》存則《樂》未嘗亡也。”從義、音來分判《詩》、《樂》這二書,又謂《樂》乃歌唱之書,《詩》存則《樂》未亡;其説明頗具新義,惟所謂“《詩》存則《樂》未嘗亡”,《樂》存於《詩》何處?《詩》及《樂》又如何同是一部書呢?

《樂》之文字和《詩》相同、相似。《樂》和《詩》,一爲主文字的《詩》,一爲主音樂(即“工尺譜”)的《樂》,一書兩傳。在流傳的過程中,《樂》因爲曲調難學而逐漸被人揚弃,《樂》的文字又因爲反覆紛沓而逐漸受人所喜愛,於是,在合併的時候,《樂》的曲調删弃,《樂》的文字又自然取代《詩》本的文字,於是,就成爲今天這樣的版本了。

朱熹《詩集傳》分《關雎》爲三章,其組合方式爲:

a　關關雎鳩,在河之洲。窈窕淑女,君子好逑。

d　參差荇菜,左右流之。窈窕淑女,寤寐求之。
b　求之不得,寤寐思服,悠哉悠哉,輾轉反側。

e　參差荇菜,左右采之。窈窕淑女,琴瑟友之。
f　參差荇菜,左右芼之。窈窕淑女,鐘鼓樂之。

首章(a)四句,第二章(d、b)八句,第三章(e、f)也八句;各章長短不一,如何演唱?此外,d、e、及f詞語相同、相似,應該是曲調相同,今散於第二、三章,如何演唱?更有甚者,d及b内容文字不同,顯然是不同章的,今又合在一章内,如何能够演唱?似此没有主調、副調之别的歌曲,顯然不符合歌曲的原理。

我以爲第三節缺了四句(即c)。有此四句,本詩三節即可朗朗上口,成爲一首完整的樂曲了。

(2013年8月脱稿於大病中)

作者簡介:

鄭良樹,曾任馬來亞大學客座教授、香港中文大學及研究院教授,現任馬來西亞南方大學終身榮譽教授。

從墨子《詩經》學看儒、墨的文化分際

王　剛

内容提要　墨子的《詩經》學是抗衡儒學的重要知識武器。墨子力圖在推翻儒家學術權威的同時,通過非儒家的《詩經》學路徑,争奪"先王之道"的正統,從而使自己的思想文化理念得以樹立與傳播。故而在徵引、使用《詩經》時,無論是在文本的選擇;詩義的解釋;還是《詩經》的價值定位等方面,幾乎都與儒家立異,甚至針鋒相對。墨子以國家主義、功用主義來替换儒家的家族主義、重文主義;以歷史路徑和宗教取向來消解儒家的美育主義和詩性哲學,從而使得"詩言志"與"人志"相脱離,轉爲一種對"天志"的呼應,詩歌由此變形爲一種單向的理論工具。

關鍵詞　墨子　《詩經》學　儒學　墨學　文化分際

一、引言:墨子重《詩經》與儒、墨争衡

根據馮友蘭在《中國哲學史》中的看法,中國古代思想文化的發展可分爲"子學時代"與"經學時代"兩大階段。其中"子學時代"圍繞"百家争鳴"而展開,不僅爲後世奉獻了絢爛的思想果實,也構築出中國文化的基綫。此種局面的形成,首涉孔子,具體言之,儒學的創立及六藝的傳播,不僅使得私學興盛,亦樹立起"百家"中的第一門派,故而馮友蘭説:"孔子實占開山之地位。"[①]然而,既是"争鳴",勢必要有不同的聲音,墨子及墨學遂應運而生。墨子作爲"孔子的第一個反對者",[②]他一方面開創了先秦時代儒、墨並稱"顯學"的局面;[③]另一方面也因有了墨學的"非儒",遂使得子學時代真正得

① 馮友蘭:《中國哲學史》上册,上海:華東師範大學出版社,2000年,第19頁。
② 馮友蘭:《中國哲學簡史》,北京:北京大學出版社,1996年,第44頁。
③ 《韓非子·顯學》説:"世之顯學,儒、墨也。"

以開啟。從這個意義上來説,"子學時代應該是從春秋、戰國之際孔子與墨子算起,……自孔、墨起,中國古代思想史才算真正地進入了劃期的時代。"①不僅如此,墨子之後,孟、荀"辟墨",後墨排儒,儒、墨之間既交鋒又融和的互動關係,貫穿、交織于整個戰國時代。要之,"百家争鳴"由儒、墨立異開始,儒、墨争衡爲先秦時代關鍵性的文化事件。

職是故,查考史籍,孔、墨或儒、墨之異昭昭可見,從一定意義上説,孔子所創儒學,乃是墨子據以别立新宗的尺規或靶子,從另一路徑超越儒學,是他的最大學術目標。韋政通指出:"墨子的思想是存心與儒家立異而發展出來的,而且立異的程度也似乎是完全走向另一個極端。"②然而,問題的另一面是,儒、墨不僅僅止於立異,更有異外之同,其中最爲核心的是:所選用的思想材料同本共源。也即是,一方面儒、墨都孜孜以求西周及其以上的"先王之道";③另一方面,都依憑西周以來的《詩》、《書》典籍展開論説。對於這種文化取向,侯外廬稱之爲承接西周的"搢紳先生"風格,再進一步言之,在春秋戰國之際,孔子是早期的"搢紳先生",墨子則是"一位後起的鄒魯搢紳先生。"④故而在諸子之中,除了儒家,墨家也一樣引經據典,《詩》、《書》運用得十分嫻熟,王國維指出:"《書》與《詩》又爲儒、墨公共之學。"⑤要之,在先秦時代,儒墨雖激烈争衡,却擁有共同的文化之根,就此點來説,它們可謂同根而異枝,是《詩》、《書》土壤上生長出的異樣果實。那麽,這種由同趨異的走向是如何形成的?其背後的文化内涵及差異何在呢?

帶着這種問題意識,在本文中,筆者將聚焦於墨子與《詩經》的關係,進行專題考察。

由前已知,墨子重視《詩經》或者《詩》、《書》。結合儒墨争衡之背景,有學者指出:

---

① 侯外廬、趙紀彬、杜國癢:《中國思想通史》第一卷,北京:人民出版社,1957年,第40頁。雖然道家的老子在時間上可能與孔子並時,但由於"其學以自隱無名爲務"(《史記・老子韓非列傳》),道家學派在戰國早期的影響並不大,真正熱烈的學術文化之争始於儒墨。

② 韋政通:《中國思想史》,上海:上海書店出版社,2003年,第73頁。

③ 王桐齡説:"儒家推崇堯、舜、禹、文、武爲模範君主,墨家亦然。"見《王桐齡論墨子》,蔡尚思主編:《十家論墨》,上海:上海人民出版社,2004年,第52頁。

④ 侯外廬:《中國古代思想學説史》,長沙:岳麓書社,2010年,第14頁。

⑤ 王國維至羅振玉的信(1916年8月10日),見干春松、孟彦弘編:《王國維學術經典集》下卷,南昌:江西人民出版社1997年,第410頁。

> 《墨子》之所以想通過徵引詩來闡明自己的思想,起到很好的論證效果,是由於《詩》、《書》在當時的社會中,已經被廣泛稱引,具有了一定的權威性,大家能够普遍的認同它們,否則《墨子》在引用時絶不會如此的言之鑿鑿。①

墨子所處的時代爲戰國初期,此時春秋時代賦詩言志及重視《詩》、《書》的風尚猶在,②但倘由此認定,墨子好徵引《詩經》乃受此遺風影響,實爲一種極有限的事實。另一面的事實是,墨子的處事性格本就異類,不僅不爲世風所牽絆,往往還要矯枉過正,最典型的表現就是:他本爲搢紳先生,"爲了矯正時代,不惜蓬發、短褐、木履、步行而爲'天下先',故意扮演出'賤人之所爲'。"③所以,墨子重視《詩經》或者《詩》、《書》,根本性的原因不在於世風,内在的文化理念之驅動才是主因。

筆者以爲,此點必須從儒、墨争衡的學術背景中去加以尋求。需知在春秋戰國之際徵引《詩經》雖蔚爲風氣,但對《詩經》或《詩》、《書》擁有話語權威的,却是孔子及其儒家學派。《墨子·公孟》載有這樣一段對話,墨子的論敵提出:"今孔子博於《詩》、《書》,察於禮、樂,詳於萬物。若使孔子當聖王,則豈不以孔子爲天子哉?"因《詩》、《書》所加護的權威,竟使得孔子擁有了無上的地位,此點絶不能爲墨子所容忍。很自然的,他對此進行了駁斥,但他無法去除的是:孔子與《詩經》或者《詩》、《書》的密切關係,以及由此所附加的巨大影響。由此一端即可見《詩》、《書》對於儒墨相争所具有的重大作用或意義。故而,對於同爲"搢紳先生"的墨子來説,如何將《詩經》等典籍從儒家的日益獨斷中搶奪出來,使之轉爲自己的思想資源,從而達到入室操戈之功效,就成爲了一種迫切的學術文化需要。

也正因爲如此,儒墨同是徵引、使用《詩經》,背後的思想文化立場却大相徑庭。無論是在文本的選擇;詩義的解釋;還是《詩經》的價值定位等方面,儒、墨幾乎處處立異,甚至針鋒相對。我們有理由相信,這是墨子有意爲之,從本質上來看,這或許也正是他非儒、抗儒的一種手段,質言之,墨子重《詩經》與儒、墨争衡有著巨大的關聯。下面,筆者將以此爲切入口,對此現象背後所反映的儒、墨文化分際及相關問題作一考

① 葉文舉:《〈墨子〉、〈莊子〉、〈韓非子〉説詩、引詩之衡鑒:簡論戰國時期非儒家詩學思想》,《安徽師範大學學報(社科版)》2004 年第 1 期,第 88 頁。

② 顧炎武曾論及春秋戰國風氣不同,其中之一就是"春秋時猶宴會賦詩,而七國則不聞矣。"顧炎武著、黄汝成集釋:《日知録集釋》,長沙:岳麓書社,1994 年,第 467 頁。

③ 侯外廬:《中國古代思想學説史》,第 16 頁。

察,以就正於方家。①

二、"先王之書"與"先質後文":墨子《詩經》文本及相關問題考辨

任何典籍的研究,都繞不開對文本的討論,《詩經》自不例外。就論題所及,可以看到,墨子稱引《詩》所使用的文本與儒家頗有差異。主要表現在三個方面:一、與儒家傳本不同,墨家用的是儒家之外的另一種本子。② 二、與儒者好稱引《風》詩不同,墨子在引《詩》時,只引《雅》、《頌》,而不引《風》詩。三、儒、墨引《詩》之文句,在風格上頗有出入。筆者以爲,這些差異的出現實非偶然,乃由儒、墨文化理念的不同所致,同時也是儒、墨爭衡在《詩經》學上的一種具體表現。概言之,出現以上差異很大程度上是墨子有意爲之,他力圖在文本上與儒家劃清界限,就上層目標而言,可使《詩經》由儒家之《詩》轉爲"先王之書";從文本的接受角度來説,通過去"文"用"質",減損文本的士大夫氣,從而與墨家的學術性格合拍。下面具體論之:

首先,用儒家之外的《詩經》版本,實質上是對儒家學術文化權威的一種否定。

由前可知,在墨子時代,孔子及儒學已事實上擁有了《詩經》話語權,這樣,當時所流行的《詩經》文本應該就是孔子所删定的儒家本。但衆所周知,孔子成年之前,如季札觀樂時,已有與今本相類的本子(事見《左傳・襄公二十九年》),很多學者更進一步認爲,從西周宣王時代開始,就多次整理結集《詩經》,只是至孔子時文本得以定型而已。③ 總的來看,在墨子時代,一方面孔子的《詩經》學權威已經樹立;另一方面,前孔子時代的《詩經》文本尚存。既然要與儒爭衡,墨子當然要以後者爲主,這不僅表現出儒、墨之别,更爲關鍵性的是,墨子通過將《詩經》文本推至孔子之前,使得《詩經》的歸

① 就筆者目力所及,1990年代以來,有學者開始對於墨子與《詩經》的關係進行專題研討,主要成果有:陸曉光:《墨子非儒不非〈詩〉論》(《中州學刊》1990年第3期);王長華:《墨子的〈詩經〉觀》(《文藝理論研究》2000年第2期,後收入氏著:《詩論與子論》,學苑出版社,2001年);葉文舉:《〈墨子〉、〈莊子〉、〈韓非子〉説詩、引詩之衡鑒:簡論戰國時期非儒家詩學思想》(《安徽師範大學學報(社科版)》,2004年第1期);[日]荻野友范:《〈墨子〉引詩考》(早稻田大學《中國文學研究》第30號,2004年12月);鄭傑文:《墨家的傳〈詩〉版本與〈詩〉學觀念——兼論戰國《詩》學系統》(《文史哲》2006年第1期,此爲氏著《中國墨學通史》中之一部分,人民出版社,2006年);薛柏成:《墨家思想與〈詩〉的關係》(《齊魯學刊》,2006年第1期)。以上成果雖對墨子的《詩經》學進行了多角度的探研,但由於論題所限等原因,將墨子與《詩經》問題放置儒墨爭衡的背景下進行專題考察,從而對其背後所體現的儒、墨分際作出文化解讀者,尚付之闕如。

② 鄭傑文經過細緻的研究後認定:"墨家引《詩》所據版本確實與儒家傳《詩》版本不同。"(氏著:《中國墨學通史》,第80頁)而羅根澤在《由〈墨子〉引經推測儒墨兩家與經書之關係》中亦對此有論及,文見《羅根澤説諸子》,上海:上海古籍出版社,2001年。

③ 可參看劉毓慶、郭萬金:《〈詩經〉結集歷程之研究》,《文藝研究》2005年第5期。

屬權及解釋權歸入"先王"名下,從而以"先王之書"的名義重建起一種非儒家的文化權威。質言之,用"先王"這樣的"聖人"來替換掉"博於《詩》、《書》"的孔聖人。所以在《墨子》中,所引《詩經》往往被冠之於"先王之書"的字樣,如《尚同中》"先王之書《周頌》"、《兼愛下》"先王之所書《大雅》"、《天志下》"先王之書《大夏(雅)》"。要之,在墨學理念中,所謂"先王之書"絶非簡單的文本問題,而是有其嚴肅的政治及歷史意義。

不僅如此,治學術史者皆知,墨子以所謂的"三表法"來衡定是非高下,《墨子·非命上》曰:

> 何爲三表?子墨子言曰:有本之者,有原之者,有用之者。於何本之?上本之於古者聖王之事。於何原之?下原察百姓耳目之實。於何用之?廢以爲刑政,觀其中國家百姓人民之利。此所謂言有三表也。

韋政通指出,"三表法"是墨子思想的"出發點"和"論證的基礎"。[①] 而從特定視角來看,"先王之書"實爲此種"基礎"之基礎。

具體言之,所謂"先王之書"乃"古者聖王之事"的載體,是"本之于古"的文本依據,從一定意義上説,實爲真理之代名詞。這樣一來,墨子版的《詩經》就很自然地成爲了"三表法"的重要基石。一再鼓吹"本之于古者聖王"的墨子,可以通過稱引"先王之書"的《詩經》來強化自己的地位,並在祭出不同于儒家文本的過程中,宣告己"真"儒"僞"。那麼,由此進一步推論,孔子所承接的"聖統"及"聖人"地位就失去了根基,取而代之的,自然是"真正"代表"聖王"的墨學了。

其次,墨子不引《風》詩,不僅體現着與儒家的立異,更反映着兩家政治理念的不同。

衆所周知,《詩經》由《風》、《雅》、《頌》三部分構成,其中《風》詩的分量與影響最大,並排序在前。但這種狀況的出現晚於春秋,且與儒家的推揚息息相關。

就《風》、《雅》、《頌》產生的時間來説,現在一般都公認先《頌》,後《雅》,再《風》,與今本次序正好相反。有學者通過對《國語》西周史料的研究發現,西周時代稱引《詩》時,不以《詩》來加以稱名,但已出現《頌》和《大雅》的稱謂,他推斷道:"周初可能編成'頌'文本和'大雅'文本。"[②]而對於《風》,我們知道,"絶大部分是春秋初期至中

---

① 韋政通:《中國思想史》,第70頁。

② 張中宇:《〈國語〉、〈左傳〉的引"詩"和〈詩〉的編訂——兼考孔子刪詩説》,《文學評論》2008年第4期,第30頁。

期的詩,一小部分是西周後期的詩。"[①]毫無疑問,《頌》、《雅》與所謂"先王"關係密切,而《風》則疏遠得多,甚至可説本無干係。再就詩源而論,《風》詩多來自民間,《雅》、《頌》則是朝堂之音,鄭樵説:"風土之音曰'風',朝廷之音曰'雅',宗廟之音曰'頌'。"[②]故而在先秦典籍中常常會明示或暗示"先王"曾制作《雅》、《頌》,[③]它們來自於西周王官,是神聖的典籍。查考《論語》也能發現,孔子雖一再稱引《風》詩,但其所"正"者却是《雅》、《頌》,《論語·子罕》曰:"吾自衛反魯,然後樂正。《雅》、《頌》各得其所。"此處不言《風》"得其所",一則《風》詩作爲一類文本,流傳時間不長,很多篇章或許還在動態之中;二則它們多在民間口誦,也即《漢志》所謂"不獨在竹帛",故而錯亂較少,當時無需"正"之。而《雅》、《頌》則原有文本及樂聲,時間一長,禮崩樂壞後,則非正之不可。故而《漢書·禮樂志》説:"王官失業,《雅》、《頌》相錯。孔子論而定之,故曰:'吾自衛反魯,然後樂正。《雅》、《頌》各得其所。'"

基於以上的認識,墨子不引《風》詩就絶非偶然。因爲墨子並非不知《風》,如在《墨子·三辯》中,就提及過《風》詩中的《騶虞》,加之在春秋時代稱引《詩經》時,已越來越趨向於引《風》,朱自清對《左傳》中引用《詩經》的情況進行過統計與分析,得出了如下結論:

> 《左傳》所記賦詩,見於今本《詩經》的,共五十三篇,《國風》二十五,《小雅》二十六,《大雅》一。引詩共八十四篇,《國風》二十六,《小雅》二十三,《大雅》十八,《頌》十七。重見者不計。再將兩項合計,再去其重複的,共有一百二十三篇,《國風》四十六,《小雅》四十一,《大雅》十九,《頌》十七。[④]

毫無疑問,至墨子時代,稱引《風》詩已爲一代風氣,此風之下,他又豈能無動於衷?不用《風》詩,只能説是有意爲之。筆者揣測,其基本原因在於:

1.通過用《雅》、《頌》,來表明自己遵循的乃是"先王"之道,進而搶奪儒家話語權。前已言及,春秋戰國時代有《雅》、《頌》爲"先王製作"之觀念,加之很可能周初即有《頌》、《大雅》文本,所以可注意到的是,墨子引《詩》時,一再突顯與"先王"或"本之於古"有所關聯的諸種元素。具體言之,除了出現"先王之書"的字樣,還有《周頌》、《周詩》的提法。由前已知,《周頌》、《大雅》已被墨子認定爲"先王之書",而《周詩》在當

① 夏傳才:《詩經研究史概要》(增注本),北京:清華大學出版社,2007年,第12頁。

② 鄭樵:《通志·總序》,氏著、王樹民點校:《通志二十略》,北京:中華書局,1995年。

③ 如《荀子·樂論》載:"先王惡其亂也,故制《雅》、《頌》之聲以道之。"

④ 朱自清:《詩言志辨》,氏著:《朱自清説詩》,上海:上海古籍出版社,1998年,第64頁。

時則是大、小《雅》的一種總稱。① 根據王長華的統計,墨子所引《詩經》,“3 處逸詩除外,《墨子》8 處引《詩》中涉及作品有《小雅》2 處,《大雅》5 處,《頌》1 處。”②今查考 8 處引《詩》,其中 3 處出現“先王之書”,1 處稱名《周詩》,1 處稱名《大雅》,還有 1 處稱名《皇矣》者(《天志中》),與《天志下》所引的“先王之書《大夏》”爲同一詩句,這樣就只剩下 2 則没有出現類似字樣,但其中《尚賢中》在引“《詩》曰”之後,論述道:“此語古者國君諸侯之不可以不執善。”《尚同中》則是在引述“先王之書《周頌》”之後,再引“《詩》曰”,對“當此之時”加以申論。由此可知,這僅剩的兩則亦爲論證“先王”及“古者國君”之事,與三表法中的“本之於古”遥相呼應。這樣,8 處引詩竟毫無例外地都與“先王”及“先王之書”相關聯。

2.不引《風》詩,乃是墨家國家主義的體現,從而與儒家的家族主義相抗衡。衆所周知,儒家以“修身齊家”爲治道之本,鼓吹“天下之本在國,國之本在家,家之本在身”。③ 而《風》詩多體現世情冷暖、社會憂樂,與個人及家庭緊密相關。其中特爲儒家推崇的《周南》、《召南》中,更是“有一半是婚姻和愛情詩”。④《毛詩序》云:“風之始也,所以風天下而正夫妻也,故用之鄉人焉,用之邦國焉。”漢儒更是總結爲:“室家之道修,則天下之理得。故《詩》始《國風》,禮本《冠》、《婚》。始乎《國風》,原情性而明人倫也。”⑤於是,《風》詩作爲鄉土社會之音,由家達國,由賤至貴,由小到大,成爲了所謂的《詩》始。應該説,這是由儒家的治國教化之路徑使然。然而,墨家講求兼愛、尚同,成員們在墨團中一起生活,極具宗教化色彩,夫妻之情、家庭之愛是單薄的。故而,《孟子·滕文公上》譏其“無父”,可謂一針見血。但“無父”並非“無君”,只是擇“君”棄“父”而已,並表現於“尚同”理念之中。因爲“尚同”在世俗社會的集聚點就是國君與天子,其基本準則是:天下皆與其保持一致。《墨子·尚同上》説:“國君之所是,必皆是之;國君之所非,必皆非之。”“天子之所是,必皆是之;天子之所非,必皆非之。”《尚同下》還要求:“治天下之國,如治一家;使天下之民,如使一夫。”或許可以這麽説,儒家以家族爲本位,由家至國;而墨家則是通過國家主義的路徑,以最高統治者爲核心,來由上而下地來統一管束整個社會的思想及人群。這樣,那些反映民聲甚至是有

---

① 朱東潤指出,西周以來,大小《雅》就被稱之爲《周詩》,以與地方詩歌——《風》相對應。氏著:《詩三百篇探故》,上海:上海古籍出版社,1981 年,54 頁。

② 王長華:《墨子的〈詩經〉觀》,氏著:《詩論與子論》,第 71 頁。

③ 《孟子·離婁上》。又,《論語·顔淵》:“克己復禮爲仁。”《大學》:“身修而後家齊,家齊而後國治,國治而後天下平。”

④ 夏傳才:《詩經研究史概要》(增注本),第 38 頁。

⑤ 《漢書》卷八一《匡衡傳》,北京:中華書局,1962 年,第 3340 頁。

所"怨"的《風》詩,就無法與"尚同"目標相一致,它們與國家意志、"先王"思維必有抵牾,擯棄《風》詩也就理所應當了。所以,不僅是墨家,同樣是國家主義的維護者法家也不引《風》詩,這絶非偶同,而實在是它們内在的思想氣脈息息相通。

第三,如果要對儒、墨引《詩》文句在風格方面的差異概而論之,應該是儒"文"墨"質"。

衆所周知,儒家以培養典雅君子爲重要目標,故而特别强調"文"的作用,《左傳·襄公二十五年》引孔子之言道:"言之無文,行而不遠。"表現在《詩經》上,就特别要求用《詩》的雅致來潤飾和造就君子氣度。所以在《論語》中,《季氏》篇有"不學《詩》,無以言"的説法。而《詩》的學習,又當以《國風》,尤其是《周南》、《召南》爲主,所以《陽貨》篇中有"人而不爲《周南》、《召南》,其猶正牆面而立也與"的教誨。總之,自孔子以來,對於君子的"文"之修養,儒家特别注重通過《詩經》中的"風"、"雅",尤其是《國風》部分以達成。概言之,它們在語言上講求雅致、含蓄,藴藉着人文主義的品質。這種語言風格被傅道彬稱之爲"新文言",與舊文言——主要是《尚書》、《頌》等在風格上頗有差異。它們的顯著特徵是:"表現方法自由靈活,風格華美;善於修飾、修辭手段廣泛應用;語言鮮活生動、典雅藴藉",與"頌體詩篇基本上保留了青銅韻語的古奥莊重的特點"迥然有别。[①]

由前已知,墨家對於《國風》的態度是排擯的,除了其與"先王"關涉疏遠的緣故,文本風格差異亦是關鍵所在。與儒家要求"温柔敦厚"的君子風範不同,墨家自居爲"賤人",孫中原評述道:"墨子在穆賀面承認自己是賤人,自己的學説是賤人提出的(見《貴義》)。荀子在《王霸》篇也曾把孔子學説看作君子之道,把墨子學説叫做役夫之道,即幹粗活之人的道理。……説墨子是一位平民思想家,也不爲過。"[②]墨子是否是"平民思想家"先可存而勿論,但就論題所及,一個基本事實是,在那個王官失學,學術下民間的時代,從一定意義上説,儒、墨學術思想得以壯大並迅速成爲"顯學",都仰賴于平民因素,在這點上二者没有本質的差别,如果没有大量平民的加入與支持,它們的發展是不可想像的。

然而,同爲"搢紳先生"之學,就平民的接受角度來説,二者路徑可謂背道而馳。

儒家要求庶人向君子靠近,通過學習使自己得以提升。所以《論語·憲問》説:"下學而上達。"《荀子·王制》則説:"庶人之子孫也,積文學,正身行,能屬於禮義則歸之卿相大夫。"要之,儒家的策略是向上拔,所以,儒學中充斥着君子、小人之辨,時時

① 傅道彬:《詩可以觀:禮樂文化與周代詩學精神》,北京:中華書局,2010年,第129、131頁。

② 孫中原:《墨者的智慧》,北京:生活·讀書·新知三聯書店,1995年,第10頁。

提醒人,如果德性、學行不够,就很可能墮落。在《詩經》等典籍的學習上也是如此,所以詩文的典雅雍容就不可或缺,因爲它是君子所必備的要素,不能因爲要迎合下層而有所降格。

與這種講求向上提升的路徑不同,墨學注重實際的"質",對於"文"很不以爲然,《説苑·反質》引墨子之言道:"先質而後文,此聖人之務。"所以,春秋之後,"學《詩》之士逸在布衣"。[①] 墨家不"文"反"質",其中一個目的應在於加强普通人的理解,也正因爲如此,它才得以與儒家抗衡,赢得了"顯學"的地位。我們注意到,墨子所稱引的《詩經》文句明顯不如儒家雅致,侯外廬説:"多經其散文化或方言化,好像現在通俗化的古文今譯。"也正因爲如此,它就與儒家有了"君子儒與小人儒之分别"。[②] 所以,墨子所引詩文不僅力求大衆化,所徵引的文句也力求簡明,如《周頌》等篇章本義古奥,但他所選擇的都是相當容易理解的部分,這種有意安排不僅造就了儒、墨的文本差異,也赢得了大衆對自己的理論接受。

然而,萬事皆有利弊。墨子在文本上的選擇固然爲自己赢得了與儒家抗衡的知識基礎,但與此同時,其片面性和功利性却使得其日漸遠離《詩經》及詩學的核心。詩終歸是高雅的藝術,既要紮根於鄉土,以赢得地氣;又要凝練爲"文",打造爲回味無窮的精神産品。它不是"先王"的專利,而是獨立的藝術品,其生命力更不寄託于大衆的一時理解。故而墨子的此種路徑只可行於一時,隨着時間的推移,終究愈行愈窄,無法抗衡於儒學。

三、"蔽於用而不知文":墨子用《詩》中的"非樂"問題與"歷史主義"走向

馮友蘭指出,墨學是"有所爲而爲"的"功利主義"哲學,目標性極强,"功利"是其"根本意思"。[③] 所以,在墨子眼裏,凡是無用的行爲和事物,皆没有存在的必要與價值,"無用"之"文",就是這樣一種應歸於取消的事物。具體説來,"文"必須牢牢地從屬於"質",否則就是無用之物,應該被放棄,甚至禁絶。而所謂"文",從狹義來看,是指《詩經》等在内的各種文學樣式;由廣義來説,則包含了一切文藝或文化活動。衆所周知,儒家重"文",在形而上層面,以追求超越性的人文精神爲旨歸;落實到有形的載

① 班固:《漢書》卷二〇《藝文志》,第1756頁。
② 侯外廬:《中國古代思想學説史》,第15、14頁。
③ 馮友蘭:《中國哲學史》上册,第70、71頁。

體,則主要表現爲“禮”與“樂”。《論語·憲問》説:“文之以禮樂,則可以成人矣。”陳良運指出:

> 這種“文”,後來又演變爲兩種比較固定的形式,那就是“禮”與“樂”。……“文”的觀念之於儒家學者,最重要的表現在於禮樂,禮樂是國家、朝廷“文”的形式,個人修身也是“文之以禮樂”。①

然而,墨子並不作如是觀。在他看來,純粹的文化藝術活動,將損害事物之“質”,尤其是“禮樂”,根本就是無用之物,不僅没用,甚至還有害。《韓非子·外儲説左上》載:“墨子之説,傳先王之道,論聖人之言,以宣告人。若辯其辭,則恐人懷其文,忘其直,以文害用也。”這無疑是典型的功利主義態度,故而《荀子·解蔽》説:“墨子蔽於用而不知文。”在這種價值取向下,就《詩經》學而言,墨子從一開始就有意地與儒家的重文主義拉開距離,直至取消或扭曲詩性文化的意義,從而帶來了一種很不一樣的《詩經》學。它主要在兩大方向上加以呈現:一是“非樂”,或者説《詩》與禮、樂的分割;二是採取所謂“歷史主義”的風格,以與詩性對立。

文史研究者皆知,在中國傳統文論,尤其是古代詩學中,一直存在着“質文之辯”。作爲“貫穿中國詩學之全局”的“基本範疇”,②一般來説,“質”爲體,“文”爲用;“質”承載内容,“文”表達形式。在這一文學的體、用之争中,講求功用的墨家,明顯重“質”輕“文”,而作爲其對立面的儒家,則是“文”、“質”並重,《論語·雍也》説:“文質彬彬,然後君子。”從特定視角去看,與儒家體、用二分的“中庸”立場不同,墨家采僅持一端的態度,認定有用則爲體。也就是説,有用就是事物的本質,質即爲用,用即爲質。反映在文質觀上,“文”不僅没有任何的獨立作用,而且與“質”處於事實上的對立狀態,所以“文”的存在就必須進行最大限度的壓縮,極端情況下甚至可以拋棄或取締。與此同時,“質”則等同於“質用”,並以此爲尺規,來衡量各種相關事物的價值與意義,對於這種“質”的規定性,有學者稱之爲“現實功利本體”。③ 前引墨子所謂“以文害用”,就很鮮明地體現了這一點,再進一步言之,“以文害用”就是“以文害質”,在墨子眼中的所謂“文”、“用”對立,實質上是以現實的“用”來替換或者異化“質”。

在這樣的思維下,對於各種事物墨子都要問一個有用與否,“有用”,則有其本質或本體意義,否則就應予以拋棄。一般來説,墨子所謂的“有用”在兩大層面上加以展

---

① 陳良運:《文質彬彬》,南昌:百花洲文藝出版社,2001 年,第 20、29 頁。

② 陳伯海:《“文”與“質”:中國詩學的文辭體性論》,《學術月刊》2006 年第 1 期,第 107 頁。

③ 舒建華:《文與質的符號:文化學闡釋——儒道墨三家文質觀綜論》,《學術月刊》1992 年第 12 期,第 48 頁。

開，按照《墨子》的説法，一是與“古聖王”之事相契合；二是符合國家和百姓的利益，也即《尚同下》所謂的“上欲中聖王之道，下欲中國家百姓之利。”如以“三表法”來對應，則前者爲“本之於古者聖王之事”；後者則是在“原之”、“用之”的範疇之内。然而，所謂“聖王之道”有一終極取向，即明鬼、天志。《尚賢中》説：“（聖王）取法於天。”《非樂》則説：“上者天鬼弗戒，下者萬民弗利。”很顯然，墨子的“聖王之道”實質上是上天或鬼神意志的表現，屬於與“天”相合之道。而所謂的“國家百姓之利”不是别的，乃是有形的現實物質利益，它以“衣食之財”爲核心，視“虧奪民衣食之財”爲罪大惡極之事，再擴而展之爲“國家之富，人民之衆，行政之治”（分見《非樂》、《非命上》）。總之，純粹的文化或藝術活動在這裏没有任何的合理性和存生空間。衆所周知，要讓所謂的“文”或“文學”產生“衣食之財”，自然是笑談，那麽，在墨子看來，“文”的質用或價值就只有一條路可走，那就是“中聖王之道”，也即是符合“天志”了。總之，能否符合“天志”，幾乎成爲了衡定“文”不可逾越的唯一尺規，不符合者不惟没有存在的價值，甚至應該大力加以禁絶。

在墨子看來，“禮樂”就是這樣一種事物。因爲它不提供任何具體的物質產品，且“虧奪民衣食之財”，浪費社會財富，對於社會治理更是毫無價值。而且更爲重要的是，所謂“禮樂”形式及精神皆來自于西周宗法社會，據説由周公所創制。從某種角度來看，此種“制禮作樂”是作爲宗教化的對立面而出現的，反映的是人際關係的調整，它表明社會開始由“神治”走向“人治”。楊尚奎指出，宗周禮樂文明實質上“從‘天人之際’轉到了‘人人之際’，逐漸拋棄了天而走向人。”[①]毋庸置疑，它與墨子的“天志”實難相容，由此，我們也就可以明白，爲什麽“同是堯舜”的儒家極力推崇周公，而在《墨子》頻繁稱道的“堯舜禹湯文武”聖王序列中，則没有了周公的位置。質言之，在墨家看來，由周公制作又被儒家推揚的“禮樂”，既偏離“天志”，又不能創造具體的物質財富，所謂“弦歌鼓舞，習爲聲樂，此足以喪天下”（《墨子・公孟》），實在是上“不中聖王之道”，下“不中國家百姓之利”，是“以文害用”的典型。故而墨子特提出“非樂”理論加以貶斥，並在《墨子・非樂》篇中以決絶態度宣稱：“樂之爲物，將不可不禁而止也。”

然而，詩與歌舞音樂，有着天然的聯繫，它們很早就結爲一體，難以分離。朱光潛指出：“詩歌與音樂、舞蹈是同源的，而且在最初是一種三位一體的混合藝術。”[②]西周禮樂文化的建立，更是從形式到精神上，將詩與禮樂緊緊地連接在一起，從而呈現出一

① 楊向奎：《宗周社會與禮樂文明》（修訂本），北京：人民出版社，1997 年，第 359 頁。

② 朱光潛：《詩論》，上海：上海古籍出版社，2001 年，第 7 頁。

種“鬱鬱乎文哉”的境況。在墨子時代,雖然由於“禮崩樂壞”,詩義與禮樂開始呈現出若干分離的傾向,但總體上還是“《詩》、《書》、禮樂”並存。尤爲重要的是,在孔子及儒家的推揚下,《詩》與禮樂的結合不僅獲得相當程度的恢復,還日漸得到了社會的承認,它們更由此成爲了儒家重要的學術文化資源。① 所以在《墨子·公孟》中,才有孔子“博於《詩》、《書》,察於禮、樂”,從而可以“爲天子”的説辭。

基於功利主義的學派立場,一方面,墨子本就以從《詩》學中驅除禮樂爲己任;另一方面,既然孔子及儒家將禮樂與《詩》這麽緊密地聯繫在一起,並由此贏得了高度的社會承認,那麽,“非儒”的墨子能不憤而反擊,並反其道而行之嗎?故而在《公孟》篇中,墨子反詰道:“誦詩三百,弦詩三百,歌詩三百,舞詩三百,若用子之言,則君子何日以聽治?庶人何日以從事?”毫無疑義,墨子對於“誦詩”、“弦詩”、“歌詩”、“舞詩”之舉是毫無保留地反對,甚至是憂慮和厭惡。有學者據此説:“他對儒家的思想是持鄙棄的態度,所以連儒家所整理的要籍《詩》也受到了一定程度的攻擊。”②但如果準確地説,墨子所攻擊的並不是《詩》,而是與《詩》密不可分的禮樂歌舞,他的工作是將“有用”的《詩》與“無用”甚至有害的“樂”分離開去,這是墨子《詩經》學中的一大核心任務。

從一定意義上來説,墨子將《詩》與禮樂進行分割,就是將儒家之《詩》轉爲“先王之書”的過程。因爲只有“非樂”,才可真正地拋棄儒家色彩,《詩》也才可爲我所用,從而進一步成爲自己的理論利器。那麽,從禮樂文化中切割出來的《詩經》有什麽作用呢?按照墨學的邏輯理路,自然是要將其打造爲能“中聖王之道”,並可求得“古者聖王之事”所“本”的文獻資料。基於這樣的趨向性,在墨學中,《詩經》就不再需要吟唱涵詠,它只要證明“先王”之行事,並進而認定墨學理論的正確性。這樣的話,《詩經》就實質上成爲了一種爲墨學量身定做的歷史文本,基於此點,學界已越來越注意到墨子《詩經》學中所具有的歷史主義氣息。有學者説:“墨子確實具有‘以《詩》爲史’的《詩》學觀念。”並認爲:“戰國儒家《詩》學屬於孔子開創的‘詩教《詩》學系統’,而墨家《詩》學應屬於傳統的‘歷史《詩》學系統’。”③

文史研究者皆知,古典詩歌有巨大的歷史探研意義,因爲作爲歷史的産物,通過對

① 所以《論語·泰伯》有“興於詩,立于禮,成于樂”的論述,《子罕》篇則説:“吾(孔子)自衛反魯,然後樂正。《雅》、《頌》各得其所。”《史記·孔子世家》載“三百五篇,孔子皆弦歌之,以求合《韶》、《武》、《雅》、《頌》之音,禮樂自此可得而述。”

② 葉文舉:《〈墨子〉、〈莊子〉、〈韓非子〉説詩、引詩之衡鑒:簡論戰國時期非儒家詩學思想》,《安徽師範大學學報(社科版)》2004年第1期,第89頁。

③ 鄭傑文:《中國墨學通史》,第81、91—92頁。

其深入的研判,能從中勾稽陳跡,從而被後世史家有效利用,所以在學界,“以詩證史”早已成爲一種普遍接受的研究路徑。但問題的另一面是,從本質上來看,詩歌終歸是表達情感的文化載體,載史求真非其所長。在《詩》、《書》並稱的時代,這種證史求是的功能主要由《尚書》來加以承擔。可以看到的是,一方面《詩》、《書》因其同質性而常常並稱;但另一方面,就典籍屬性而言,它們又各有特點。二者的分際,在先秦儒家那裏總的來説是明確清晰的。《荀子・儒效》云:“《詩》言是其志也,《書》言是其事也。”一般來説,與《尚書》載事不同,《詩經》的歷史故事隱藏在詩人的情志背後,它晦暗不明。《春秋繁露・精華》説:“詩無達詁。”故而,從詩歌中尋覓歷史的痕跡固然無可非議,但若要將其當成嚴謹真實的歷史資料來利用,將是十分危險的。

不僅如此,詩作爲一種特殊的文體,音樂性自始至終都存在着,概言之,詩有其韻律鏗鏘之美,且不説歌舞相伴,至少在聲調上總要琅琅上口。朱自清説:“(詩)的興味在聲調,聲調是詩的原始的、也是主要的效用。”①否則詩文無別,詩的個性被取消,也就實質上取消了詩之本體。墨子雖一再强調以“質用”來衡定價值,但“非樂”之後的詩,可以説既無其質本,又失其效用,詩不成其爲詩,僅僅是一種文字資料而已。從這個意義來説,墨子之用《詩》,實質上是在取消《詩》。

有學者認爲:“墨子引《詩》基本符合詩句原意。”②簡言之,在墨子用詩中,雖然詩性已無,但看起來在這種“以詩爲史”的歷史主義取向中,似乎還是很能達到“求真”一路的。然而,如果細究起來,這種思路却問題多多。

首先,《詩經》的音樂性及藝術性被取消後,就必然成爲精神殘破的文本,在對其整體理解上不可避免地會有所偏離,質言之,失去詩性的《詩經》文本,最終難以與歷史的氣質相契合。其次,墨子有所偏頗的用詩方向,使得《詩經》中與“先王”無關的内容處於閒置甚至禁絶之列,至少《詩經》中大量的“鐘鼓樂之”及男女相慕之類的詩句,是決然不能出現的,而這樣的《詩經》還是《詩經》嗎?再次,偏失的墨子《詩經》學絶不可能客觀真實。墨子的歷史主義取向具有强烈的立場選擇性,誠如羅根澤所指出:“其對《詩》的態度亦只是一種利用而已。”質言之,“求真”非其目標所在,所謂的歷史主義説到底只是其理論的工具。所以,墨子對於《詩》事實上也就在“斷章取義”,並不可避免地將自己的理論夾雜在詩句之中。③ 這種改造與賦詩言志型的“斷章取義”根本不同在於,前者在“詩無達詁”中追求一種意境的營造,作爲君子風度和雅致之事,

① 朱自清:《論詩學門徑》,《朱自清説詩》,第173頁。
② 王長華:《墨子的〈詩經〉觀》,氏著:《詩論與子論》,第72頁。
③ 羅根澤:《中國文學批評史》,上海:上海書店出版社,2003年,第41頁。

它無需承擔歷史性的解釋功能。而墨子用詩似乎在於"求真",這種改造却必將走向歷史主義的反面。質言之,《詩》、《書》的性質需有所區别,歷史主義的詮釋路徑不完全適應於《詩經》文本。兩漢以來的經學家往往想從《詩經》中求得本事、本義,最終被後世學者所詬病,很大原因就在於此,而事實上墨子在這方面倒是導夫先路了。

總之,由功利主義所導致的"非樂"損害了詩性,隨之而來的"歷史主義"路徑也就不可避免地要走向歷史的反面,《詩經》或詩學最終只能成爲理論的附庸和工具。説起來,墨子的目的是爲了防止"以文害用",確保事物之"質",然而,"蔽於用而不知文"的後果,損害的恰恰是"質"本身,在功利主義的大旗下,詩的個性和色彩正在急遽褪色。

四、不同的"詩言志":孔、墨詩學中美育主義與宗教主義的對立

習文史者皆知,中國古典詩學理論以"詩言志"説爲開端,它源自於《尚書·堯典》:"詩言志,歌永言,聲依永,律和聲。"作爲"中國詩學傳統中經久不滅的信條",[①]此説甫一出現,即廣爲流布與接受,在先秦時代已成爲了"一種普遍看法"。[②]"詩言志"説源自於儒家典籍,自然也契合着儒家理論,要之,"詩言志"乃是有着極深儒家烙印的詩學理論。就本論題而言,最值得關注的,乃是此説所擁有的人文品質,即:在儒家之道下,對人之情志加以審美性的肯定與推揚。簡言之,作爲一種基於人文理念之上的美育主義,所謂"言志",與之緊密相聯的,是"美"對人性的陶冶。從孔子時代始,這一基調已大抵確立,所以在《論語·八佾》中,孔子用善和美來評價詩樂,最高境界乃是"盡美盡善",它不追求單向度的價值之"善",而必須配之於"美"的存在。

而墨子詩學,則站到了此理論的對立面,這種對立主要體現在兩大方面:一是"美"的缺失;二是以"天志"代"人志"。就前者而言,以"功利主義"爲特徵的墨學,爲了"興天下之利",最後走上了苦修主義,直至將"功利"和"美"對立了起來,[③]其最終結果是:"企圖極大地限制甚至取締人們除基本生存需要之外的一切消費。"[④]"美"作爲一種精神消費,自然也就不能符合其要求了。所以,在墨子的詩學中,"善"與"美"

① 陳伯海:《釋"詩言志":兼論中國詩學"開山的綱領"》,《文學遺產》2005年第3期,第81頁。

② 袁行霈、孟二冬、丁放:《中國詩學通論》,合肥:安徽教育出版社,1994年,第18頁。

③ 李澤厚、劉綱紀主編的《中國美學史》第一卷(北京:中國社會科學出版社1984年,第171頁)指出:"墨子在衣食住行問題上都明確主張只要功利,不要美。"

④ 李澤厚:《墨家初探本》,氏著:《中國古代思想史論》,天津:天津社會科學院出版社,2003年,第50頁。

決裂了,再進一步言之,在墨子的精神世界中,只有所謂"善"的需要,形上之"美"蹤跡難覓。翻檢《墨子》,他所謂的"美",只滯留於具體的淺層感官之上,如在反映其文藝思想的《非樂》篇中,[①]"美"不過是"文章之色"、"食飲"、"衣服"。由此再向前推演,按照墨學邏輯,在無需考量"美"之存在的前提下,人的審美性要求被掃在一旁,"人志"被忽略,至高的"天志"成爲了善之代表。由前已知,在墨子看來,《詩經》的價值乃在於與"天志"相吻合,從而在"尚同"的旗號下,通過國家主義的路徑,達到與"聖王"意志相一致,最終由上而下地來統一管束整個社會的思想及人群。所以從一定意義上來説,墨學亦有"詩言志",只是此"志"非人之情志,而是"天志"。

總之,儒家詩學是一種以人文理念爲本的美育主義;而墨子的"言志",乃是基於功利考量之上的一種忽略人性的宗教主義。墨與孔的歧異,一個重要的理論基點,乃在於其功利主義的價值觀及人性態度。所以王國維指出:儒墨的重要差異在於,"(墨子)全從功利上立論,與孔子之從人情上立論大異。"[②]

衆所周知,人乃血肉之軀,情感所系,各種得失欲求縈繞於心,往往令人苦悶徘徊,不知所從。王國維説:"於是内之發於人心也,則爲苦痛;外之見於社會也,則爲罪惡。"[③]如何消除這種利害之念呢?宗教是一種重要選擇。從一定意義上來説,由於宗教的存在,可以將一切得失欲求皆托之於天,從而造就無欲之我,墨子的"天志"、"尚同"即是從這個方向上來加以立論的。在他看來,人的欲求皆有礙於"善",易造就出"惡",要得以解脱的根本辦法是與"天志"保持一致。於是,從天子開始層層"尚同",全民思想統一,人的情志最終歸於"天志"之上,在"天志"代替"人志"的過程中,實現"善"的統一。所以《墨子·法儀》説:"天性欲人之相愛相利,而不欲人之相惡相賊也。"也即是,讓至善的"天性"來建立規則(法儀),而這實質上是在將"人性"的自發性加以消弭。質言之,在"天志"與"人志"、"天性"與"人性"的問題上,後者只有服從與順應。所以《墨子》的《天志中》説:"愛人利人,順天之意,得天之賞。"《天志下》更明確提出:"必爲天之所欲,而去天之所惡。"對於文藝活動來説,這一取向亦堅定不移。《墨子·天志中》説:"爲文學,出言談也。觀其行,順天之意,謂之善意行,反天之意,謂之不善意非。觀其言談,順天之意,謂之善言談,反天之意,謂之不善言

① 張少康説:"墨子的文藝思想,非常集中地體現在他的《非樂》篇中。"氏著:《試論墨子的文藝思想》,載於中國文學理論學會編:《古代文學理論研究叢刊》第 2 輯,上海:上海古籍出版社,1980 年,第 100 頁。

② 王國維:《墨子之學説》,謝維揚、房鑫亮主編:《王國維全集》第 14 卷,浙江教育出版社、廣東教育出版社,2010 年,第 53 頁。

③ 王國維:《孔子之美育主義》,謝維揚、房鑫亮主編:《王國維全集》第 14 卷,第 14 頁。

談。”有學者評價道:“天意、天志應該是爲文學、出言談的宗旨和準則。”①

就論題所及,這種取向的要害,乃在於將詩歌與人之情感甚至人性加以隔離。推至極端,詩歌不再以表情達意爲核心,實質上使得所有的人類情感要求,都没有行文之必要,而只能按照“法儀”的要求,與“天志”合一,從而最終實現自上而下的“天性”、“人性”之統一。於是,詩歌的形上之美消解了,徹徹底底地成爲了一種完成“崇高”任務的工具。也正因爲如此,一個不容否定的事實是,雖説墨子心懷天下,有着近乎悲天憫人的“兼愛”思想,然而事情的另一面却是,這種宗教性的走向使其不斷走向人性的對立面,推至最後,人性中的一切愛欲與情志在他看來似乎都是多餘,故而《墨子・貴義》鼓吹道:“必去喜、去怒、去樂、去悲、去愛。”對於這種矛盾與“不近人情”,郭沫若直斥爲“把人民看成工具的反人性的宗教思想家”。②

然而,没有情志的自然抒發,詩歌必將枯亡。葉嘉瑩指出:“詩歌之所以異於散文者,除去外表的聲律之美外,更在於詩歌特别具有一種感發的質素。詩歌是訴之於人的感情的,而不是訴之於人的知性的。”③當墨子將詩歌僅僅作爲一種證道或論辯工具時,實質上是在用一種偏執的“知性”來衡定詩歌的價值及功用,可是他忘了,詩歌的根基乃是紮於人性與情感之上,需内在于人心,要有感而發。質言之,詩歌乃是心靈的自由吟唱。故而,在中國傳統詩歌理論中,無論是“緣情”也好,“性靈”也罷,無非是心靈之真的袒露,生命意識的活潑與綻放。要之,它所流露出的情愫雖説是感物而來,但却發自於心,來自於情。由此,世界萬物有了不同的色彩和生命,身外的山水、自然以及各種鏡像也由此打成了一片,在詩歌世界裏,人的心靈不僅獲得了最大自由,更成爲了一切的主宰。在這樣的一種心靈放歌中,在那種“風乎舞雩、詠而歸”(《論語・先進》)的境界中,自己的情感與自然及宇宙真正得以暢快的交流與溝通。

正是在這樣的人性要求下,儒家就特别重視以詩歌禮樂來養情怡性,與墨家以“天志”來管束“人志”、人性正相反,儒家要求在詩歌的吟唱中,使情志得以抒發,德性得以涵養,從而造就出“温柔敦厚”的君子品性,直至最終進入天人合一的境界。也即是説,所謂的“天人合一”之道,乃是從人情、人性的舒張開始,郭店簡《性自命出》就説:“道始於情,情生於性,始者近情,終者近義。”

在這樣理論基礎下,詩無疑有了極大的用武之地。

---

① 景明:《〈墨子〉的文學觀》,《渤海大學學報》,2007年第2期,第63頁。

② 郭沫若:《青銅時代》,氏著:《中國古代社會研究(外二種)》,石家莊:河北教育出版社,2004年,第362—363頁。

③ 葉嘉瑩:《中國古典詩歌中形象與情意之關係例説》,氏著:《迦陵論詩叢稿》,石家莊:河北教育出版社,2007年,第9頁。

因爲就“詩言志”而言,“‘志’是一種滲透着理性(主要是道德理性)或以理性爲導向的情感心理。它本身屬於情意體驗,所以才能成爲詩的生命本根”。[①] 質言之,“志”生發於“情”,“志”就是“情志”,它是根之於人情之上的一種詩性表達,誠如有學者所指出的:“‘情’與‘志’正是一而二,二而一的東西。‘情’側重在主觀直觀感性的感受,‘志’則更多強調已經超越主觀直觀感性的客觀理性的成分。”[②]由於“言志”自“人情”而來,在推至社會及哲理層面時,通過“人同此心,心同此理”的人性判斷,私人性與普遍性才得以溝通。儒家鼓吹“民之所欲,天必從之”(語見《左傳》襄公三十一年)。既然詩歌是情的最真體現,那麽就完全可以從中發現“民之所欲”,於是,所謂“采風”,所謂“興、觀、群、怨”等,皆在於由“情志”擴展至“治道”乃至“天道”。於是,在儒家的理論世界中,就理所當然地鋪就出了一種“求道”的詩學路徑。這樣,“詩言志”就不再只是個體情志的抒發,這不過是,或僅僅是它的原始出發點,其最高目標是由普遍人性擴而展之的“道”,於是詩歌有了溝通天人的意義。[③] 所以《毛詩序》説:“正得失,動天地,感鬼神,莫近於詩。”

再如果由此對儒墨進行比較,也可以這麽説,儒家是“民之所欲,天必從之”,以詩歌來抒發“民欲”,進而來感天地、泣鬼神,實現由人至天的“體道”之路;墨家則是“天之所欲,民必從之”,民之情感無條件服從天意,正好是顛倒的路徑。儒家是以“言志”而進入“天人之道”;墨家則是將“天志”高懸來同一情感、人性,前者由下而上,爲“和”的境界,後者則自上而下,乃絶對的求“同”。比之墨家,儒家無疑是一種詩化的哲學理路。它以詩歌之美沖淡功利得失之念,陶冶人性之善。簡言之,與墨家去情欲不同,儒家乃是順情制欲,對於人之情志、欲求不是加以管束,而是在平和的氛圍中加以引導,所以《荀子·樂論》説:“以道制欲,則樂而不亂。”《禮記·樂記》則説:“致樂以治心。”這與墨子計較功利得失,從而最終走向宗教主義就截然不同了。王國維針對“美之爲物,不關於吾人之利害者也”,指出,孔子的詩樂之教以美爲重要指標,它超越得失利害,爲一種美育主義,其顯著特點爲:“美育與德育之不可離,……其教人也,則始於美育,終於美育。”[④]

美何以可以超越得失利害,“不關於吾人之利害者也”呢?因爲它關乎人的普遍

① 陳伯海:《釋“詩言志”:兼論中國詩學“開山的綱領”》,《文學遺產》2005年第3期,第83頁。

② 方銘:《經典與傳統:先秦兩漢詩賦考論》,北京:人民文學出版社,2003年,第97頁。

③ 事實上,“詩言志”自提出以來就有這方面的取向。曹建國指出:“當舜向他的樂官夔説出‘詩言志’的時候,其目的是要達到‘神人以和’的效果。‘神人以和’理應包括‘神和’與‘人和’兩方面,神人關係的融洽依賴於言志之詩,實則溝通神、人的是‘志’。”氏著:《楚簡與先秦〈詩〉學研究》,武漢:武漢大學出版社,2010年,第233頁。

④ 王國維:《孔子之美育主義》,謝維揚、房鑫亮主編:《王國維全集》第14卷,第16頁。

體認,它潤飾人心,發自人類的基本情感。而詩歌無疑是其中最具代表性的載體,它與"樂"相配,愉悦人心,陶冶人情,成爲禮樂文化的重要組成部分,這一點爲儒家理論所再三致意。具體説來,在其所鼓吹的"禮樂"之中,"禮"强調的是差異和規範,"樂"則是人心、人情之同。《禮記・樂記》説:"樂者爲同,禮者爲異。……禮義立,則貴賤等矣;樂文同,則上下和矣。"《正義》曰:"樂和其内,是合情也。"毫無疑問,人類有追求普適的特徵,它的"同"在哪里呢?墨家定位於"天志"之上,儒家則從普遍的人性出發,在順應人情,節制情欲之中,"和"與"同"得以協調,從而實現一種"中和"的禮樂之美。

所以自孔子始,儒家就特别强調人性及生活、生命的美感,君子在"志於道"中求美和致樂,它植根于内在的人心、人性之上,通過詩性的陶冶,最終鍛造出君子氣度。故而,禮樂與詩歌須臾不離,爲君子所必備,《論語・泰伯》説:"興於《詩》,立於禮,成於樂。"傅道彬指出,"詩是中國文化的基本要素,也是周代禮樂文化的根本精神"、"禮樂文化是經典文化的實踐土壤,將經典文化轉變成周人的人格修養和藝術精神"。[①]在一定程度上來看,儒家要求學《詩》,即是在陶冶人性中,涵養君子氣度,《詩經》的指向就是君子之風,《曹風・鳲鳩》説:"淑人君子,正是國人。正是國人,胡不萬年。"它不是以外在的法儀來管束,而是由内在人情加以切入,以君子的范式加以引領,在"思無邪"的吟唱中澆灌人性之花,培植出雍容的禮樂精神。故而,唐君毅在論及"禮樂精神之重要"時,特别指出:

> 人之德性自内顯發,欲使之顯發,必賴陶養。經陶養而能自動顯發,不能自已,方爲真德性。陶養之道,不重在互相批評、檢責、監督,使人皆不敢爲非,此是第二義以下。乃是人各以其善互相示範,互相鼓勵,互相讚美,互相欣賞,互相敬重。藝術之生活使人忘我,使人與物通情,使人合内外,而血氣和平,生機流暢,最能涵養人之德性。[②]

要之,儒家的"詩言志"所帶動的,乃是人性之上的德性陶養。作爲君子的養成,詩的品性與人的品性息息相關,並在一種雍容禮讓的内驅力下,由人道達天道,完成知天樂命的個體進程與禮樂社會的完成。或者説,儒家用詩歌來感發人心,在美的鏡像中,注重内在的感動與體認,人的心靈得以安頓舒張。而墨家則以最高律令——天志來威嚴地壓服人心,使人在靈魂的緊張中"理屈"匍匐,在這一進程中,《詩》就成爲了其"證道"的工具。所以,當墨子以"天志"主張來整齊劃一直至取消人情時,就詩歌等文藝

---

① 傅道彬:《詩可以觀:禮樂文化與周代詩學精神》,第22頁。

② 唐君毅:《人文精神之重建》,臺北:臺灣學生書局,1974年,第57頁。

活動來説,它不僅使得感性、直覺等無所依附,其風格的峻急迫切,亦與儒家的雍容迥乎不同。要言之,墨子的文風從來與詩性不相容,他是直辯型的。所以,翻檢典籍可以看到,墨子特别注重辯論效果,故而有學者説:"墨子的學説實際上是在辯論中產生,又在辯論中發展完善的。"①而這樣的一種取向,則使得墨家從"講究功利的立場出發,重視言辭的論辯作用,注意論辯方法的嚴密,著眼於言辭的實有。"②一般來説,墨家對於隱喻,虛、實交錯等不加考量,忽視感性表達,而僅取理性主義;不在乎典雅文辭,而致力於直辯效果。在目標論下,詩之精神蕲向直指"天志"。然而,僅就語言表達來説,"文辭有時而窮",所以詩歌中有著太多的"只可意會,不可言傳"。從一定意義上説,詩歌正是借助著隱喻和比興等,才能够心心相通,心領神會,在"情不自禁"中與達成人性的共鳴。這是"直辯"或理性主義所不能及的。

總之,儒家的"詩言志"乃是一種人性之上的美育主義,它由個體情感出發,在普遍的人性認同中,以"人道"至"天道",最終實現天人合一之道。它通過美育主義的手段,在禮樂中和的氛圍中,得失兩忘,心性陶養,從而使得内在的君子氣度及外在的禮樂社會得以整合建構。作爲一種詩性哲學,它的風格是温柔敦厚的,"意會"和隱喻在語辭中佔據核心地位。而墨子則高懸"天志"來統一人性、"人志",如果他也有"詩言志"的話,所謂的"詩言志"不過是對最高律令——"天志"的呼應。在這種宗教主義的詩學氛圍中,靈魂被威嚴的神意所震懾,與儒家由内向外的路徑不同,它所要求的是心靈對外在律令的無條件接受。於是,其語言風格以峻急直辯爲主,舒緩的隱喻之言是没有地位的。從這個角度來看,正是由於墨子《詩》學對於人之情性忽略甚至取消,使得詩失去了生長的土壤,特質無法顯現。可以説,没有情性滋養,美感潤飾的《詩》學,從一開始就注定了其必將走向終結的命運。

五、結論

通過對儒、墨争衡背景下的墨子《詩經》學進行研討,筆者得出如下結論:

第一、爲了建立與儒家相抗衡的知識基礎,墨子在稱引《詩》所使用的文本上與儒家立異,主要表現爲:1、不用儒家傳本,進而通過"先王之書"的定位,否定儒家《詩經》話語權,增強墨學理論力量。2、與儒者好稱引《風》詩不同,墨子在引《詩》時,只引《雅》、《頌》,而不引《風》詩,這既反映了其反儒的國家主義立場,又與墨學系統"先王

① 張永義:《墨子與中國文化》,貴陽:貴州人民出版社,2001年,第268頁。

② 袁暉、宗廷虎主編:《漢語修辭學史》(修訂本),太原:山西人民出版社,1995年,第11頁。

之道”相契合。3、墨子引《詩》之文句,在風格上與儒家頗有出入,即通過去“文”用“質”,減損文本的士大夫氣,從而與自己的學術性格相合拍。

第二、墨子以功用主義爲理論基石,在以“用”爲“質”中,對於《詩經》學所具有的禮樂部分進行了否定和切割,並進而走向了所謂的“歷史主義”路徑。於是,這就與儒家的重文主義拉開了距離。由於“蔽於用而不知文”,由功利主義所導致的“非樂”最終損害了詩性,隨之而來的“歷史主義”也不可避免地走向了歷史的反面,此種路徑下的《詩經》或詩學失其獨立性,最終成爲了墨學理論的附庸和工具。

第三、就詩學理論而言,儒家強調詩乃人之情性的自然呈現。所謂的“詩言志”,乃是由個體情感出發,在普遍的人性認同中,以“人道”至“天道”,最終實現天人合一之道。作爲一種人性之上的美育主義,它強調得失兩忘、心性陶養,從而使得内在的君子氣度及外在的禮樂社會得以整合建構。與儒家的詩性哲學不同,墨子《詩》學以峻急的直辯爲特色,通過高懸的“天志”來統一人性、“人志”,墨學的所謂“詩言志”只是對最高律令——“天志”的呼應。在這種宗教主義的詩學氛圍中,靈魂被威嚴的神意所震懾,與儒家由内向外的路徑不同,它所要求的是心靈對外在律令的無條件接受。

總之,《詩經》學在儒、墨相争中具有重要的意義。墨子力圖在推翻儒家學術權威的同時,通過非儒家的《詩經》學路徑,使自己的思想文化理念得以樹立與傳播。這既是非儒、抗儒的一種手段,同時也反映了儒、墨背後深刻的思想文化差異。

作者簡介:

王剛,男,1971年生,江西南昌人,歷史學博士。現爲江西師範大學歷史文化與旅遊學院副教授,兼任校古籍所副所長。多年來一直從事於古代思想與文化、先秦兩漢史、近代學術史等方面的教學與研究,在海内外發表論文四十餘篇,著有《學與政:漢代知識與政治互動關係之考察》。近年來與經學相關的成果主要有:《“邦風”問題再探:從上博簡〈孔子詩論〉看〈風〉詩的早期形態》(香港中文大學《中國文化研究所學報》第59期,2014年7月);《〈尚書〉學與光武朝政治》(中國秦漢史研究會編:《秦漢史論叢》第13輯,鄭州大學出版社2014年);《王國維經學路向與新史學之構建》(《學術月刊》2013年11期);《〈赤伏符〉與劉秀的帝業之路》(《儒藏論壇》第6輯,2012年)等。

《儒藏》本《毛詩注疏》平議

李慧玲　呂友仁

内容提要　2010年出版的《儒藏》本《毛詩注疏》,其整理質量與1999年出版的北大本相比有較大幅度的提高,與2001年出版的臺灣本相比也有許多可圈可點之處。但仍存在一些問題,主要有六:一、底本選擇不當;二、最佳通校本缺位;三、對阮元《毛詩注疏校勘記》的認識不足;四、吸收前人校勘成果不够;五、失校、誤校較多;六、引文失誤較多。

關鍵詞　毛詩注疏　底本　通校本　失校與誤校　引文失誤

導言

案頭擺着三套整理本《毛詩注疏》,按照它們問世的先後,依次是:一,北京大學出版社1999年出版的簡化字版《毛詩正義》(簡稱"北大本"),①一套三册,李學勤主編,龔抗雲、李傳書、胡漸逵整理;二,臺灣新文豐出版公司2001年6月初版一刷《毛詩正義》(簡稱"臺灣本"),一套三册,臺灣國立編譯館主編,周何整理;三,北京大學出版社2010年10月第1版《毛詩注疏》(簡稱"《儒藏》本"),一套兩册,北京大學《儒藏》編纂與研究中心主編,鄭傑文、孔德淩校點。三家相比,我們認爲《儒藏》本後來居上,更勝一籌。

但遺憾的是,《儒藏》本還没有達到我們這個時代應該達到的學術水平。這表現在以下六個方面:一、底本選擇不當;二、最佳通校本缺位;三、對阮元《毛詩注疏校勘記》認識不足;四、吸收前人校勘成果不够;五、失校、誤校較多;六、引文失誤較多。

下依次詳述,説錯之處,歡迎批評。

---

① 另有繁體字版。限於篇幅,本文的平議,僅以簡化字版爲據。

一、底本選擇不當

衆所周知,整理古籍,底本的選擇是第一要事。底本選擇的得當與否,關係着整理的成敗。《儒藏》本,據其《校點説明》,是以藝文印書館 2007 年影印的道光六年勘定的阮刻宋版《毛詩注疏》爲底本。其理由,據《校點説明》,大致有以下兩點:第一,阮刻所據之十行本是宋本;第二,阮刻附有校勘記。因此阮刻"爲後世推重,號稱善本"。

我們要説的是,儒藏本整理者的上述看法,我們也曾經有過,但後來放棄了。先説所謂"宋本"問題。我們知道,阮元曾不止一次地宣稱他所用作底本的十行本是宋本,但實則不是,而是元刻明修本。第一個指出這點的不是别人,正是阮刻《毛詩註疏》的初校者顧千里。顧千里《撫本禮記鄭注考異序附記》云:

> 南雍本,世稱十行本,蓋原出宋季建附音本,而元明間所刻。正德以後,遞有修補,小異大同耳。李元陽本、萬曆監本、毛晉本則以十行爲之祖,而又輾轉相承。今於此三者不更區别,謂之俗注疏而已。①

按:顧氏所謂南雍本,謂明代南京國子監本。顧氏此説,可以視爲學術界把十行本定爲元刻明修本的首倡,在舉國上下皆以爲宋刻之時,不啻空谷足音。遺憾的是,顧千里僅僅是個初校者,他的頭上還有覆校段玉裁和主編阮元,勢單力孤,只有徒喚奈何而已。

其次,日本學者長澤規矩也《正德十行本注疏非宋本考》一文,是一篇談十行本的必讀之作。他説:

> 宋刊宋印的十行本注疏,就個人所知,只有足利學校遺跡圖書館所藏的《附釋音毛詩注疏》二十卷首一卷三十册,以及《附釋音春秋左傳注疏》六十卷二十五册。其中,《毛詩》乃是傳存的宋刊諸本中相當罕見的初印本,印刷格式是每半頁十行,每行大十八字,小雙行二十三字,白口,左右雙邊,有耳格。②

這就是説,《毛詩注疏》的宋刊宋印十行本,天壤間僅此一本。長澤規矩也從刊行者的身份、版式、有無補刻之頁、刻工的對比、避諱字、版心的年號諸方面加以考證,得出結論:"在以上明證下,吾人認爲,正德十行本乃是由元刊本補修而成,且或許根據的就是泰定刊本。"文章中還提到:"即使如阮元的博學,也相信是宋刊本的説法。真正的

---

① 〔清〕顧千里:《思適齋集》卷七,《續修四庫全書》第 1491 册,上海:上海古籍出版社,2002 年,第 61 頁上。

② 〔日〕長澤規矩也:《正德十行本注疏非宋本考》,《中國文哲研究通訊》第十卷第四期,臺北:中研院中國文哲研究所,2000 年,第 41 頁。原載《長澤規矩也著作集》第 1 卷,東京:汲古書院,1982 年。

宋刊十行本,阮元並没有直接用來校勘。"

最後,1989年問世的《中國古籍善本書目·經部》第五頁將阮刻《十三經註疏》用作底本的十行本定爲"元刻明修本",可以説是版本學界的權威論斷。

再説善本問題。我們認爲,阮刻《毛詩注疏》從嘉慶二十一年(1816)問世以後,確實風光了將近兩個世紀。但隨着時代的發展,人們眼界的開闊,視阮刻爲善本的説法遭到了强烈的質疑。試想,在底本的選擇上,阮刻以所謂的"宋本"十行本爲底本,錯了;在通校本的選擇上,阮刻以近親繁殖的閩本、明監本、毛本爲通校本,又錯了。底本選錯了,通校本也選錯了,一錯再錯,都是致命性的錯誤,而阮刻由此而成,何善本之有!

再説阮刻附有校勘記的問題。阮元的校勘記,確實很受學者推重。張之洞《書目答問》有云:"阮本最於學者有益,凡有關校勘處旁有一圈,依圈檢之,精妙全在於此。"①可謂此説代表。我們認爲阮元的《十三經註疏校勘記》,不可一體視之,而應逐經分别來看。爲什麼?因爲各經的校勘記的水平參差不齊。拿《毛詩註疏校勘記》來説,儘管有顧千里的初校,段玉裁的覆校,但由於底本的不佳,最佳通校本的缺位(下文詳述),加上段氏的師心自用,在《十三經註疏校勘記》中可能是最差的一種。限於篇幅,無法展開討論。本文有一節專論儒藏本的失校與誤校,而失校、誤校的始作俑者基本上就是阮校,讀者可於彼處略窺端倪。

現在我們知道了,校勘《毛詩注疏》,最好的底本,就是足利本。所謂足利本,即日本足利學校所藏的南宋劉叔剛一經堂刊刻的《附釋音毛詩注疏》。這是真正的宋本,靈光獨存,天地間之唯一。昭和四十九年(1975)汲古書院印行。我們得到的足利本是汲古書院印本的複印本,臺灣中央研究院中國文哲研究所林慶彰教授餽贈。

那麽,足利本有何佳處呢?我們持此足利本與阮元作爲底本的元刻明修十行本作詳細比較,確認二本雖屬同一版本系統,但不僅有早晚之别,更有優劣之分。這主要表現在:十行本文字多有剜添而足利本剜添較少;從文字上來説,足利本是而十行本誤者不一而足;足利本避宋諱字皆闕末筆,而十行本不避;足利本天頭間有校勘記。以上四點,限於篇幅,無法一一予以證明。這裏僅選取其第二點予以證明。姑以足利本卷一之一爲例,足利本是而十行本誤者,如:

(1)35頁5行(此頁碼行數,系足利本頁碼行數。下同)孔疏:不以不次爲無筭也

十行本下"不"字作"數",阮校云:"閩本、明監本、毛本'數'作'不'。按'不'字是也。"此處足利本不誤。

① 〔清〕張之洞著、范希曾補正:《書目答問補正》,上海:上海古籍出版社,1983年,第1頁。

(2)35 頁 9 行孔疏:典籍出於人間各專門命氏　　十行本作“典籍出於人滅各專間命氏”,阮校云:“毛本‘人滅’作‘人間’、‘專間’作‘專門’是也。”此處足利本不誤。

(3)66 頁 9 行孔疏:憂在進賢　　十行本作“愛在進賢”。阮校云:“毛本‘愛’作‘憂’。案‘憂’字是也。”此處足利本不誤。

以上三例意味着什麽呢? 它意味着如果採用足利本爲底本,這三條校勘記就可以不出了。請讀者注意,《毛詩注疏》凡二十大卷,每一大卷又分爲若干小卷,共有七十小卷。此處的卷一之一,就是全書的七十分之一。即以一小卷有三條這樣的情況來計算,合起來也是一個不小的數字。

二、最佳通校本缺位

《儒藏》本没有説明它採用何本爲通校本,但這不影響我們知道它實際上是採用的什麽版本作爲通校本。因爲它既然是以附有校勘記的阮刻影印本爲底本,不言而喻,它採用的通校本與阮刻也是相同的。阮刻採用的主要通校本有三,即閩本、明監本和毛本。衆所周知,這三個版本,都屬於同一個版本系統,依次衍生。即十行本衍生出閩本,閩本衍生出明監本,明監本衍生出毛本。由於是一脈相傳,近親繁殖,校勘價值不大。

我們認爲,最佳的通校本非單疏本《毛詩正義》莫屬。我們注意到儒藏本《校點説明》中有“《毛詩正義》單疏今僅存殘葉”一句,感到驚詫。《毛詩正義》四十卷,今存單疏本《毛詩正義》三十三卷,缺者僅前七卷,何得謂之“殘葉”? 更何況這缺少的前七卷並非完全無法補救。我們在作《毛詩註疏》校勘時,深感單疏本的可貴,簡直就是一個“觀世音”,每當我們遇到校勘難題一籌莫展時,只要一對照單疏本,往往就能化險爲夷,柳暗花明,令人拊掌。

關於單疏本的來歷,最早應追溯到唐初孔穎達奉敕撰定的《毛詩正義》四十卷。北宋太宗時,命儒臣詳校,歷經數年,於淳化三年(992)雕版行世。但我們今天看到的單疏本《毛詩正義》,並非北宋淳化原刻,而是靖康事變以後,紹興九年(1139)紹興府覆刻的北宋版。此紹興九年覆刻本中土失傳,流落東瀛日本。據相關文獻記載及書中鈐印,知此本原藏日本金澤文庫,後輾轉藏於山口縣國清寺,明治時期歸竹添井井所有。大正十三年(1924)歸於内藤湖南。1936 年,由日本東方文化學院影印出版。

民國時期,藏書家劉承幹得到單疏本《毛詩正義》的影寫本,旋刻入《嘉業堂叢書》中,並作《單疏本毛詩正義校勘記》三卷。《續修四庫全書總目提要》介紹此書云:

> 承幹得《毛詩》單疏於日本東京竹添井井居士家，一時歎爲珍秘，因從之影寫，以付剞劂。原書都凡四十卷，首七卷原缺。今所存者，自卷第八《鄭譜》變風起，凡三十有三卷。按阮氏作《校勘記》時，此本猶未傳中土，故當時只據山井鼎《考文》所引。第以輾轉引據，舛誤觸目。是編根據原本，詳爲校訂。凡其間遺文異字，皆一一與阮本互校，定其從違。約而計之，其訛脱異同，已不下數百字，足補阮氏《校勘記》之缺失。①

實際上，單疏本《毛詩正義》的校勘價值遠不止此。據統計，劉承幹《毛詩單疏校勘記》共計1730條，其中單疏本與阮本相同者158條，占《毛詩單疏校勘記》總數9%稍強；二本相異者1572條，占《毛詩單疏校勘記》總數90%強。其校勘價值之大，不言而喻。

如上所述，單疏本《毛詩正義》是通校本的首選。但遺憾的是，傳世之單疏本《毛詩正義》並非完帙，缺少前七卷。有没有補救之法？我們認爲有。何者？北京圖書館編《中國版刻圖録》著録魏了翁《儀禮要義》云："魏了翁嘗據《周易》、《尚書》、《毛詩》、《周禮》、《儀禮》、《禮記》、《春秋》、《論語》、《孟子》注疏，摘爲《九經要義》，其子克愚淳佑十二年知徽州時爲刻於郡齋。《儀禮要義》五十卷，分卷與單疏本合。今傳《儀禮》單疏（按：即單疏本《儀禮正義》）有缺卷，可據此書補正。"②我們由此受到啟發：既然"今傳《儀禮》單疏有缺卷"，可據《儀禮要義》補正，同樣道理，今傳《毛詩》單疏有缺卷，何嘗不能據魏了翁《毛詩要義》補正呢！經過抽樣調查，證明這個思路是可行的。因爲魏氏《毛詩要義》與單疏本《毛詩正義》同源，也是善本。用《毛詩要義》的有關部分去補單疏本《毛詩正義》的前七卷，雖然未能百分之百地補出，但較之原先的闕失，已經大爲改觀了。

三、對阮元《毛詩注疏校勘記》的認識不足

儒藏本採用阮刻《毛詩注疏（附校勘記）》的影印本爲底本，它在底本上的失誤已如上述，它在採用阮元《毛詩注疏校勘記》上的失誤似乎還不被人知。問題的關鍵在於，阮元的《毛詩注疏校勘記》有兩種版本，這兩種版本，不僅内容差别很大，而且有阮元認可不認可之分。遺憾的是，儒藏本採用的阮元《毛詩注疏校勘記》，不僅是質量差的那一種，而且是不被阮元認可的那一種。

---

① 中國科學院圖書館編：《續修四庫全書總目提要經部》上册，北京：中華書局，1993年，第429頁。

② 北京圖書館編：《中國版刻圖録》第1册，北京：文物出版社，1960年，第28頁。

阮元《毛詩注疏校勘記》的第一個版本是文選樓本,[1]刻成於嘉慶十三年(1808)。文選樓本又衍生出道光九年(1829)的《清經解》本。文選樓本與《清經解》本,大同小異,屬於同一個版本系統,我們稱之爲"文選樓本系統"。文選樓本,今有《續修四庫全書》本,容易看到。

阮元《毛詩注疏校勘記》的第二個版本是南昌府學本,[2]刻成於嘉慶二十一年(1816)。由南昌府學本衍生的後裔較多,解放前比較流行的是世界書局縮印本。1980年中華書局又據世界書局本影印,成爲目前最流行的一個版本。儒藏本採用的《毛詩注疏校勘記》,屬於南昌府學本,我們稱之爲"南昌府學本系統"。

我們知道,阮本之所以爲學者看重,就是因爲它有《校勘記》。換言之,阮本的學術價值主要就體現在它的《校勘記》上。如果我們把兩個版本的《校勘記》加以比較就會發現二者的不同,既多且大:第一,文選樓本書前有一個《宋本〈十三經注疏〉並〈經典釋文〉校勘記凡例》,而南昌府學本没有。第二,文選樓本的作者署名只有阮元一人,而南昌府學本的署名則是"阮元撰,盧宣旬摘録"。第三,文選樓本的《校勘記》是由初校和覆校兩校構成,覆校的標誌是覆校前有個"○";而南昌府學本的《校勘記》則是由初校、覆校和補校三校構成,補校的標誌是補校前有個〔補〕。第四,兩種不同版本的《毛詩注疏校勘記》在内容上有很大的差異。就整個《毛詩注疏校勘記》來説,南昌府學本共有校勘記3665條,而自己單獨具有的校勘記只有299條,其餘各條均與文選樓本相同;而文選樓本則共有校勘記達5641條之多,比南昌府學本多出1976條;文選樓本屬於自己獨有的校勘記有2275條,這和南昌府學本的299條相比,相差又何止倍蓰?説到這裏,採用哪個版本的《校勘記》有利於保證校勘質量,不言而喻。

再説,兩個不同的《毛詩注疏校勘記》版本,阮元認可的是哪個版本呢?我們認爲,阮元認可的是文選樓本系統的《毛詩注疏校勘記》。論其始,是文選樓本。但因爲中間插入了南昌府學本,爲了表示對南昌府學本的不認可,於是又有《清經解》本之作。從這個意義上來説,我們也可以説阮元認可的是《清經解》本《校勘記》。對於人們習見慣用的南昌府學本的《毛詩注疏校勘記》,阮元既不滿意,也不認可。阮元的不滿意、不認可,主要是通過編纂《清經解》這一具體行動來表現的,他本人並没有直接向社會訴説他的不滿。他的不滿,不認可,是通過他的兒子阮福和弟子嚴傑之口傳達給公衆。阮元《江西校刻本十三經注疏書後》一文,其子阮福附有按語云:

---

① 文選樓,阮元藏書樓名,在阮元揚州舊宅中。嘉慶十年建成。阮宅所在之巷,原爲隋代曹憲、唐代李善研究《文選》舊址,故名。詳阮元《研經室集》四集卷二《揚州隋文選樓銘》。

② 嘉慶二十年,阮元移任江西巡撫,因有南昌府學重刻宋本《十三經注疏》附校勘記之舉。詳見阮刻《十三經注疏附校勘記》書前之阮元《重刻宋本注疏總目録》、胡稷《重刊宋本十三經注疏後記》。

> 福謹案:此書尚未刻校完竣,家大人即奉命移撫河南,校書之人不能如家大人在江西時細心,其中錯字甚多,有監本、毛本不錯而今反錯者,要在善讀書人參觀而得益矣。《校勘記》去取亦不盡善,故家大人頗不以此刻本爲善也。①

又,阮元主編的《清經解》中的《周易校勘記》末尾,有這樣一段話:

> 近年南昌重刻十行本,每卷後附以校勘記,董其事者,不能辨别古書之真贋,時引毛本以訂十行本之訛字,不知所據者乃續修之册。更可詫異,將宫保師校勘記原文顛倒其是非,加"補校"等字。因編《經解》,附正於此,俾後之讀是記者,知南昌本之悠謬有如是夫。錢塘弟子嚴傑謹識于廣州督糧道署,時道光六年八月朔日。②

下面我們舉兩個例子來説明採用南昌府學本《校勘記》帶來的負面影響。

(1)269頁中欄倒11行(頁碼爲中華書局影印阮刻本頁碼,雙行小字爲一行):《釋文》:案:鄭《六藝論》文,注《詩》宗毛爲主……

按:"文",足利本、閩本、毛本、殿本均作"云",是。此所謂"有監本、毛本不錯而今反錯者"。儒藏本第3頁下欄作"文",失校。

(2)362下欄14行(頁碼爲上海書店影印本《清經解》第5册頁碼):孔疏:然上無二王　閩本、明監本、毛本"土"誤"上"。

按:這條校勘記,南昌府學本没有。此所謂"去取亦不盡善"者。儒藏本第98頁下欄作"上無二王",失校。

管中窺豹,可見一斑。

四、吸收前人校勘成果不够

吸收前人成果是提高校勘質量必不可少的一環。但從儒藏本《校點説明》來看,僅有孫詒讓《十三經註疏校記》、陳奐《詩毛氏傳疏》、王先謙《詩三家義集疏》、胡承珙《毛詩後箋》、馬瑞辰《毛詩傳箋通釋》、于省吾《澤螺居詩經新證》六書,恨少。

舉例來説,從嘉慶二十一年(1816)阮刻《毛詩註疏》問世開始,到1905年廢除科舉考試爲止,其間尚有近九十年。在這九十年中,阮刻獨領風騷。而樹大招風,圍繞阮元《毛詩註疏校勘記》的批評之作就有茆泮林《毛詩注疏校勘記校字補》、汪文臺《十三

---

① 〔清〕阮元:《揅經室集三集》卷二,《四部叢刊初編》本,第18頁。

② 《清經解》第五册,上海書店影印本,第283頁上欄。

經注疏校勘記識語》和谢章铤《毛诗注疏毛本阮本考异》三書。此三書,未見儒藏本一用。

再例如,王引之《經義述聞》32 卷,其中有關《毛詩》者 3 卷。對於《述聞》,阮元曾經爲之作《序》,讚賞有加:

> 伯申著《經義述聞》一書,凡古儒所誤解者,無不旁征曲喻而得其本義之所在,使古聖賢見之,必解頤曰:'吾言固如是,數千年誤解之,今得明矣。'嘉慶二十年,南昌盧氏宣旬讀其書而慕之。既而伯申又從京師以手訂全帙寄余,余授之盧氏,盧氏於刻《十三經注疏》之暇,付之刻工。①

這説明阮元深知《述聞》之學術價值。但從阮元《毛詩註疏校勘記》中竟然找不到一條借鑒《述聞》者,莫名其妙。梁啟超《中國近三百年學術史》也高度評價《述聞》:

> 這部書最大的價值在校勘和訓詁方面,許多難讀或前人誤解的文句,讀了他便涣然冰釋。王氏父子理解直湊單微,下判斷極矜慎,所以能爲一代所宗。②

我們從儒藏本的校勘記中也找不到一條用例。

再例如,敦煌文獻中的《毛詩》部分,這真是一方令人雀躍的富礦。過去,由於資料分散,使用起來頗有不便。慶幸的是,2008 年中華書局出版了由張涌泉主編、許建平撰寫的《敦煌經部文獻合集》,《詩經》部分即在《合集》的第二册中。更讓人快慰的是,《合集》還有許建平精心撰寫的校勘記,而校勘記針對的對象正是阮刻(書中稱之爲"刊本"),也就是儒藏本的底本。陋室之中,有此一編在手,不知省了多少力氣,真是無量功德。據我們的初步調查,許建平撰寫的校勘記,可取者將近 200 條。爲了節省篇幅,我們僅以《合集》第二册中的一頁爲例,試看敦煌文獻的校勘價值。這是《豳風・七月》篇:

(1)759 頁校勘記【九】故將言寒,刊本作"故言將寒"。羅跋:"以此卷之義爲長。"

按:儒藏本 477 頁上欄此句無校。

(2)759 頁校勘記【一八】豳土晚寒,地,刊本作"土"。陳邦懷云:"按'七月鳴鵙',箋云'豳地晚寒';'二之日其同',箋云'亦豳地晚寒也'。鄭言'幽地',蓋本於毛。今本傳作'幽土',當爲'地'之壞字耳。"

按:儒藏本 477 頁上欄此句無校。

(2)759 頁校勘記【二〇】俱以饢饋來至於南畝之中,饋,刊本無。羅跋:"以此卷

① 見《續修四庫全書》第 174 册,第 249 頁。

② 梁啟超:《中國近三百年學術史》,北京:中國書店,1985 年,第 203 頁。

之義爲長。”陳邦懷云:“唐寫本‘饟’下有‘饋’字是也。《小雅》‘饁彼南畝’,箋云:‘饁,饟饋也。’《周頌》‘有嗿其饁’,箋云:‘饁,饋饟也。’皆可證唐寫本之善。”

按:儒藏本477頁上欄此句與刊本同,無校。

五、失校、誤校較多

失校、誤校,人所難免,問題是不能太多。如果將儒藏本《毛詩注疏》的失校、誤校悉數列出,僅就筆者管見所及而言,其字數將以萬計,篇幅過大,勢不可行。不得已,只能採取见微知著的方法。因此,此處的平議僅取材於《毛詩注疏》卷十八,即《毛詩注疏》二十卷的二十分之一。至於失校、誤校的原因,從現象上來説,是由於盲從阮校。從根本上來説,是底本選擇不當,最佳通校本缺位,採用前人校勘成果不够。

(一)失校59例,詳下:

(1)1140頁上欄(指《儒藏》本頁碼和分欄。下同):掊克自伐而好勝人也

按:閩本、明監本、毛本同,足利本同。馬瑞辰《通釋》云:“《釋文》訓掊克爲聚斂而云蒲侯反,只爲‘掊’字作音,是知聚斂二字專解‘掊’字,非兼釋‘克’字也。皺平曰:‘兼倍於人亦是好勝,仍是克字之義。《釋文》所載不分别衆家者,多是毛義。此經《釋文》有‘聚斂也’三字,竊疑毛傳原本云:‘掊,聚斂也。克,自伐而好勝人也。’今按説是也。《釋文》所見本尚無脱誤,《正義》本‘掊’下已脱‘聚斂’字,因改從定本作‘倍’耳。”

(2)1140頁下欄:故知服政事

按:閩本、明監本、毛本同,足利本同。單疏本“服”字重,與鄭箋合,是。

(3)1141頁下欄:以小人後至而自外入内

按:閩本、明監本、毛本同,足利本同。單疏本無“内”字,義勝。

(4)1142頁上欄:以爲德

按:閩本、明監本、毛本同,足利本同。單疏本“以”下有“此”字,是。

(5)1142頁上欄:正由背後無良臣傍側無賢人也故

按:閩本、明監本、毛本同,足利本同。“也故”,單疏本作“故也”,是。

(6)1145頁下欄:言桀爲成湯所誅紂惡亦當爲周人所殺

按:閩本、明監本、毛本同,足利本同。單疏本“桀”下有“惡”字,是。

(7)1147頁下欄:角必有稜故云廉隅

按:閩本、明監本、毛本同,足利本同。“廉隅”,單疏本作“隅廉”,與箋合,是。

(8)1150 頁上欄:故爲灑謂灑水濕地也

按:閩本、明監本、毛本同,足利本同。單疏本無"灑謂"二字,義勝。

(9)1150 頁下欄:且蠻方與彼蠻畿同

按:閩本、明監本、毛本同,足利本同。單疏本"蠻畿"下有"名"字,是。

(10)1154 頁上欄:況於祭之所末

按:閩本、明監本、毛本同,足利本同。單疏本"末"上無"所"字,是。

(11)1156 頁下欄:譖毀人者是差貳之事

按:單疏本同,閩本、明監本、毛本同,足利本同。按:"差貳"之"貳",當作"貣",轉寫不察,兼以形近,遂誤。《説文・貝部》:"貣,向人求物也。從貝,弋聲。"段玉裁注云:"按:古多假貣爲差貣字。"《衛風・氓》:"女也不爽,士貳其行。"王引之《經義述聞》卷五云:"貳,當爲貣之訛。貣,音他得切,即忒之借字也。《爾雅》:'爽,差也。''爽,忒也。'是爽與忒同訓爲差。'女也不爽,士貳其行',言女也不差,士則差其行耳。"綜合段、王二氏之説,"貳"當作"貣"明矣。古人所謂"差貣",猶今言"差誤"也。

(12)1157 頁下欄:可以爲弓明矣

按:閩本、明監本、毛本同,足利本同。單疏本"明"作"用",是。此言可以爲弓而使用也。

(13)1158 頁下欄:謂才智褊小

按:閩本、明監本、毛本同,足利本同。單疏本"謂"下有"王"字,是。此"王"謂厲王也。

(14)1161 頁上欄:則芮伯姬姓也

按:閩本、明監本、毛本同,足利本同。單疏本"伯"作"國",是。

(15)1162 頁下欄:則民憂可與絶已之期

按:閩本、明監本、毛本同,足利本同。單疏本"與"作"有",是。

(16)1167 頁上欄:謂使代無功者食天禄也

按:閩本、明監本、毛本同,足利本同。單疏本"使"下有"之"字,是。

(17)1173 頁上欄:非能聽用其言

按:閩本、明監本、毛本同,足利本同。單疏本"言"作"善",是。按孔疏此句正對應經文"匪用其良"也。

(18)1173 頁上欄:爲悖逆之行

按:閩本、明監本、毛本同,足利本同。單疏本"爲"作"受",疑是。

(19)1174 頁下欄:是鳥之稱蟲者也

按:閩本、明監本、毛本同,足利本同。單疏本無"者"字,義勝。

(20)1180 頁上欄:毛以爲皆述宣王之辭

按:閩本、明監本、毛本同,足利本同。單疏本"辭"作"亂",是。此章經文皆亂象也。

(21)1180 頁下欄:祭郊祭廟不以同日爲之

按:閩本、明監本、毛本同。"以",單疏本作"必",足利本同,是。

(22)1185 頁上欄:熏灼俱焚炙之義

按:閩本、明監本、毛本同,足利本同。單疏本"焚"作"燒"。

(23)1187 頁上欄:大夫不得食穀米

按:閩本、明監本、毛本同。"穀",單疏本作"粱",足利本同,是。下文"大夫不食粱"可證。

(24)1187 頁上欄:明凶年盜賊益預防之

按:閩本、明監本、毛本同,足利本同。"預",單疏本作"須",是。

(25)1193 頁上欄:氏曰有見

按:"見",單疏本作"吕",足利本同,是。

(26)1193 頁下欄:羲和之子則死矣

按:閩本、明監本、毛本同,足利本同。單疏本"則"作"皆",是。按"羲和"二字中間應加頓號,謂羲氏、和氏。

(27)1194 頁上欄:故知皆是苗胄

按:閩本、明監本、毛本同,足利本同。單疏本"是"作"其",與鄭箋合,是。

(28)1194 頁下欄:召伯召公也

按:各本同。馬瑞辰《通釋》云:"按:《正義》釋傳云:'以《常武》之序,知召伯是召穆公也。'是《正義》本《傳》原作'召伯,召穆公也'。今本《傳》脱去'穆'字。"

(29)1198 頁下欄:則瑞謂所執之玉

按:閩本、明監本、毛本同,足利本同。單疏本"則"上有"然"字,是。

(30)1200 頁上欄:還歸於謝

按:閩本、明監本、毛本同,足利本同。單疏本"謝"作"鎬",是。

(31)1200 頁下欄:候樓可以觀望者也

按:單疏本同,閩本、明監本、毛本同,足利本同。按:據《周禮·地官·遺人》注,"候"下當有"館"字。蓋"候館"爲被釋詞,而"樓可以觀望者也"爲注釋詞也。

(32)1201 頁上欄:申伯有女功

按:"女",單疏本作"大",足利本同,是。

(33)1207 頁上欄:此於無德之時

按:閩本、明監本、毛本同,足利本同。單疏本"此"作"比",是。蓋形近而誤。

(34)1207頁下欄:云毛猶有倫

按:閩本、明監本、毛本同,足利本同。單疏本"云"上有"乃"字,義勝。

(35)1215頁下欄:韓屬並州矣

按:閩本、明監本、毛本同,足利本同。單疏本"韓"上有"此"字,是。

(36)1216頁上欄:此幭與天官冪人之字異其義亦同

按:閩本、明監本、毛本同。足利本同。"其",單疏本作"而",義勝。

(37)1220頁上欄:"姊妹之子爲甥",《釋親》文

按:各本同。按:馬瑞辰《通釋》云:"按:箋云'姊妹之子爲甥',《正義》以爲《釋親》文。《齊風・猗嗟》箋同,《正義》亦以爲《釋親》文,其引孫毓亦以爲'《爾雅》之明義'。胡承珙《毛詩後箋》疑《爾雅》舊有此文,後以傳寫脱之。今按《爾雅・釋親》:'謂吾舅者,吾謂之甥也。'據《釋親》'母之昆弟爲舅',則'謂吾舅者,吾謂之甥',即是'姊妹之子曰甥'。此蓋以義推言之耳,非實《爾雅》有'姊妹之子曰甥'一句而今本脱之也。"今按:馬説是也。《左傳》莊公六年:"楚文王伐申,過鄧,鄧祁侯曰:'吾甥也。'"杜注:"姊妹之子曰甥。"孔穎達疏云:"《釋親》云:'謂我舅者,吾謂之甥。'是姊妹之子曰甥。"明"姊妹之子曰甥"一句乃推演而來,非《爾雅・釋親》有其文也。

(38)1225頁上欄:江漢浮浮武夫滔滔

按:各本同。王引之《經義述聞》卷七"江漢浮浮"條:"《江漢》篇:'江漢浮浮,武夫滔滔。'毛傳曰:'浮浮,衆強貌。滔滔,廣大貌。'箋曰:'江漢之水,合而東流浮浮然,宣王於是水上命將率,遣士衆,使循流而下滔滔然。'引之謹按:經當作'江漢滔滔,武夫浮浮。'傳當作'滔滔,廣大貌。浮浮,衆強貌。'箋當作'江漢之水,合而東流滔滔然,宣王於是水上命將率,遣士衆,使循流而下浮浮然。'傳云'滔滔,廣大貌'者,《小雅・四月》篇:'滔滔江漢。'傳曰:'滔滔,大水貌。'此言'江漢滔滔',義與彼同,故曰'廣大貌'也。云'浮浮,衆強貌'者,浮與儦聲義相近。浮浮,猶儦儦也。《齊風・載驅》篇:'行人儦儦。'傳曰:'儦儦,衆貌。'猶'浮浮'之爲衆貌也。《鄭鳳・清人》篇:'駟介麃麃。'傳曰:'麃麃,武貌。'猶'浮浮'之爲強貌也。人盛謂之儦儦,又謂之浮浮,猶雪盛謂之瀌瀌,又謂之浮浮耳見《小雅・角弓》篇、《載驅》篇曰:'汶水湯湯。'又曰:'汶水滔滔。'此篇曰:'江漢滔滔。'又曰:'江漢湯湯。'《載驅》篇曰:'汶水滔滔,行人儦儦。'此篇亦曰:'江漢滔滔,武夫浮浮。'文義正相合也。下文'江漢湯湯',亦大貌。《載驅》傳曰'湯湯,大貌'是也。下文'武夫洸洸',亦強貌。下傳曰'洸洸,武貌'是也。然則'滔滔,廣大貌',正與'湯湯'同意。'浮浮,衆強貌',正與'洸洸'同意。故一章言'江漢滔滔,武夫浮浮',二章言'江漢湯湯,武夫洸洸'也。寫經者'滔滔浮浮'四

字,上下互訛。後人不察,又改傳箋以從之。於是衆強之貌屬之'江漢',廣大之貌屬之'武夫'。不知'江漢'大川,當言廣大,不當言衆強;'武夫'尚武,當言衆強,不當言廣大也。"按:馬瑞辰《毛詩傳箋通釋》是王説。

(39)1226 頁上欄:所以不敢安舒者

按:閩本、明監本、毛本同,足利本同。"安舒",單疏本作"寬舒",是。此句上文云"非敢寬舒",可證。

(40)1226 頁下欄:此承其下云"出車"、"設旗"

按:閩本、明監本、毛本同,足利本同。單疏本"云"上有"而"字,是。

(41)1228 頁上欄:但以正道伐之

按:閩本、明監本、毛本同,足利本同。"正道",單疏本作"王道",是。

(42)1233 頁上欄:三句以下

按:閩本、明監本、毛本同,足利本同。單疏本此四字上有"三章下"三字,是。此"三章下三句",對上文"三章上五句以上"爲言也。

(43)1233 頁上欄:是謂常時所行之德

按:閩本、明監本、毛本同,足利本同。"常",單疏本作"當",是。

(44)1234 頁上欄:以王今命卿士南仲

按:閩本、明監本、毛本同,足利本同。單疏本"命"下有"用"字,疑是。

(45)1234 頁下欄:因其有積世之功

按:閩本、明監本、毛本同,足利本同。單疏本"有"下有"稱"字,疑是。

(46)1235 頁上欄:箋敬之至尊

按:足利本同。單疏本"至"下有"將"字,是,當補。

(47)1235 頁下欄:使此司馬令其士衆左右陳力而爲行

按:足利本同。"陳力",單疏本作"陳列",是。

(48)1236 頁上欄:則浦厓一物故云浦也

按:足利本同。單疏本"也"上有"厓"字,與毛傳合,是。

(49)1236 頁上欄:箋緒至安之

按:足利本同。單疏本"緒"下有"業"字,是,當補。

(50)1237 頁下欄:言有嚴天子之威

按:閩本、明監本、毛本同,足利本同。單疏本"嚴"上有"尊"字,與鄭箋合,是。

(51)1237 頁下欄:王將伐徐必使候

按:閩本、明監本、毛本同,足利本同。單疏本"徐"字重,是。此當讀作"王將伐徐,徐必使候"。

(52)1239 頁上欄:雖經淮夷

按:閩本、明監本、毛本同,足利本同。單疏本“經”下有“伐”字,是。

(53)1239 頁上欄:若鷹顫之類

按:足利本同。單疏本”顫”作”鸇”,是。

(54)1240 頁上欄:言來王庭

按:閩本、明監本、毛本同,足利本同。單疏本無”言”字,是。

(55)1242 頁上欄:箋以其有城居之嫌

按:閩本、明監本、毛本同,足利本同。單疏本“城居”作“城郭”,是。

(56)1249 頁上欄:以謂虐政故也

按:閩本、明監本、毛本。“以謂”,單疏本作“謂以”,足利本同,是,當據乙正。

(57)1250 頁上欄:則亦奄人也

按:閩本、明監本、毛本同。“則”,單疏本作“明”,足利本同,是。

(58)1250 頁上欄:囿禁院也

按:閩本、明監本、毛本同。“院”,單疏本作“苑”,足利本同,是。

(59)1250 頁上欄:探知主意

按:閩本、明監本、毛本同,足利本同。單疏本”主”作”王”,義勝。

(二)誤校 7 例,詳下:

(1)1155 頁上欄:案《禮記・曾子問》云:“殤不備祭。”《儒藏》本出校云:“備,今《禮記・曾子問》作‘祔’。”

按:這是一條誤校。鄭玄在“殤不祔祭”下注云:“祔,當爲備,聲之誤也。言殤乃不成人,祭之不備禮。”孔疏引用此句時,根據鄭注,直接將誤字予以改正,避免再生糾葛。

(2)1210 頁上欄:錫謂與之以物　出校云:“‘與’,原作‘興’。阮校:‘閩本、明監本、毛本‘興’作‘與’。案所改是也。今據改。”

按:阮校非也。“與”,單疏本、足利本皆作“賜”是也。閩本、明監本、毛本作“與”,蓋知“興”字不可通而以意改也。

(3)1221 頁上欄:當取其敵匹　出校云:“原作‘當最敵取匹’。阮校:‘案此當作“當取其敵匹”,錯誤也。’”今據改。

按:阮校蓋臆校。“當最敵取匹”中的“最”,單疏本作‘量’,是。“量敵取匹”者,估量男女雙方門當户對而聯姻也。

(4)1228 頁上欄:故以爲二:非可以兵病害之　出校云:“‘非’,原作‘事’,阮校:案‘事’當作‘非’,今據改。”

按:阮校發現了問題,但由於未見單疏本,遂臆校"事"當作"非"。而據單疏本,"事"字亦當有,"事"字下句絶。唯"可"上當補"非"字也。换言之,此句當作"故以爲二事,非可以兵病害之"。

(5)1240頁上欄:傳世稱之　出校云:"'傳世',原作'稱世',阮校:'按上"稱"字,浦鏜云當"傳"之誤,是也。'今據改。"

按:阮校蓋臆説也。單疏本上"稱"字作"積"是也。"積世"者,累世也。

(6)1248頁下欄:喪爲亂云賦税則急者行之必速之辭　出校云:"'云',原作'亡',阮校:'閩本、明監本、毛本"則"作"也"。案所改非也。此"亡"當作"云"。'今據改。"

按:阮元此校,一誤再誤。閩本、明監本、毛本作'也'不誤,而阮校以爲誤。此一誤也。'亡'字各本同(包括單疏本),不誤,而阮校以爲當作'云',此再誤也。尋其誤校原因,蓋與其斷句錯誤有關。觀阮校之被校勘語爲'亡賦税則急者行之必速之辭'可知。原作"喪爲亂亡賦税也,急者行之必速之辭",不誤。

(7)1253頁下欄:而任政小人　出校云:"'任政',原作'在故',阮校:'閩本、明監本、毛本"故"作"位"。案所改非也。"在故"當作"任政",形近之訛。'今據改。"

按:阮校蓋臆説也。單疏本亦作'位',與閩本、明監本、毛本同,是。"而在位小人",文通字順,阮校何得濫用'形近之譌'而改字耶?

六、引文失誤較多

整理注疏一類的古書,應該把引號使用的得當與否放在十分重要的位置來重視。整理的好與不好,在很大程度上取決於引號的使用是否得當。引號使用的得當,古人的口吻也就基本上惟妙惟肖地傳達給讀者;反之,則將使讀者不知所云,如墜五里霧中。其實這並不難理解。疏的任務,一是講解釋經文,二是講解注文。而講解的基本方法就是引經據典,並非滕口爲説。换言之,這類書中,充斥着引經據典。隨便你翻開哪一頁,都是如此。而這種滿紙的引經據典,恰恰是此類書的學術價值所在。爲了傳神,爲了達意,就需要我們加引號。而加引號是個難題,需要下大功夫。筆者忝列古籍整理工作者,也曾爲引號問題大傷腦筋,栽過跟頭。任繼愈先生在點校本二十四史及《清史稿》修訂工程第一次修纂工作會議上發言説:"第五點就是標點。引號就容易出錯,起頭容易,到哪兒刹住?這個很容易弄不對。如果書裹再引書,更容易出錯,要重點注意。”①確是深味個中甘苦的至理名言。

引文的問題,可以分爲五類:一是多引了,二是少引了,三是當引而未引,四是不當引而引,五是忽略了暗引。筆者認爲,引文失真帶來的負面影響,不亞於破句。

本文所説的引文失誤較多,其例子也是選自儒藏本《毛詩注疏》的後五卷,爲全書卷數的四分之一。共計 65 例,其中,屬於多引者 27 例,屬於少引者 15 例,屬於当引而未引者 13 例,屬於不当引而引者 3 例,屬於忽略暗引者 7 例。詳下。

(一)多引例:

(1)945 頁下欄:《曲禮下》云“大夫濟濟,謂行容之貌”,與此别。

按:“謂行容之貌”,孔疏語,非《曲禮下》文。

(2)948 頁上欄:《周禮・弁師》注云:“弁,古冠之大號,官名弁師,職掌五冕。”故知弁是大名也。

按:“官名弁師,職掌五冕”是疏文,非注文。

(3)950 頁上欄:《中庸》注云:“無知其臭氣者,聞即知也。”

按:“聞即知也”是孔疏語,不當引。

(4)1027 頁下欄:孔疏:孫炎曰:“業所以飾栒,刻板捷業,如鋸齒也。其懸鐘磬之處,又以采色爲大牙,其狀隆然,謂之崇牙,言崇牙之狀樅樅然。《有瞽》曰:‘設業設虡,崇牙樹羽。’”

按:“其懸鐘磬之處”以下八句是孔疏語,不當引。

(5)1061 頁下欄:鄭云:“懸繩正豆之柄,瓦亦名豆也。”

按:“瓦亦名豆也”是孔疏語,不當引。

(6)1082 頁下欄:若繹祭之禮,則《郊特牲》注云:“祊當於廟門之外西室,繹又於其堂,不專在廟門。”

按:“不專在廟門”是孔疏語,不當引。

(7)1105 頁上欄:孫炎曰:“夕乃見日,然則陽即日也。夕始得陽,故名夕陽。”

按:孫炎,疑當作“郭璞”。郭璞注僅“四字”:“暮乃見日。”“然則陽即日也”以下三句是孔疏語。

(8)1115 頁上欄:《特牲》注云:“佐食,賓佐尸食者。佐,助也。”

按:“佐,助也”是孔疏語,不當引。

(9)1118 頁上欄:孔疏:京房《易傳》曰:“鳳凰高丈二,漢時鳳凰數至。”

① 中華書局點校本“二十四史”及《清史稿》修訂工程辦公室編:《點校本“二十四史”及〈清史稿〉修訂工程簡報》,第 5 期,2007 年,第 13 頁。

按:"漢時鳳凰數至"是孔疏語,不當引。

(10)1118 頁上欄:以《左傳》言"維命者,皆謂受其節度,聽起進止",

按:當標作:以《左傳》言"維命"者,皆謂受其節度,聽起進止。又,維,當作"唯"。

(11)1153 頁上欄:武王謂諸侯云:"我友邦冢君是朋友。"謂諸侯亦可以兼群臣公卿也。

按:"我友邦冢君",《尚書·泰誓》文。多引導致破句。全句應標作:武王謂諸侯云:"我友邦冢君。"是朋友謂諸侯,亦可以兼群臣公卿也。

(12)1168 頁上欄:孔疏:而《樂記》云"君子聽笙竽簫管之聲,則思畜聚之臣,復思得之"者,……

按:"復思得之者"是孔疏語,不當引。

(13)1224 頁上欄:孔疏:《秋官·貊隸》注云"征東北夷,所獲是貊"者,東夷之種,而分居於北。

按:此處由於多引而造成破句。全句當標作:《秋官·貊隸》注云"征東北夷所獲",是貊者,東夷之種,而分居於北。

(14)1227 頁下欄:孔疏:《玉藻》云:"士曰傳遽之臣。"注云:"傳遽,以車馬給使者也,謂若今時乘驛遞傳而遽疾,故謂之傳遽也。"

按:"謂若今時乘驛遞傳而遽疾,故謂之傳遽也"是孔疏語,不當引。

(15)1228 頁下欄:何休云:"躁,迫也。已,甚也。蹙,痛也。蓋戰迫之而甚痛。"

按:"蓋戰迫之而甚痛"是孔疏語,不當引。

(16)1250 頁上欄:《閽人職》曰:"掌守王宮之中門之禁。"注云:"中門於外内爲中。天子五門,雉門爲中門。"

按:"天子五門,雉門爲中門"是孔疏語,不當引。

(17)1261 頁上欄:故鄭云:"教令由社下者,由社廟下于人君也。"

按:鄭注僅"教令由社下者"一句,觀上文可知。

(18)1279 頁下欄:王肅難鄭云:"禹之時,土廣三倍於堯,計萬里爲方五千里者四。而肅謂三倍,則除本而三。此云五倍,蓋亦除本而五,並本爲六也。"

按:此處多引,且導致破句。全句應標作:王肅難鄭云:"禹之時,土廣三倍於堯,計萬里,爲方五千里者四。"而肅謂三倍,則除本而三。此云五倍,蓋亦除本而五,並本爲六也。

(19)1287 頁下欄:《王制》注亦云:"柴祭天,告至也。云望秩者,山川之神,望其所在,以尊卑次秩祭之。"

按:"云望秩者"以下四句是孔疏語,不當引。

(20)1303 頁上欄:《月令》"孟春祈穀於上帝"之下注云:"上帝大微五帝者,亦謂祈穀所祭也。"

按:注云之文當標作:注云"上帝,大微五帝"者,亦謂祈穀所祭也。

(21)1307 頁下欄:《樂記》注云:"投者,舉徙之辭。謂微子在殷先有國邑,今舉而徙之,别封宋國也。"

按:"謂微子在殷先有國邑"以下三句是孔疏語,不當引。

(22)1310 頁上欄:"稌,稻",《釋草》文,郭璞曰:"今沛國呼稻爲稌是也。"

按:"是也"二字不當引,此蓋不熟悉古人文例所致。

(23)1316 頁上欄:(《月令》)注云:"此時魚絜美,故特薦之。"

按:"故特薦之"是孔疏語,不當引。

(24)1351 頁下欄:《白虎通》云:"所以必有塾何?欲以飾門,因取其名,明臣下當見於君,必孰思其事,是塾爲門之堂也。直言'自堂徂基'何?知非廟堂之基者,以繹禮在門不在廟,故知非廟堂也"

按:"是塾爲門之堂也"以下五句是孔疏語,不當引。

(25)1425 頁下欄:鄭《駁異義》云:"三年一祫,百王通義,則殷之祫祭,三年一爲。"

按:"則殷之祫祭,三年一爲"是孔疏語,不當引。

(26)1430 頁上欄:《月令》注云:"是時恒在桑,言降者,若始自天來,重之,故稱降也。"

吕按:"故稱降也"是孔疏语,不当引。

(27)1439 頁上欄:《孔子閒居》注云:"《詩》讀湯齊爲湯躋者,言三家《詩》有讀爲躋者也。"

吕按:當標作:《孔子閒居》注云"《詩》讀湯齊爲湯躋"者,言三家《詩》有讀爲躋者也。"者言三家《詩》有讀爲躋者也"是孔疏语,不当引。

(二)少引例:

(1)943 頁上欄:王肅云:"文王能布陳大利,以錫予人,故能載行周道,致有天下。"維文王孫子受而行之,美其本支子孫。言文王之功德,其大宗與支子相承百世之道。

按:"維文王孫子受而行之"以下四句也是王肅語,當引。

(2)947 頁下欄:桓九年《公羊傳》曰:"京師者何?天子之居也。京者何?大也。師者何?衆也。"天子之居,必以衆大之辭言之。

按:"天子之居"以下二句也是《公羊傳》文,當引。

(3)1154頁下欄:趙岐云:"脅肩,竦體也。諂笑,強笑也。病,極也。"言其意苦勞極甚,於仲夏之月,治畦灌園之勤。

按:"言其意苦勞極甚"以下三句也是趙岐注文,當引。

(4)1155頁上欄:注云:"厞,隱也。不知神之所在,或者遠人乎?"尸謖而改饌爲幽闇,庶其饗之。

按:"尸謖而改饌爲幽闇,庶其饗之"也是《特牲禮》注文,當引。

(5)1193頁上欄:郭璞《爾雅》注云:"霍山,今在廬江灊縣西南,别名天柱山。漢武帝以衡山遼曠,移其神於此。今其土俗人皆呼之爲南岳。"南岳本自以兩山爲名,非從近也。而學者多以霍山不得爲南岳,又言從漢武帝始乃名之。如此言,爲武帝在《爾雅》前乎?斯不然矣。

按:"南岳本自以兩山爲名"以下七句也是郭璞注文,當引。觀下文可知。

(6)1196頁下欄:《地官·小司徒職》曰:"乃經土地,而井牧其田野,而令貢賦。"凡稅斂之事,

按:"凡稅斂之事"也是注文,當引。

(7)1197頁上欄:《有司徹》云:"主人降,獻私人。"注云:"大夫言私人。"明不純臣。

按:"明不純臣",也是注文,當引。

(8)1211頁上欄:韋昭云:"近宣王時,命韓侯爲侯伯,其後爲晉所滅,以爲邑,以賜桓叔之子萬,是爲韓萬。"則其亡在平王時也。

按:"則其亡在平王時也"也是韋昭云,當引。

(9)1216頁下欄:《巾車》注云:"鉤,婁頷之鉤。"樊讀如鞶帶之鞶,謂今馬大帶。纓,今馬鞅鉤,以金爲之。樊及纓,皆以五采罽飾之。

按:少引六句,且多有破句。今爲之整理如下:《巾車》注云:"鉤,婁頷之鉤。樊,讀如鞶帶之鞶,謂今馬大帶。纓,今馬鞅。鉤,以金爲之。樊及纓,皆以五采罽飾之。"此條注文是摘引。

(10)1231頁上欄:《王制》云:"三公一命衮若有加。"則賜三公八命,

按:少引且破句。今整理如下:《王制》云:"三公一命衮,若有加則賜。"三公八命。

(11)1258頁下欄:《載見》箋云"諸侯始見君王",謂見成王也。

按:"謂見成王也",也是鄭箋文,當引。

(12)1260頁-1261頁:《禮運》曰:"政也者,君之所以藏身也。"是故夫政必本於天,殽以降命。命降於社之謂殽地,降于祖廟之謂仁義,降於山川之謂興作,降於五祀之謂制度。

按:"是故夫政必本於天"以下六句,也是《禮運》文,當引。

(13)1276 頁下欄:王肅云:"武王得天下,因殷諸侯無大累於其國者,就立之。"序,繼也,思繼續先人之大功而美之。

按:"序,繼也,思繼續先人之大功而美之",也是王肅文,當引。

(14)1283 頁上欄:王肅云:"言其修德常如始。"《易》曰:"日新之謂盛德。"義當然也。

按:"《易》曰:日新之謂盛德",也是王肅文,當引。

(15)1339 頁下欄:注云:"其屬,府、史、胥、徒也。耨,芸芓也。王以孟春躬耕帝籍,天子三推,三公五推,卿、諸侯九推,庶人終於千畝。"庶人謂徒三百人。籍之言借也。王一耕之,而使庶人芸芓終之。

按:"庶人謂徒三百人"以下四句,也是《天官序》注文,當引。

(三)当引而未引例:

(1)1135 頁下欄:襄十四年《左傳》成國不過半天子之軍。周爲六軍,諸侯之大者,三軍可也。

按:"成國不過半天子之軍"以下四句皆《左傳》文,當引。

(2)1165 頁下欄:王肅以爲,如今之政,其何能善,但君臣相與陷溺而已。如此,理亦可通。

按:"如今之政,其何能善,但君臣相與陷溺而已"三句當引,是王肅《毛詩注》文。

(3)1187 頁上欄:《曲禮》又有君膳不祭肺,馬不食穀,與此徹膳、不秣意同而文異耳。

按:"君膳不祭肺,馬不食穀"二句當引。

(4)1193 頁上欄:《周語》説堯使禹治水,四岳佐之,帝嘉禹德,賜姓曰姒,氏曰有夏。祚四岳國爲侯伯,氏曰有。此一王四伯。

按:"賜姓曰姒,氏曰有夏。祚四岳國爲侯伯,氏曰有。此一王四伯"五句當引。

(5)1215 頁下欄:《周禮・職方氏》正北曰並州,韓屬並州矣。

按:"正北曰並州"一句當引。

(6)1265 頁上欄:案《鄭志》説《顧命》,成王崩於鎬,因先王之宫,故有左右房,爲諸侯制也。是文、武之世,路寢未如明堂。

按:"成王崩於鎬,因先王之宫,故有左右房,爲諸侯制也"四句當引。

(7)1285 頁上欄:書傳(此處脱"説"字)周公攝政五年營成周,故知洛邑亦以五年成之也。

按:"周公攝政五年營成周"一句當引。又,"書傳"未加書名號,非。此謂《尚書大傳》也。

(8)1268頁上欄:《洛誥》説七年時事,周公猶戒成王,使肇稱殷禮,祀于新邑,則是成王即政,始用《周禮》也。

按:"肇稱殷禮,祀于新邑"八字當引。又,此"周禮"不應加書名號。

(9)1274頁上欄:《春秋》文六年,閏月不告朔,猶朝于廟。

按:"閏月不告朔"二句是傳文,當引。

(10)1291頁下欄:玄謂以《文王》、《鹿鳴》言之,則《九夏》皆詩篇名,頌之族類也。此歌之大者,載在樂章。樂崩亦從而亡,是以頌不能具。

按:"玄謂"以下之文,皆《周禮·春官·鍾師》鄭注之文,當引。

(11)1306頁上欄:《地官》序縣正每縣下大夫一人,鄙師每鄙上士一人,酇長每酇中士一人,里宰每里下士一人,鄰長五家則一人。

按:"縣正每縣下大夫一人"以下五句,皆《地官序》文,當引。

(12)1437頁下欄:公即《周禮》三公八命,其出封加一等。

按:"公即周禮三公八命,其出封加一等",當標作:公即《周禮》"三公八命,其出封加一等"。這是《周禮·典命》文。

(13)1443頁上欄:《郊特牲》稱王者存二代之後,猶尊賢也。尊賢不過二代,則是先代有二,與今王爲三也。

按:當標作:《郊特牲》稱"王者存二代之後,猶尊賢也。尊賢不過二代",則是先代有二,與今王爲三也。

(四)不当引而引例:

(1)1061頁下欄:《天官·醢人》"掌四豆之實,皆有菹醢",是豆爲薦羞菹醢也。

按:"掌四豆之實,皆有菹醢"二句是撮引《天官·醢人》之意,不當引。

(2)1066頁上欄:《燕禮》"諸侯燕其臣子,宰夫爲主人",則天子亦當然。

按:此二句亦是撮引《儀禮·燕禮》大意,不當引。

(3)1161頁上欄:《顧命》"同召六卿,芮伯在焉",成王時也。

按:此亦撮引大意之文,不當引。

(五)暗引例:

(1)991頁下欄:易傳者,言鳥之得所,當如鴛鴦在梁,以不驚爲義,不應以高飛爲義。

按:"鴛鴦在梁",《毛詩·小雅·鴛鴦》文,當引。彼處鄭箋云:"鴛鴦休息於梁,明王之時,人不驚駭。"是"以不驚爲義"也。

(2)1110頁下欄:且舜舉皋陶,不仁者遠矣,是得賢然後消惡。

按:“舜舉皋陶,不仁者遠矣”,《論語·顔淵》文,當引。

(3)1187頁上欄:師氏掌使其屬率四夷之隸,各以其兵服守王之門外,且蹕朝在野外則守列,是掌其近王之兵,故令弛其兵也。

按:“師氏掌使其屬率四夷之隸,各以其兵服守王之門外,且蹕朝在野外則守列”是暗引《周禮·地官·師氏》文。但有破句,“且蹕”後當置句號。

(4)1262頁上欄:人君是羣神之主,故曰有天下者祭百神,其祭不待於太平也。

按:“有天下者祭百神”,《禮記·祭法》文,當引。

(5)1276頁上欄:“愛之無有期竟”,謂卜世三十,卜年七百,是長遠無期竟也。

按:“卜世三十,卜年七百”,《左傳》宣公三年文,當引。

(6)1325頁下欄:左右之諸臣又從而安樂之,亦猶顯父餞之,與之歡燕,以安樂其心。

按:“顯父餞之”,《大雅·韓奕》文,當引。

(7)1450頁上欄:箋並言廟者,君子將營宫室,宗廟爲先,明亦脩廟,故連言之。

按:“君子將營宫室,宗廟爲先”,《禮記·曲禮下》文,當引。

作者簡介:

李慧玲,女,1970年生,河南浚縣人,華東師範大學古籍所副研究員。2008年畢業於華東師範大學,獲文學博士學位。2008年至2010年,在復旦大學文史研究院從事博士後研究。主要研究方向爲經學與學術史。

吕友仁,1939年生,河南滎陽市人。1962年畢業於河南大學外語系,任中學教師多年。1981年畢業於上海師範大學古籍所,碩士。現爲河南師範大學文學院教授。

戰國竹書所見容禮考論[①]

曹建墩

内容摘要 近年來,戰國郭店簡、上博簡以及部分清華簡相繼公佈,其中記載了許多有關容禮的内容。本文綜合運用古文字、音韻、訓詁學知識,結合傳世文獻,對相關材料作了細緻的分類考釋,並在此基礎上進一步探討了儒家的容禮觀念。

關鍵詞 竹書 容禮 身體規範 德性

所謂容禮,是對行禮者的容貌情色、俯仰屈伸、進退登降、周旋揖讓、盤旋辟退等容色舉止作出的禮儀規定,它是先秦、秦漢儒家頗爲重視的禮儀規範,也是中國古禮的重要組成要素。近年來,郭店簡、上博簡以及部分清華簡等戰國竹書材料相繼公佈,其中記載有許多容禮的細節内容。這批新材料的面世,對我們進一步認識先秦儒家容禮,具有十分重要的意義。本文擬對戰國竹書中的容禮資料作一系統的爬梳和考釋,[②]並在此基礎上進一步探討儒家的容禮觀。

一、視聽言貌之容

儒家有君子"九德"之説,《禮記·玉藻》云:"足容重,手容恭,目容端,口容止,聲容静,頭容直,氣容肅,色容莊,坐如尸。"其中大部分與首部五官有關,以下按照與面部有關的禮容分爲視、聽、言、貌幾類作一考釋。

---

① 本文爲2012年度國家社科基金重大項目"中國禮制變遷及其現代價值研究"(12&ZD134)、2012年度教育部人文社會科學研究青年基金項目"戰國竹書中的禮制及禮學思想研究"(12YJC770005)階段性成果。

② 爲排版方便,本文引用古文字資料文字隸定採用寬式,個别字形作了適當處理。本文中古文字的釋讀,浙江大學曹錦炎先生給予了很多指導,謹表示誠摯謝意。

(一)目容

目容是行禮之人注視對方之時隨禮之節度所應表現出的容態。周禮要求貴族的視瞻須合乎禮儀法度,以顯現威儀。如《大戴禮記·保傅》説天子“周旋俯仰視瞻無儀”,“凡此其屬太保之任也”。

上博簡(五)《君子爲禮》云:“【毋】俛視,毋昃(側)睇。凡目毋遊,定視是求。”①簡文所論即屬於目容(視容)。“視”,原整理者釋爲“見”,兹更正爲“視”字。俛視,指目光朝下俯視。古禮,在注視對方時,視綫高下有一定的範圍,過高則顯得傲慢,過低則顯得内心憂慮。《禮記·曲禮下》:“天子,視不上於袷,不下於帶;國君,綏視;大夫,衡視;士,視五步。凡視,上於面則敖,下於帶則憂,傾則奸。”《禮記·玉藻》:“凡侍於君……視帶以及袷。”《左傳·昭公十一年》:“視不過結、襘之中。”可知在多數場合中俯視爲非禮之舉。“側睇”,指目光側視。《禮記·内則》云:“不敢……睇視。”鄭玄注:“睇,傾視也。”側睇亦即睇視。“凡目毋遊”,指視綫固定,目光不四處游離。“定視”,即視綫固定,眼睛不四處轉動。《國語·周語下》:“視無還,端也。”“視無還”即定視,眼睛不隨便流轉反映出一個人内心的端正。先秦容禮,目容要求端正,“目容端”,②禁止“流目東西”、“視躁”。③“側睇”即《禮記·曲禮上》“淫視”。④ 古禮要求目光毋斜視,否則顯得心神不寧或有奸邪之心。古人將斜視這種不端視容看作不吉之兆。例如《左傳·成公六年》云:“視流而行速,不安其位,宜不能久。”杜預注:“視流,不端諦。”“視流”即“淫視”,目光不定,顯得心神不寧,預示位不能久。

上博簡(六)《天子建州》云:“天子……視侯量,顧還身;諸侯……視百正,顧還肩,與卿大夫同恥度;士視目恒,顧還面。”⑤其中“視侯量”、“視百正”、“視目恒”所言即各級貴族的視容。“侯”,楊華先生指出訓爲維(或作惟),⑥可從。“量”,訓爲度,指度數。⑦ 由於天子的食儀與視容禮規多,故以總括性的“以儀”,“惟度”(相當於以度)來説明。“視百正”,楊華先生認爲“百”讀作“迫”,近也,“迫正”指近似於正視。此解較爲合理。“百正”,意思是視綫近於固定,意即視綫允許有一定範圍的活動餘地。“目恒”,指目光固定。簡文大意是:士視人時的視綫較爲固定,目光不可隨意遊動;諸侯、

① 馬承源主編:《上海博物館藏楚竹書(五)》,上海:上海古籍出版社,2005年,第256—261頁。

② 《禮記·玉藻》。

③ 《左傳·襄公三十年》。

④ 鄭玄注:“淫視,睇眄也。”孔疏:“淫謂流移也。目當直瞻視,不得流動邪眄也。”

⑤ 馬承源主編:《上海博物館藏戰國楚竹書(六)》,上海:上海古籍出版社,2007年。

⑥ 楊華:《〈天子建州〉禮疏》,《學鑒》第三輯,武漢:武漢大學出版社,2010年,第21—45頁。

⑦ 《國語·周語下》:“釐改制量。”韋昭注:“量,度也。”

卿大夫注視時視綫近乎固定,意即可以有較小的活動餘地;天子至尊,目容要合乎禮儀度數,但觀看的視綫相對而言較爲自由。

上引《天子建州》簡文另一項内容是對回首而視作出規定的顧容禮。顧即回顧而視之意。[①] 尊卑不同的貴族,其顧視之容有差異。《天子建州》簡文是説天子回顧則轉旋全身,諸侯、卿大夫則可轉旋肩部,即上半身,士則只可轉動面部,也即轉動頭部回視。"還面"一詞亦見於賈誼《新書·傅職》:"亟顧還面,而器御之不舉不臧,折毁喪傷,凡此其屬少保之任也。"據此,就天子而言,還面乃非禮之舉。簡文云天子、諸侯回顧時不可僅轉動頭部,這與文獻記載的"亟顧還面"爲非禮基本一致。

(二)聽容

上博簡(二)《昔者君老》曰:"大子昃聽。"[②]此句學者解釋不一。整理者認爲"昃"不能讀爲"側",理由是"側聽"非禮,並釋"昃聽"爲"太子朝君而君未能臨朝,太子自早朝待命至日西時"。林素清先生認爲"昃"通"側","昃聽"可讀爲"側聽",昃聽與《淮南子·主術》"側目而視,側耳而聽"同爲專注之意。[③]

據古禮,聽的儀容須端莊恭敬,《禮記·曲禮下》要求"正爾容,聽必恭"。所謂非禮之側聽,《禮記·曲禮上》規定"毋側聽",据鄭玄注"嫌探人之私也。側聽,耳屬於垣",則側聽爲附牆側耳偷聽。《禮記·曲禮上》要求童子站立端正"不傾聽",指不歪頭側耳聆聽别人説話,因此舉有偷聽别人隱私的嫌疑。可見周代禁止之"側聽"乃指附牆側耳之聽,所禁止"傾聽"爲歪頭側耳之聽。簡文"側聽",乃是一種表示精神專注的聽話方式,用來表示對别人的尊敬。《禮記·玉藻》載:"凡侍於君……視下而聽上,視帶以及袷,聽鄉任左。"聽尊者説話應諦聽,故仰頭而面向上以聽之。傾聽時要頭稍偏右,任用左耳,表示精神專注與恭敬,此即"側耳而聽"、"傾耳而聽"。《禮記·孔子閒居》云"傾耳而聽之",亦指側耳專注而聽。由此可知,簡文所載與禮書非禮之側聽有所不同,指的是表專注而聽之側聽。

(三)言容

西周、春秋時期,言語之儀被視作君子威儀的重要内容,《左傳·襄公三十一年》云:"有威而可畏謂之威,有儀而可象謂之儀。……言語有章,以臨其下,謂之有威儀也。"言語之儀既是威儀的重要内容,更是君子道德人格的具體體現。言語之儀包含

① 《説文·頁部》:"顧,還視也。"

② 馬承源主編:《上海博物館藏戰國楚竹書(二)》,上海:上海古籍出版社,2002年,第241—250頁。

③ 林素清:《上博楚竹書〈昔者君老〉新釋》,《上博館藏戰國楚竹書研究續編》,上海:上海書店出版社,2004年,第197頁。

内容頗爲廣泛,既有文辭的文雅有章、"言語有序",亦有言語時的容態舉止。此外,根據不同的場合和對方身份而談論合適的内容,亦屬於周禮言語之儀内容之一。上博簡(四)《内豊》曰:"與君言,言使臣;與臣言,言使君。與父言,言畜子;與子言,言孝父。與兄言,言慈弟;與弟言,言承兄。反此亂也。"①君臣、父子、兄弟之間,談論内容應與其身份相應,不可違背倫理而肆言無忌。上博簡(六)《天子建州》篇對言語之儀論述較多,甲本簡文云:"臨城不言毁,觀邦不言喪………朝不語内,社【不語】戰。在道不語匿,居政不語樂,尊俎不折事,聚衆不語逸,男女不語鹿,朋友不【語分】。臨食不語亞。"②整理者曹錦炎先生已對簡文内容作了考釋,下面主要對需要作進一步研究的疑難文句作一考釋。

"觀邦不言喪"。"觀",不是一般意義上的察看,《穀梁傳·隱公五年》曰:"常事曰視,非常曰觀。"據學者考察,在先秦文獻中,涉及重大活動才可稱作"觀"。③簡文"觀邦",應非一般意義上的察看一國,其含義指考察邦國之政治、風俗、典章、禮樂等。簡文之"觀邦"或可指異邦。古禮,君子進入異邦,則入鄉隨俗,遵守所在國的禮制。《大戴禮記·曾子立事》:"君子入人之國,不稱其諱,不犯其禁,不服華色之服,不稱懼惕之言。"所谓"懼惕之言",阮元解釋爲"懼惕,危厲也。言其國之隱患也"。④喪邦之語屬於"懼惕"、聳人聽聞之言。"觀邦不言喪",意謂君子觀邦時不言邦喪之類的懼惕之言。

"朝不語内"。整理者云:"'語',指議論。'内'指内室之事,即私事。朝不語内,即《禮記·曲禮下》'在朝言朝'之另一種説法。"此説未周,兹加以補論。文獻中或内、外對舉,内指家,外指朝廷。如《國語·楚語》云:"外内齊給,敬也。"韋昭注:"外,在朝廷。内,治家事。"《禮記·喪服四制》云:"門内之治恩揜義,門外之治義斷恩。"門外之治,謂朝廷上的公事;門内之治,指宗族内的家事。簡文之"内",即此"門内"之事,或稱爲"閨門之内",《禮記·仲尼燕居》:"以之閨門之内有禮,故三族和也;以之朝廷有禮,故官爵序也。""閨門之内"與"朝廷"對舉,即"門内"及"門外"之分,亦即"朝"與"内"之分。因此,簡文意謂朝廷是處政、謀政事之所,不可談論家事。

"社不語戰"。"不語",甲本缺,整理者據乙本補。"社",整理者讀爲"貢"。楊華先生讀爲"攻",認爲是常見於楚地卜筮祭禱簡中的一種祭禱巫術;戰,訓爲鬥,這正是

① 馬承源主編:《上海博物館藏戰國楚竹書(四)》,上海:上海古籍出版社,2004年,第224頁。

② 馬承源主編:《上海博物館藏戰國楚竹書(六)》,上海:上海古籍出版社,2007年,第316頁。

③ "觀"的含義,參傅道彬《詩可以觀——禮樂文化與周代詩學精神》一書,北京:中華書局,2010年,第189頁。

④ 參方向東:《大戴禮記匯校集釋》,北京:中華書局,2008年,第441頁。

祭禱時必須忌諱不言的内容。[①] 兩相比較,曹説可從。上博簡(二)《容成氏》有"四海之縣皆青(請)社","社"即讀爲"貢"。貢納進獻之禮,目的在於結諸侯之好,"習立禮樂",使無干戈之患,天下太平。而戰争殺伐在古人眼中則爲凶危之事,例如《老子》第三十一章云:"夫兵者,不祥之器,物或惡之,故有道者不處……殺人之衆,以悲哀莅之;戰勝,以喪禮處之。"儒家對於戰争的態度更是相當慎重,《論語·述而》云"子之所慎:齋、戰、疾",《荀子·大略》謂戰事"不可不慎"。在舉行貢納這一外交場合中談論征伐之事,顯然是極不合適。

"在道不語匿"。"匿",整理者讀如本字,指隱藏,躲避。楊華先生讀"匿"爲"慝",訓爲惡。[②]"匿"讀爲"慝"較爲合理。"在道不語匿",意指在道上不語邪僻之言。儒家認爲道聽塗説之言多爲無稽之言,有德君子當棄之。《論語·陽貨》:"道聽而塗説,德之棄也。"劉寶楠《論語正義》釋曰:"若聽之於道路,道路乃即爲人傳説,必多謬妄,所以爲有德者所棄也,亦自棄其德也。"[③]儒家主張有德君子應語善言、重言,因善言有利修身進德、治國平天下,"言之善,足以終世,三世之富,不足以出亡"。[④] 君子不可語苟且之言,《大戴禮記·衛將軍文子》:"行不貳過,稱言不苟。"《論語·子路》:"君子於其言,無所苟而已矣。"之所以如此,因爲語言之影響巨大,"君子居其室,出其言善,則千里之外應之,況其邇者乎?言出乎身,加乎民;行發乎邇,見乎遠"。[⑤] 自然,君子不應在人來往頻繁的道路上談論邪僻之語,以防其廣爲傳播而造成不良後果,且此舉亦有害於君子之德。

"居政不語樂"。"居政",指處政、爲政,處理政務。古禮,談論内容要根據場合,而不能肆言無忌。《禮記·曲禮下》規定:"公庭不言婦女","朝言不及犬馬。"孔疏解釋爲:"朝是謀於政教之處也,不宜私褻辯論以及犬馬也。"在官府,就應談論與官府有關的事;在朝廷,就應討論與朝廷有關的事,而不應該談論聲色犬馬之類的話題。樂,指聲樂之事。"居政不言樂",意指在處理政務時不談論聲樂之事。

"尊俎不折事"。整理者認爲,"尊俎"爲宴席的代稱,"折"讀爲誓。陳偉先生認爲"折"當讀爲"制",制事指處理政治、軍事等重大事件。[⑥] 從簡文來看,"折事"也應與言容有關,曹説較優。誓事目的在於建立雙方的誠信關係,而誓的原因恰在於雙方

① 楊華:《〈天子建州〉禮疏》,第37頁。
② 楊華:《〈天子建州〉禮疏》,第33-36頁。
③ 劉寶楠:《論語正義》卷20,北京:中華書局,1990年,第694頁。
④ 郭店簡《語叢四》。參劉釗《郭店楚簡校釋》,福州:福建人民出版社,2005年,第226頁。
⑤ 《周易·繫辭上》。
⑥ 陳偉:《〈天子建州〉試讀》,《新出楚簡研讀》,武漢:武漢大學出版社,2010年,第299頁。

不能自和好。[①] 宴席之上,賓主把酒獻酬,開懷飲酒,和樂湛湛,若舉行戒誓之事則顯得賓主不信任,沖淡了宴會氣氛,故"尊俎不誓事",因宴會非盟誓之所。

"聚衆不語逸"。聚衆,指聚合衆人。"逸"有放縱之義,《漢書・吴王劉濞傳》:"陛下多病志逸,不能省察。"顔師古注:"逸,放也。"《左傳・成公十六年》:"乃逸楚囚。"杜預注:"逸,縱也。"聚衆多爲土工、征伐、服役等大事,此時或發佈禁令,或舉行結誓、祭祀等事,故不可語放逸、恣肆之言。

"男女不語鹿"。"鹿",整理者讀作"獨",意指獨處。陳偉先生認爲恐當讀爲"麗",訓"偶"。[②] 陳説可從。簡文意指男女在一起時不語偶合之語,以别男女,防止興二者之奔心。

"臨食不語亞"。"亞",讀爲"惡"。簡文中意指食物粗惡。古文獻中"惡"有表食物粗惡之義。例如《論語・里仁》:"士志於道,而恥惡衣惡食者,未足與議也。"《禮記・雜記下》:"喪食雖惡必充饑。"簡文所言乃賓客進食之禮,意指賓客臨食時勿語食物粗惡。據古禮,作客時不可對主人食物挑剔。《禮記・曲禮上》要求客人"毋絮羹,毋歠醢",因爲客人若調和菜羹,有嫌棄主人菜羹無味之意;客人喝醢,有嫌棄主人醬汁味淡之意,這類行爲有嫌棄主人食物粗惡之意,乃無涵養的非禮之舉。那麼,當場言食物粗惡則更是非禮之舉,如此則使主人難堪,顯得待客不周,亦拂主人待賓之雅意。

綜上考釋,簡文大意概括如下:登臨城,則不言城毁墮之辭;參觀别國時,則不言喪國之言;在朝不言家事;外交場合不言戰争殺伐之事;在道路上,則不言邪僻之語;處理政務時不語聲樂之事,宴會時不行發誓之辭,聚衆時不言放逸之辭;男女在一起時不語偶合之語,以别男女,毋興二者之奔心;朋友之間不言分離之事;賓客臨食則不要談論食物粗惡。

此外,言語之聲音高低、疾緩亦需符合禮制規範。上博簡(五)《君子爲禮》云:"毋欽毋去,聖之僭俆,稱其衆寡。"簡文所云涉及言語之容。玆作考釋。

"欽",讀爲"吟",二字上古韻部同屬侵部,聲母同爲舌根音,音近可通。《山海經・西山經》:"其音如欽。"郭璞注:"欽,或作吟"。"吟"字或作"唫",意爲歎。《禮記・檀弓下》:"戚斯歎。"鄭玄注:"歎,吟息。"陸德明《釋文》:"吟,本或作唫。""去"讀爲"吁"。"呿"字從"去"得聲,"去"爲溪紐魚部字,"吁"爲曉紐魚部字,"溪"、"曉"同系,喉音和牙音通轉,二字音近可通。《吕氏春秋・重言》:"呿而不唫",《説苑・權

① 《禮記・曲禮下》:"約信曰誓。"孔穎達疏:"以其不能自和好,故用言辭共相約束以爲信也。"
② 陳偉:《〈天子建州〉試讀》,第299頁。

諫》作"吁而不吟"。吁有驚歎、駭嘆等義，簡文中此字亦有嘆呼之義。[1] "毋欽毋去"，意謂勿要長吁短歎。傳世文獻有類似的規定。《禮記・曲禮上》有"當食不歎"、"臨樂不歎"之説[2]。此外，對國中公共場合歎呼者，《周禮・秋官》設有銜枚氏負責禁止此類行爲："禁叫呼歎嗚於國中者，行歌、哭於國中之道者。"大呼小叫、長吁短歎容易惑衆驚衆，引起别人不必要的猜測，亦給人傲慢無禮之感，故非君子所爲。

"聖之僭俆，稱其衆寡"。整理者讀"聖"爲"聽"。根據文意，"聖"可讀爲"聲"，"僭俆"讀作"疾徐"。"聲之疾徐"，即古書之"疾言"與"徐言"。《論語・鄉黨》："不疾言。"皇侃疏："疾，高急也。"《穀梁傳・桓公十四年》："聽遠音者，聞其疾而不聞其舒。"范甯《集解》："疾謂激揚之聲，舒謂徐緩。"疾言，指説話聲高，語速快急；徐言，指説話聲低，語速緩慢。《韓詩外傳》卷九："徐言誾誾，威儀翼翼，……疾言噴噴，口沸目赤。"以疾言、徐言對舉。簡文"聲之疾徐，稱其衆寡"，意指疾言、徐言與否需根據人數的多少而定。傳世文獻有相同的説法，《吕氏春秋・精論》："廷小人衆，徐言則不聞，疾言則人知之，徐言乎？疾言乎？"《韓詩外傳》卷四云"疾言則翕翕，徐言則不聞"，均與簡文意思近同。此外，在一些禮儀場合，"顔色聲氣，各有宜稱"，[3]若不顧場合而疾言或徐言，則爲非禮之舉。如《左傳・昭公十一年》記載單子在會盟中"言徐"而失禮，被視作凶兆。

綜上考述，楚簡所載言語之儀，既包括言語内容上要求君子注意言語上的修養，語善言而不語邪僻之言，以修身進德；還包括要按照身份、具體場合而言合適的内容，並在聲音高低、辭氣疾徐等方面符合禮儀規範。

(四)色容

色容是人所呈現於外的面目表情，它是人内心情感的表露。郭店簡《成之聞之》云："形於中，發於色。"《大戴禮記・虞戴德》："心端色容正。"色容是一個人内心德性的顯現，因而要求"君子戒慎，不失色於人"。[4]

竹書中關於容色之文見於《君子爲禮》篇，作："凡色，毋憂，毋佻，毋作，毋餂，毋□。"[5]"毋憂"，指面部不要流露憂戚之色。"佻"有輕薄、不莊重之義。《爾雅・釋

---

① 《説文・口部》："吁，驚也。"《法言・君子》："吁！是何言歟?"李軌注："吁！駭歎之聲。"王引之《經傳釋詞》卷四云："吁，字通作呼。"參宗邦福等《故訓匯纂》，第319頁。

② 《左傳・桓公九年》記載曹國太子臨食而嘆，施父曰："曹太子其有憂乎！非嘆所也。"《左傳・昭公二十年》説"唯食忘憂"，意謂飲食禮中不能憂歎。

③ 《新書・容經》。閻振益、鍾夏：《新書校注》，北京：中華書局，2000年，第230頁。

④ 《禮記・曲禮上》。

⑤ 馬承源主編：《上海博物館藏楚竹書(五)》，上海：上海古籍出版社，2005年，第258-259頁。

言》:"佻,偷也。"《楚辭・離騷》:"余猶惡其佻巧。"王逸注:"佻,輕也。""毋佻",即面部毋呈現輕薄之色。"作",字或作"怍",指面部變色、顏色不和。《禮記・曲禮上》:"容毋怍。"鄭玄注:"怍,顔色變也。"《禮記・祭義》:"是故孝子臨尸不怍。"鄭玄注:"色不和曰怍。""毋繇",整理者讀爲"毋謠",認爲亦"毋歌謠"之謂。但簡文以"凡色"起句,下面簡文内容顯然是在論色容,故此解未安。我們認爲,"謠"可讀爲"遥",二字聲韻均同,可通。揚雄《方言》卷十:"遥、窕,淫也。九疑、荆郊之鄙謂淫曰遥,沅湘之閒謂之窕。"《廣雅・釋詁》:"媱,婬也。"王念孫《疏證》:"遥與媱通。"《方言》卷十:"媱、愓,遊也。江沅之閒謂戲爲媱,或謂之愓,或謂之嬉。"[①]《廣雅・釋詁》:"媱、愓,戲也。"王念孫《疏證》:"遥蕩,與媱愓通。"可證"遥"有放蕩、嬉戲之義。《禮記・少儀》:"不戲色。"孫希旦《集解》:"戲色,謂嬉笑悔慢之容。"[②]"不戲色"與簡文要求色"毋遥"意同,指勿要出現嬉戲、放蕩恣肆之貌。

儒家對色容的規定,其總的原則是要温和莊敬,《論語・季氏》云"色思温",郭店簡《五行》云"顔色容貌温",《禮記・玉藻》規定"色容莊",即其證。故簡文提出面部不得出現憂慮、輕浮、憤怒、嬉笑放蕩等不和之色。

二、坐立行走之容

周人爲容,要求身體跟隨禮節的變化而展現不同的儀態,無論是站立跪坐、行走趨翔,還是盤辟周旋、拜揖登降等,君子均須呈現優雅的舉止。以下考察竹書所載坐立行走之容。

(一)坐容

古人行禮,要求坐有坐相,《禮記・曲禮上》云"坐如尸"、"坐必安,執爾顔",即規定坐要安穩莊敬,視貌端正。上博簡《天子建州》云:"天子坐以巨。""巨"乃"矩"之本字。簡文意謂坐如矩尺之形,此種坐姿乃雙膝著地,上體挺直,臀部置於腳踵上,從側面看,這種坐姿上身與腿部約呈九十度角,形如矩尺之形。此種坐姿端莊穩重,即"坐如尸"之貌。

(二)立容

立容爲人站立之時所呈現的容止。《天子建州》:"天子立以縣。""縣","懸"之本

① 華學誠:《揚雄〈方言〉校釋匯證》,北京:中華書局,2006年,第640頁。

② 〔清〕孫希旦:《禮記集解》,沈嘯寰、王星賢點校,北京:中華書局,1989年,第932頁。

字,指用來取直的懸錘。[①] 簡文意思是説天子站立之容如懸繩般直立,此種身體形態即《儀禮》之"疑立",或稱爲"正立"。《儀禮·公食大夫禮》:"賓立於階西,疑立。"鄭玄注:"疑,正立也,自定之貌。"《儀禮·鄉射禮》:"賓升,西階上疑立。"鄭玄注曰:"疑,止也,有矜莊之色。"疑立即正立自定,面現莊敬之貌。《禮記·曲禮上》:"立如齊。"清人江永解釋爲:"齊,嚴敬貌。'如齊'者,正立自定,不跛,不倚。《儀禮》所謂'疑立'是也。"[②]江説可從。簡文"立以縣",亦即"立如齊"之貌。

上博簡(五)《君子爲禮》曰:"肩毋癹(廢),毋肩。身毋躳,毋倩。"[③]簡文也是對"立容"的規定。

"肩毋癹"。[④] 簡文整理者認爲:"癹"即"發",讀爲"廢",廢有低下、垂下之義,"肩無廢"謂"肩膀不要向下垮"。此説可從。"毋肩",整理者隸定爲"肩",讀爲"痌"或"痛"。此説不妥。此字從"冋",可讀爲"傾",傾上古音爲溪紐耕部字,冋爲匣紐耕部字,二字音近可通。"傾"有側、斜、不正之義。[⑤] 簡文意指不要側肩或斜肩上聳。儒家認爲肩膀側斜、上聳或下垂爲非禮之舉,均非君子所宜爲。《孟子·滕文公下》云:"脅肩諂笑,病於夏畦。"趙岐注曰:"脅肩,竦體也。"脅肩,即聳起肩膀,強爲媚顔,此乃小人諂媚之舉,爲君子所不齒之卑劣身體形態。古禮對肩膀的要求其總體原則是平肩,不要出現斜肩、聳肩、下垂等非禮之舉。如《新書·容經》規定:"平肩正背"、"肩不上下"。簡文重在強調肩膀應不要下垂也不要側肩上聳,與《新書》"平肩"之説相合。

"躳",字從身從安,整理者讀爲"偃"。此説可從,但"偃"字之義,整理者未作解釋。本文認爲,簡文"偃"應訓爲"仰",此訓例證較多,如《詩·小雅·北山》:"或棲遲偃仰。"馬瑞辰《毛詩傳箋通釋》云:"偃亦仰也。"[⑥]《説文·人部》段玉裁注:"凡仰仆皆曰偃,引申爲凡仰之稱。"[⑦]偃的本意蓋指仰仆,后引申爲身體高仰。後世或"偃仰"連用,《後漢書·李固傳》:"槃旋偃仰,從容冶步。""槃旋"、"偃仰"連言,據此可説明偃仰屬於儀容,非仰卧或仰仆。在先秦秦漢文獻中,偃仰的身體姿態往往被視作倨傲怠

① 《禮記·經解》:"故衡誠縣,不可欺以輕重。"鄭玄注:"縣,謂錘也。"另參宗邦福等人編著:《故訓匯纂》,北京:商務印書館,2003年,第1764頁。

② 〔清〕江永:《禮記訓義擇言》卷一,《清經解續編》9册,南京:鳳凰出版社,2005年,第356頁。

③ 馬承源主編:《上海博物館藏楚竹書(五)》,上海:上海古籍出版社,2005年,第258-259頁。

④ "肩"字考釋參宋華強《新蔡葛陵楚簡初探》一書,武漢:武漢大學出版社,2010年,第317-318頁。

⑤ 《説文》:"傾,仄也。"《禮記·曲禮下》:"傾則奸",鄭玄注:"傾,或爲側。"《淮南子·説山訓》:"重鈞而衡不傾",高誘注:"傾,邪也。"《鶡冠子·泰鴻》:"夫物之始也,傾傾",陸佃解:"傾傾,未正之貌。"參宗邦福等人編《故訓匯纂》,第153頁。

⑥ 〔清〕馬瑞辰:《毛詩傳箋通釋》,北京:中華書局,1989年,第690-691頁。

⑦ 〔清〕段玉裁《説文解字注》,上海:上海古籍出版社,1998年,第381頁。

慢之舉。《左傳・哀公六年》:"彼皆偃蹇,將棄子之命。"杜預注:"偃蹇,驕敖。"偃蹇,即偃仰,《荀子・非相》:"足以爲奇偉偃却之屬。"楊倞注:"偃却,猶偃仰,即偃蹇也。"①

"倩",整理者讀爲"靜",認爲身宜正直,故云"毋偃毋靜"。淺野裕一先生解釋爲"譏笑"之意,將簡文解釋爲"不譏笑他人"。② 但此句簡文所言乃身體的狀態,與禮容有關,將之解釋爲安靜、譏笑顯不可從。本文認爲,"倩"可以讀爲"綪",字或作"綪",二字上古音均爲清紐耕部字,音同可通。《左傳・定公四年》"綪茷",洪亮吉《春秋左傳詁》云:"綪、蒨古通。"李富孫《春秋左傳異文釋》:"定四年《傳》'綪茷',《雜記》注引作'蒨旆',《詩・六月》疏引作蒨。"③蒨字從倩得聲,與綪通,則倩亦可與綪通。綪有彎屈之義。《儀禮・士喪禮》:"不綪。"鄭玄注:"綪讀爲絳,絳,屈也。"《儀禮・既夕禮》:"器,西南上,綪。"鄭玄注:"屈也。"從《儀禮》來看,綪是一種程度較大的彎曲狀態,"曲"與"屈"略有差異,屈的身體彎曲程度甚於曲。這種身體過度彎曲的卑屈狀態,古書或稱爲"句"。《大戴禮記・曾子立事》:"與其倨也,寧句。"王樹枬《校正孔氏大戴禮記補注》謂:"句,屈也。《禮記・樂記》'句中鉤',疏云:'謂大屈也。'倨過肆,句過恭,義正相反。"④據古禮,人身體俯仰之節,以俯身彎曲的程度表謙卑之程度,身體彎曲程度較大,則所表恭敬程度亦深。⑤ 雖然如此,但又不可過度俯身彎腰,顯現出諂媚之態而有失人格尊嚴,故《禮記・玉藻》要求"立容辨卑,毋讇"。⑥《左傳・襄公二十九年》:"直而不倨,曲而不屈",意思是説身體應直但不要高仰,否則顯得爲人倨傲;身體彎曲但不屈,否則顯得人格卑下。此外,《大戴禮記・曾子立事》"遜而不諂",《論語・學而》"貧而無諂",均有不要卑屈之意。

古禮對身體的俯仰之節有嚴格的要求,"夫禮,生死存亡之體,將左右周旋,進退俯仰,於是乎取之"。⑦《大戴禮記・保傅》説天子"周旋俯仰視瞻無儀"則"凡此其屬太保之任也",可見俯仰之儀屬於周代貴族所必須掌握的禮儀技能之一。身體高仰、

---

① 〔清〕王先謙:《荀子集解》卷三,北京:中華書局,1988年,第89頁。

② 〔日〕淺野裕一:《上海楚簡〈君子爲禮〉與孔子素王説》,武漢大學簡帛研究中心編:《簡帛》第二輯,上海:上海古籍出版社,2007年,第289頁。

③ 參宗邦福等《故訓匯纂》,第1745頁。

④ 參方向東:《大戴禮記匯校集解》,第441頁。

⑤ 如《左傳・昭公七年》:"一命而僂,再命而傴,三命而俯,循牆而走,亦莫余敢侮。"《禮記・曲禮下》:"立則磬折垂佩。主佩倚則臣佩垂,主佩垂則臣佩委。"

⑥ 孫希旦讀爲"立容辨,卑毋讇",解釋爲:"立固以卑俯爲恭,又不可以過卑而失之讇也。"參《禮記集解》卷三〇,第836頁。

⑦ 《左傳・定公十五年》。

卑俯爲過猶不及的兩種違禮的身體形態,先秦文獻中亦往往將二者並舉。例如《左傳·定公十五年》載:"邾子執玉高,其容仰。公受玉卑,其容俯","高仰,驕也;卑俯,替也。"説明傲慢的高仰與有失人格的卑屈兩種身體形態都不符合周禮規範,亦可與簡文内容相互發明。

儒家容禮中"立容"的總原則是"立容德"、"立如齊",要求正立站直,外貌恭敬謹慤,呈現出有德之氣象。① 垂肩、聳肩、卑屈之諂媚姿態,或高仰的傲慢姿態,均與儒家主張違背,簡文提出"肩毋孓(廢),毋肩。身毋躾,毋倩"與儒家對立容的要求是一致的。

(三)行容

上博簡(五)《君子爲禮》曰:"行毋蹶,毋敹。足毋墜,毋高。"所言内容屬於"行容"。

蹶有急走之義。②《禮記·曲禮上》:"足毋蹶。"鄭玄注:"蹶,行遽貌。"孫希旦《集解》曰:"足毋蹶者,謂勿得行遽,恐有蹶磌之貌也。"③其次,蹶有顛躓跌倒之義。《荀子·富國》:"夫是之謂國蹶。"楊倞注:"蹶,傾倒也。"簡文"毋蹶",意指勿要快速疾走,否走容易跌倒。

"敹",整理者讀爲"摇","毋敹"指行容應端莊,不宜顧盼摇晃。此説未周,略加補論。簡文"毋摇",既可指身體不要摇晃,亦包括手不胡亂摇擺。《禮記·玉藻》:"徐趨皆用是,疾趨則欲發,而手足毋移。"孫希旦《集解》曰:"鄭氏曰:'移之言靡迆也。毋移,欲其直且正。'……行疾則手足易動,故欲其無移。"④《大戴禮記·盛德》有"手不摇"之説。《新書·容經》曰:"行以微磬之容,臂不摇掉,肩不下上,身似不則,從容而任。"人行走時應"從容而任",不應身體與雙手摇擺,從而導致"失容節"和威儀。

"足毋墜",整理者認爲"墜"言低,與"高"對言。"毋低毋高",指步履宜穩重,足不要高不要低。《禮記·玉藻》要求君子"足容重",即舉足要穩重。古人行走,有趨、

① 《國語·周語下》:"立無跛,正也","夫正,德之道也",將正立視作修德之道。《禮記·玉藻》:"立容德。"鄭玄注:"如有予也。"孔疏:"德,得也。立則磬折如人授物與己,己受得之形也。"這一解釋似未允愜。陳澔《禮記集説》引應鏞之説曰:"立容德,中立不倚,儼然有德之氣象。"此説較優。應説參陳澔《禮記集説》卷6,萬久富整理,南京:鳳凰出版傳媒集團、鳳凰出版社2010年,第247頁。

② "蹶"字從范麗梅考釋,參范麗梅《楚簡文字零釋》一文,《臺大中文學報》第二十六期,2007年6月,第67—88頁。

③ 〔清〕孫希旦:《禮記集解》卷二,第38頁。

④ 〔清〕孫希旦:《禮記集解》卷三〇,第832頁。

行、走之别,對舉足之高低、緩急有一定的要求。尤其是在禮儀場合,舉足高低更應穩重。①

簡文規定與周代貴族講究威儀之風有密切的關係。周代不同等級的貴族在行禮時,其行步的緩急要求"遲速有節",一般原則是尊貴者行步尚緩,身份愈高,其步態愈緩慢而邁步小,顯得威儀儼然;而卑者行步尚快,以快步行走爲敬。《禮記·曲禮下》:"天子穆穆,諸侯皇皇,大夫濟濟,士蹌蹌,庶人僬僬。"鄭玄注:"凡行容,尊者體盤,卑者體蹙。"凡行容,尊者身體悠閒,故而穆穆皇皇;卑者體蹙,蹌蹌僬僬。總之,君子的行容應有威儀,尤其是地位尊貴的貴族,其行走威儀要求更嚴。簡文規定人在行走時不要急走以防跌倒,不要摇擺,足不要高或低,正是出於展現威儀的考慮。

據古禮,君子在行進時要遵循一定的規範,姿態儀軌要有章法可循,而不能隨意前行。《天子建州》云天子"行以興"②,所言屬於行進時的禮容。單育辰先生發表於簡帛網(2007年7月28日)的《占畢隨録之二》一文將"興"字讀作"繩"。此説可從。繩,指繩墨,常用於木工、土工,用於取直,又引申爲直。③ 簡文"行以繩",指天子前行時要直行,行走的路綫應如繩子一般直,而不可隨意曲折行進。與此相類的文獻記載如《禮記·玉藻》曰:"凡行,容惕惕……端行,頤溜如矢。"是説前行時路綫如箭一樣直。《荀子·哀公》云"所謂賢人者,行中規繩而不傷於本",則將君子之德與行走"中規繩"聯繫在一起,有助於加深對簡文的理解。

三、特殊場合下的禮容

《周禮·地官·保氏》記載周代"六儀"包括祭祀之容、賓客之容、朝廷之容、喪紀之容、軍旅之容、車馬之容等。出土戰國竹書也證明古代禮容之門類,如郭店簡《性自命出》曰:"賓客之禮,必有夫齊齊之頌(容);祭祀之禮,必有夫齊齊之敬;居喪,必有夫戀戀之衣(哀)。"提及的有祭祀之容、賓客之容、喪紀之容。竹書主要涉及居喪禮與曲禮中的事父母之容,以下作一考釋。

---

① 文獻記載如《國語·周語下》:"今晉侯視遠而足高,目不在體,而足不步目,其心必異矣。"《左傳·襄公三十年》:"視躁而足高,心在他矣。"《禮記·曲禮下》"行不舉足,車輪曳踵",言在朝聘等禮中執器則舉足緩慢而低。

② "興"字,整理者誤釋爲"壁",茲更正。

③ 參宗邦福等《故訓匯纂》,第1780頁。

(一)居喪之容

上博簡《昔者君老》:"君卒。大子乃亡聞、亡聖(聽),不聞不命(令),唯哀悲是思,唯邦之大矛(務)是敬。"簡文所言是國君去世後太子居喪之禮。與簡文内容類似,見諸禮書如《禮記·喪服四制》云:"三年之喪,君不言。《書》云:高宗諒闇,三年不言。"居喪期間,言辭不加文飾,不談論與喪事無關之語,並盡可能保持沉默。簡文謂"唯邦之大矛(務)是敬",是説太子不再處理一般的政務,唯理國家重大事務。

(二)侍疾之容

儒家非常重視人子在父母有疾病時應該遵守的容止。① 上博簡(四)《内豊》云:"君子曰:考(孝)子,父毋(母)又(有)疾,冠不介,行不頌,不卒立,不庶語。"簡文所言乃孝子在父母有疾時應守之禮,屬於先秦儒家"曲禮"中的"爲人子之禮"(或稱"事父母"之禮)②。

"冠不介",整理者隸作"冠不力"。此字爲"介"。簡文意思不明,黄人二先生謂父母有疾之時,孝子無心對頭髮細加梳理③。可備一説。

"行不頌",整理者認爲:"頌"與"翔"通,"行不翔",謂行走時不可張開雙臂。簡文指孝子因父母有疾而憂心忡忡,無心情擺出趨翔之從容儀態。

"不卒立",簡文整理者認爲此句意思是指要有站相。此説可商。"卒"可讀作"萃",有聚集、衆之義④。據古禮,孝子在父母染疾或者居喪期間,因憂戚或内心悲痛而不願接近衆人。《禮記·曲禮上》:"有憂者側席而坐。"指孝子因憂慮父母之疾而獨席,不與人共坐。《禮記·曾子問》:"三年之喪,練不群立,不旅行。"孝子因内心悲哀而不願交接衆人,不於人群中站立,不與衆人偕行。簡文"不卒立"和"不群立"意思相同,言孝子因爲雙親染病而内心憂慮,憂不在接人,故不站立於人群中。

"不庶語",整理者訓"庶"爲衆、多,簡文意謂不多説話。《禮記·曲禮上》作"言不惰",鄭玄注:"言不惰,憂不在私好。惰,不正之言。"即不爲戲慢之言。簡文"不庶語"包含有"不戲言、不多言"之義,整理者説可從。

---

① 參《禮記·曲禮上》、《禮記·文王世子》等篇。

② 《禮記·曲禮上》有文句與簡文類似,作:"父母有疾,冠者不櫛,行不翔,言不惰。食肉不至變味,飲酒不至變貌,笑不至矧,怒不至詈,疾止復故。有憂者側席而坐,有喪者專席而坐。"

③ 黄人二:《讀上博四〈内豊〉書後》,《戰國楚簡研究》,上海:上海古籍出版社,2012年,第8頁。

④ 《周易·萃卦·彖傳》:"萃,聚也。"《國語·晉語》:"群萃而州處。"韋昭注:"萃,集也。"

附表:《容經》、《禮記》、《論語》、楚簡等文獻中的禮容資料對照表

分類＼出處	賈誼《新書・容經》	戰國竹書	其他傳世文獻
目容	視有四則:朝廷之視,端流平衡;祭祀之視,視如有將;軍旅之視,固植虎張;喪紀之視,下流垂綱。	上博簡《君子爲禮》:"毋側睇。凡目毋游,定視是求。"	《禮記・玉藻》:"目容端。" 《禮記・曲禮上》:"毋淫視。" 《禮記・内則》:"不敢……睇視。" 《國語・周語下》:"視無還,端也。"
		上博簡《天子建州》:"天子……視侯量,者(諸)侯……視百正,寡(顧)還肩,與卿大夫同恥(止)厇(度)。士視……目恒。"	《禮記・曲禮下》:"天子,視不上於袷,不下於帶;國君,綏視;大夫,衡視;士,視五步。凡視,上于面則敖,下於帶則憂,傾則奸。" 《禮記・玉藻》:"凡侍於君……視下而聽上,視帶以及袷。" 《左傳・昭公十一年》:"視不過結、襘之中。"
		上博簡《天子建州》:顧還身、顧還肩、顧還面。	《新書・傅職》:"亟顧還面。" 《大戴禮記・保傅》:"亟顧環面。"
聽容		上博簡《昔者君老》:"大子昃(側)聽。"	《禮記・曲禮上》:"正爾容,聽必恭。" 《禮記・玉藻》:"凡侍於君………視下而聽上,視帶以及袷,聽鄉任左。"
言容	言有四術:言敬以和,朝廷之言也;文言有序,祭祀之言也;屏氣折聲,軍旅之言也;言若不足,喪紀之言也。	上博簡《内豊》:"與君言,言使臣;與臣言,言使君。與父言,言畜子;與子言,言孝父。與兄言,言慈弟;與弟言,言承兄。反此亂也。"	《儀禮・士相見禮》:"與君言,言使臣;與大人言,言事君;與老者言,言使弟子;與幼者言,言孝弟於父兄;與衆言,言忠信慈祥;與居官者言,言忠信。" 《大戴禮記・曾子立孝》:"故與父言,言畜子;與子言,言孝父;與兄言,言順弟;與弟言,言承兄;與君言,言使臣;與臣言,言事君。"
		上博簡《天子建州》:"居政不語樂。""朝不語内。"	《禮記・曲禮下》:"在朝言朝。" 《禮記・曲禮下》:"在朝言禮,問禮,對以禮。" 《禮記・曲禮下》"公庭不言婦女。" 《禮記・曲禮下》:"朝言不及犬馬。"

续表

出處 分類	賈誼 《新書・容經》	戰國竹書	其他傳世文獻
言容		上博簡《從政》乙篇:“口惠而不係。” 郭店簡《忠信之道》:“口惠而實弗從,君子弗言爾。” 上博簡《弟子問》附簡:“巧言令色,未可謂仁也。” 上博簡《緇衣》:“人之巧言利辭者,不又(有)夫詘詘之心則流。”	《禮記・表記》:“子曰:君子不以口譽人,則民作忠。故君子問人之寒則衣之,問人之饑則食之,稱人之美則爵之”,“子曰:口惠而實不至,怨菑及其身。是故君子與其有諾責也,寧有已怨。” 《禮記・表記》:“是故君子於有喪者之側,不能賻焉,則不問其所費;於有病者之側,不能饋焉,則不問其所欲;有客不能館,則不問其所舍。” 《論語・衛靈公》:“巧言亂德。” 《論語・學而》“巧言令色,鮮矣仁。” 《論語・公冶長》:“巧言、令色,足恭,左丘明恥之,丘亦恥之。” 《韓詩外傳》卷五:“口惠之人鮮信。”
		上博簡《弟子問》:“咢咢如也如誅。”	《禮記・玉藻》:“戎容暨暨,言容詻詻。”鄭玄注:“教令嚴也。”
		上博簡《君子爲禮》:“毋欽(吟)毋去(呿)。”	《禮記・曲禮上》:“當食不歎”、“臨樂不歎。” 《禮記・曲禮上》:“毋噭應。” 《禮記・玉藻》:“聲容靜。”
		上博簡《君子爲禮》:“聲之疾徐,稱其衆寡。”	《吕氏春秋・精論》:“廷小人衆,徐言則不聞,疾言則人知之。” 《韓詩外傳》卷四:“疾言則翕翕,徐言則不聞。”
色容	容有四起:朝廷之容,師師然翼翼然整以敬;祭祀之容,遂遂然粥粥然敬以婉;軍旅之容,湢然肅然固以猛;喪紀之容,怮然慑然若不還。	上博簡《君子爲禮》:“色毋憂、毋佻、毋作、毋遥、毋□。” 郭店簡《五行》:“顔色容貌温。”	《禮記・少儀》“不戲色。” 《禮記・玉藻》:“玉色”、“色容莊”。 《大戴禮記・虞戴德》:“心端色容正。” 《論語・季氏》:“色思温。”

续表

出處 分類	賈誼 《新書・容經》	戰國竹書	其他傳世文獻
坐容	坐以經立之容，胻不差而足不跌，視平衡曰經坐，微俯視尊者之膝曰共坐，仰首視不出尋常之内曰肅坐，廢首低肘曰卑坐。	上博簡《天子建州》："坐以巨(矩)。" 上博簡《陳公治兵》："金鐸以跪。"	《禮記・曲禮上》："坐如尸"、"坐必安，執爾顔。" 《禮記・樂記》："《武》坐，致右憲左，何也?"鄭玄注："致謂膝之地也。憲讀爲軒，聲之誤也。"
立容	固頤正視，平肩正背，臂如抱鼓。足閑二寸，端面攝纓。端股整足，體不摇肘，曰經立。	上博簡《天子建州》："天子立以懸。"	《儀禮・公食大夫禮》："賓立於階西，疑立。" 《禮記・曲禮上》："立如齊。" 《禮記・玉藻》："立容德。"
行容	行以微磬之容，臂不摇掉，肩不下上，身似不則，從容而任。	上博簡《天子建州》："行以興(繩)。"	《吕氏春秋・離俗覽》："進退中繩。" 《史記・孫子吴起列傳》："婦人左右前後跪起皆中規矩繩墨。" 《大戴禮記・哀公問五義》："行中矩繩。" 《禮記・玉藻》："凡行，容惕惕。……端行，頤溜如矢。" 《孔子家語・五儀解》："行中規繩。"
		上博簡《君子爲禮》："行毋蹶，毋摇。足毋墜，毋高。"	《釋名・釋衣服》："行不得蹶。" 《禮記・曲禮上》："足毋蹶。" 《大戴禮記・盛德》："手不摇。" 《禮記・玉藻》："君與尸行接武，大夫繼武，士中武。徐趨皆用是，疾趨則欲發，而手足毋移。" 《礼记・曲礼下》："天子穆穆，诸侯皇皇，大夫济济，士跄跄，庶人僬僬。" 《禮記・玉藻》："足容重。" 《左傳・桓公十三年》云"舉趾高，心不固矣。" 《國語・周語下》："今晉侯視遠而足高。" 《左傳・襄公三十年》："視躁而足高，心在他矣。" 《吕氏春秋・精諭》："妾望君之入也，足高氣強，有伐國之志也。"

续表

出處 分類	賈誼 《新書·容經》	戰國竹書	其他傳世文獻
立乘	立乘以經立之容,右持綏而左臂詘,存劍之緯,欲無顧,顧不過轂。小禮據,中禮式,大禮下。	上博簡《弟子問》:"子過曹,[顔]淵馭。至老丘,有農植其槈而訶(歌)安(焉)。子據乎軾而。"	《禮記·檀弓上》:"孔子過泰山側,有婦人哭於墓者而哀。夫子式而聽之。"
身體形態	肩不上下; 平肩正背	上博簡《君子爲禮》:"肩毋發,毋肩,身毋偃,毋倩。"	《左傳·襄公二十九年》:"直而不倨,曲而不屈。" 《禮記·玉藻》:"立容辨卑,毋讇。" 《左傳·定公十五年》:"高仰,驕也;卑俯,替也。"
綱目	朝廷之志,淵然清以嚴;祭祀之志,愉然思以和;軍旅之志,怫然慍然精以厲;喪紀之志,漻然愁然憂以湫。	郭店簡《性自命出》:"賓客之禮,必有夫齊齊之頌(容);祭祀之禮,必有夫齊齊之敬;居喪,必有夫戀戀之衣(哀)。" 郭店簡《成之聞之》:"君袀冕而立于阼,一宫之人不胜其敬。君衰绖而处位,一宫之人不胜其哀。君冠胄带甲而立于军,一军之人不胜其勇。"	《周禮·地官·保氏》:"祭祀之容、賓客之容、朝廷之容、喪紀之容、軍旅之容、車馬之容。" 《禮記·曲禮上》:"臨喪則必有哀色,執紼不笑,臨樂不歎,介胄則有不可犯之色。" 《禮記·玉藻》:"是故君子衰絰則有哀色,端冕則有敬色,甲胄則有不可辱之色。" 《禮記·玉藻》:"喪容纍纍,色容顛顛,視容瞿瞿梅梅,言容繭繭。戎容暨暨,言容詻詻,色容厲肅,視容清明。立容辨卑,毋讇。頭頸必中。山立,時行,盛氣顛實揚休,玉色。" 《説苑·建本》:"行身有六本,本立焉,然後爲君子。立體有義矣,而孝爲本;處喪有禮矣,而哀爲本;戰陣有隊矣,而勇爲本。"

四、竹書反映的儒家容禮觀

從戰國竹書容禮材料與傳世文獻來看,东周儒家對於容禮給予了高度的關注,並對容禮進行了理論論證。上博簡《君子爲禮》載孔子云:"君子爲禮,以依於仁",[①]具體而言,"爲禮"指簡文所説的"言之"、"視之"、"目之"、"聽之"、"動"等儀容與行爲舉止。孔子主張,君子身體的踐履,皆應以仁爲本,所以"言之而不義,口勿言也;視之而不義,目勿視也;聽之而不義,耳勿聽也;動而不義,身毋動焉"。"不義"即不"依於仁"。孔子以"仁"爲本,將禮容視作個人德性人格的外在展現。然而,在他的思想理論體系中,並未解決禮容的合理性及存在的必要性問題,尤其是在面對墨家"盛容修飾以蠱世,弦歌鼓舞以聚徒,繁登降之禮以示儀,務趨翔之節以觀衆"、"執無鬼而學祭禮,是猶無容而學容禮也"等激烈批評時[②],这一问题更显得尤爲紧迫。這一問題的解決,乃由孔子以降的儒門後學所完成。

彭林先生曾指出,先秦儒家在討論容禮的合理性時,主要是從心與情的生成關係這一角度入手。[③] 此論的當。儒門七十子後學在孔子以仁釋禮的基礎上,更進一步深入人心、人情來探討容禮的內在精神,形成"性情—心—禮容"的詮釋模式,從而爲容禮提供內在的心性理論支撐。

儒家認爲,身體與內心的關係,是心主宰身體各器官之感情、欲望以及行爲,身體上的種種表現都是內心情感的體現。如郭店簡《語叢一》云:"容色,目司也。聲,耳司也。臭,鼻司也。味,口司也。氣,容司也。志,【心】司。"[④]郭店簡《五行》認爲,心爲身之君,耳目鼻口手足六體爲"心之役也","心曰唯,莫敢不唯;諾,莫敢不諾;進,莫敢不進;後,莫敢不後;深,莫敢不深;淺,莫敢不淺。和則同,同則善"。[⑤] 人的行爲合於仁義,與心若一,則爲善。馬王堆帛書《五行》云:"文王源耳目之生(性),而知亓〔好〕聲色也。源鼻口之生(性),而知亓好犨(臭)味也。源手足之生(性),而知亓好㑞(佚)餘(豫)也。源〔心〕之生(性),則巍然知亓好仁義也。"[⑥]由於心具有悦仁義的的道德屬性,故而《五行》提出:"君子慎亓蜀(獨)","慎亓蜀(獨)"也者,言舍(捨)夫五而慎亓心。之胃(謂)□□。"也就是説要擴充道德性的心,而外在的容貌舉止爲內在德性的自然展現,此與《孟子・盡心下》"動容周旋中禮者,盛德之至也"思想是一致的。

儒家主張禮容必須與人的內在德性相統一,要求外在的禮容必須以內心之真情爲

---

① 馬承源主編:《上海博物館藏戰國楚竹書(五)》,上海:上海古籍出版社,2005年,第254頁。

② 《墨子・非儒下》。

③ 彭林:《論郭店楚簡中的禮容》,武漢大學傳統文化研究院編:《郭店楚簡國際學術研討會論文集》,武漢:湖北人民出版社,2000年,第134—142頁。

④ 劉釗:《郭店楚簡校釋》,福州:福建人民出版社,2005年,第192頁。

⑤ 劉釗:《郭店楚簡校釋》,第72頁。

⑥ 龐樸:《帛書五行篇研究》,濟南:齊魯書社,1980年,第63頁。

基礎。郭店簡《性自命出》:"有其爲人之節節如也,不有夫柬柬之心則采。有其爲人之柬柬如也,不有夫恒怡之志則縵。人之巧言利詞者,不有夫詘詘之心則流。"[①]此句大意爲:人雖然在動聽視貌、舉止上符合禮儀,然而内無篤實敦厚之心,就是文勝其質,就會使内在仁心和道德意志漸漸消蝕;一個人油嘴滑舌,輕慢矜誇,沒有誠樸之心,就會流蕩失守,這些均有害於德行。[②] 又如《禮記·祭義》論述祭祀時的禮容曰:"孝子之有深愛者,必有和氣,有和氣者,必有愉色,有愉色者,必有婉容。孝子如執玉,如奉盈,洞洞屬屬然如弗勝,如將失之。"容色是一個人真情之自然流露,有深愛之情才會有温和愉悦之色和温婉的容貌。反之,如果祭祀時祭祀者容貌體態不合禮儀,"立而不詘,固也。進而不愉,疏也。薦而不欲,不愛也。退立而不如受命,敖也。已徹而退,無敬齊之色,而忘本也,如是而祭,失之矣",[③]雖然還在勉強"行禮如儀",但由於缺少内在的真情,這樣的祭祀不過是敷衍應付而已,已失去祭祀之本。儒門要求個人修養心性,固本培元,其原因即在於,外在的禮儀若無内心之德作爲根基,其必然流於虚僞的形式。

然而,雖然人心有悦仁義的道德屬性,但它並非一成不變,在外物的誘發之下,可以呈現多種趨向,此即"志"。志深藏於心,一旦受到外物刺激,心就表現爲志,郭店簡《性自命出》:"心無定志,待物而後作,待悦而後行,待習而後定。"[④]對外物的敏感性,使心志具有不確定性,人的身體行爲受外物的誘發容易呈現出不同情態,《孟子·告子上》篇説"口之於味也,有同耆焉。耳之於聲也,有同聽焉。目之於色也,有同美焉。"對於身體種種的嗜欲,需要禮的裁制。《韓詩外傳》卷二記載孔子曰:"口欲味,心欲佚,教之以仁。心欲安,身惡勞,教之以恭。好辯論而畏懼,教之以勇。目好色,耳好聲,教之以義。"種種情態若不加以節制則有害於個人德性的培養,因此儒家主張以外在的禮來規範身體行爲,以禮文來"節情",正確引導心的趨向,從而使心志走向正途,歸於性命之正。

這種修德途徑受到儒家的高度重視。儒家認爲禮容與德行可以形成互動關係,有德行者,容貌必與之相稱,容貌不莊敬,必將有傷於德。[⑤] 禮容對於個人成德具有重要意義。《論語·泰伯》載曾子云:"君子所貴乎道者三:動容貌,斯遠暴慢矣;正顔色,斯

---

① 劉釗:《郭店楚簡校釋》,第102頁。

② 郭齊勇:《郭店楚簡性自命出的心術觀》,《安徽大學學報》(哲學社會科學版)2000年第5期,第51頁。

③ 《禮記·祭義》。

④ 劉釗:《郭店楚簡校釋》,第92頁。

⑤ 彭林:《論郭店楚簡中的禮容》,第134—142頁。

近信矣;出辭氣,斯遠鄙倍矣。”《禮記・中庸》云斋戒时“齐明盛服,非礼不动,所以修身也”,“齐庄中正,足以有敬也”,郭店簡《性自命出》:“至容貌,所以文節也。君子美其情,貴其義,善其節,好其容,樂其道,悦其教,是以敬焉。”[①]儒家強調君子注重儀容行止,是爲了要以外在行止的嚴敬來端正内心,容貌端正,遵循禮節,便可保有或養成内心的德行而達於至德;反之,容色、舉止等褻瀆怠慢,就會使邪僻之心産生,“外貌斯須不莊不敬,而慢易之心入之矣”,[②]從而危害内在德性。

禮容不僅有助於君子德行的培育,更關鍵的是君子的禮容可以垂範民衆,教化民衆,引導民衆道德純正。儒家主張政治的推行必須從自身的德行爲基點而向外推揚,此即《禮記・中庸》“君子之道本諸身”這一宗旨。欲教化百姓,關鍵在於執政者具有美好的德行,身體力行,做出垂范,出土戰國竹書對爲政者言行之教的重要意義,更是給予了高度的關注並作出詳細的詮釋。值得注意的是,戰國儒家將容禮與“一”與“恒”等概念範疇聯繫在一起,要求君子必須具有“恒德”、“壹德”,而容禮即恒德之外在體現,具體體現於以下幾個方面。

在服飾上,儒家要求君子服飾中制有常,不服異服。執政者能够“衣服不貳,從容有常,以齊其民”,則可達到“民德歸一”,故而爲政必須“禁異服”,[③]要求“同衣服”。[④]《禮記・王制》規定服飾必須“文繡有恒,制有小大,度有長短。衣服有量,必循其故。冠帶有常”,均屬於服裝之法度,即衣服“有常”的規範。儒家對君子衣服有常的規定,屢見於文獻所載。《禮記・儒行》:“儒有衣冠中,動作慎……其容貌有如此者。”上博簡(六)《孔子見季桓子》亦載有類似的語句:“仁人之道,衣服必中,容貌不求異於人。”[⑤]“中”,謂衣服得其中制,不異於衆,不流於俗。此外,《禮記・緇衣》云“衣服不貳,從容有常”,孫希旦將之解釋爲“衣服之不忒,言貌之有常,皆德之所發也”,[⑥]甚得其旨。[⑦] 總之,君子在衣冠上中制有常而不求異於常人,乃具備“常德”之體現。

在容貌舉止上,儒家主張長民者“從容有常”,“其容不改”。[⑧]“從容”,孔穎達疏解云:“謂舉動有其常度。”容貌舉動進退等行止有法度可循,亦即遵循禮的規定。戰國

① 劉釗:《郭店楚簡校釋》,第95頁。

② 《禮記・樂記》。

③ 《禮記・王制》。

④ 《周禮・地官・大司徒》。

⑤ 馬承源主編:《上海博物館藏楚竹書(六)》,上海:上海古籍出版社,2007年,第205—207頁。

⑥ 〔清〕孫希旦:《禮記集解》,第1400頁。

⑦ 關於衣服與德的關係,參虞萬里:《上博館藏楚竹書〈緇衣〉研究》,武漢:武漢大學出版社,2010年,第481—503頁。

⑧ 郭店簡《緇衣》,參劉釗:《郭店楚簡校釋》,第49頁。

竹書中對容禮的規定,往往直接以“應如何”方式來表達,或以通則式方式來表達,比如天子“坐以矩”,這類對禮容的規定無疑屬於所應遵循的禮之常度。《孝經》曰:“容止可觀,進退可度。以臨其民,是以其民畏而愛之,則而象之。故能成其德教,而行其政令。”此“容止”即《左傳》所尊崇的“威儀”,威儀合乎禮儀法度則可觀,進退遵循禮法則可度,也就是“從容有常”。戰國竹書中對容禮的規定,大量以“不應如何”(不、弗、勿)的方式來表達,例如“毋欽毋去”、“身毋偃,毋倩”等,這類容貌舉止既不可觀,亦不可度,更不可教化民衆。

體現在言行關係上,則君子應言行有常。“言有常”具體包括:君子需慎言,言行必須一致,言行須有標準;顧言而行,以取信於民,等等。上博簡(二)《從政》甲篇云:“可言而不可行,君子不言;可行而不可言,君子不行。”①此語又見《禮記·緇衣》,作“大人不倡游言。可言也,不可行,君子弗言也。可行也,不可言,君子弗行也。則民言不危行,而行不危言矣”。君子言行相顧而有常度,則可以取信於百姓;言行不可虛飾,言行一致才可成就個人之信,從而達到民從民信的目的。否則,“身不正,言不信”,言行相違,則民心產生疑惑,百姓無可取法。儒家主张的“行有常”,即行爲舉止有常度,君子要有始有終,善始善終。《禮記·緇衣》:“君子道人以言,而恒以行。故言則慮其所終,行則稽其所敝,則民慎於言而謹於行。”郭店簡《成之聞之》:“君子曰:唯有其恒而可,能終之爲難。”②所謂“恒以行”,即指要行有常度,有始有終。這兩條講的都是君子當有恒德,能够慎始慎終,先自有恒方可治民,則百姓自然爲其所教化。

上述“恒德”、“一德”在禮容方面的體現,可以概括爲所謂的“儀一”。郭店楚簡《五行》曰:“‘淑人君子,其儀一也’。能爲一,然後能爲君子。”“其儀一”,即《緇衣》等儒家文獻講的“衣服不貳,從容有常”、“其容不改”等禮容。儒家對容禮的教化意義非常樂觀,郭店簡《緇衣》論曰:“長民者衣服不改,從容有常,則民德一。《詩》云:其容不改,出言有章,黎民所望。”③執政者内備恒德,外則“禮以節之,信以結之,容貌以文之,衣服以移之”④,如此化民成俗,則民德歸一。

先秦儒家德治觀強調的“一德”,不僅是對在上者的要求,同時也是希望百姓經過禮樂教化後能够達到的一種“民德歸一”的理想狀態。而民德歸一的前提是上位者具有“壹德”、“恒德”,它是實現禮樂教化,化民成俗的前提。反之,爲政者内無恒德,外則禮容無常,容止失度,則民無所遵從取法,禮樂教化也不過成爲無源之水,難以實現。

---

① 馬承源主編:《上海博物館藏楚竹書(二)》,上海:上海古籍出版社,2002 年,第 224 頁。
② 劉釗:《郭店楚簡校釋》,第 144 頁。
③ 劉釗:《郭店楚簡校釋》,第 157 頁。
④ 《禮記·表記》。

由此不難理解,儒家爲何特别重視君子的衣服容儀姿態,即因爲其是君子恒德的體現,是百姓效法的榜样。例如,上博簡《天子建州》云“不可以不問恥(止)度,民之儀也”,即言貴族的容貌行止乃是民效法之圭臬,不可不慎。從此意義上則更不難理解爲何從先秦至秦漢,儒門弟子一直演習容禮不綴,並將容禮視作其禮樂文化體系的重要組成部分。

作者簡介:

曹建墩,1975年生,河南夏邑人,清華大學歷史學博士,浙江大學歷史學博士後,現爲河南大學歷史文化學院副教授。研究方向爲中國古代禮學、古文字學。代表作有《先秦禮制探賾》(天津人民出版社,2010年)、《周代牲體禮考論》(《清華大學學報》2008年第3期)、《上博簡〈天子建州〉與周代的饗禮》,《孔子研究》2012年第3期)、《霸伯盂與周代的賓禮》,(《古文字研究》第29輯,中華書局,2012年)等,整理有《五經異義疏證》(上海古籍出版社,2012年)、《儀禮集説》(北京大學出版社,2012年)等古籍。

"諸侯冠禮之祼享正當士冠禮之醴或醮"考辨

許子濱

内容摘要 "諸侯冠禮之祼享,正當士冠禮之醴或醮"一語,始見於王國維在 1915 年與日本學者林泰輔辯論祼禮的書信中。王國維此語,影響深遠。近人談論先秦冠禮、注釋《左傳》、解説祼禮,每好引用王國維此語,藉以説明諸侯與士在冠禮上的相通之處。但近人引用此語,多有誤解,未得其意。要想準確掌握王國維此語的含意,就必須結合撰作時期相近、同樣出現此語的多篇文章來看。此語的提出,是王國維依據《儀禮》冠、昏禮儀推出諸侯冠禮的結果。王國維以爲,士冠禮賓禮冠者的醴或醮,與諸侯冠禮賓獻冠者的祼享,都是"醮於客位,加有成也",性質相同,只是所獻酒類有異而已。對《左傳》"祼享"的釋讀,是王國維所獨創的。夷考其實,説《士冠禮》之醴或醮指賓獻冠者,當然不錯;説祼鬯可飲,饗賓客亦用之,亦於禮有徵;但要説《左傳》的"祼享"同樣指賓獻冠者,却有違《左傳》的原意。且就《大戴禮記·公冠》、《禮記·曾子問》所見諸侯以上冠禮,在賓醴或醮冠者這點上,士與諸侯並無不同。由是而知,所謂"諸侯冠禮之祼享,正當士冠禮之醴或醮",不無可疑。

關鍵詞 王國維 《洛誥》 《左傳》 冠禮 祼享 醴 醮

一、緒言

"諸侯冠禮之祼享,正當士冠禮之醴或醮"一語,源出自王國維(1877-1927)1915 年再答日本學者林泰輔(字浩卿,1854-1922)與之辯論祼禮的書信中。當年,王國維撰成《洛誥箋》("箋"後易爲"解"),印入《國學叢刊》中。林泰輔雖善其文,但對"王賓殺禋"的解釋却持有不同見解,遂刊文指摘其瑕。王國維以書答之,林泰輔又有所辯争,王國維於是再作書與之論難。1916 年,王氏將二人往返各書匯編成《祼禮榷》一卷。再答林氏之書,在收入《觀堂集林》時,改題爲《再與林博士論〈洛誥〉書》。①

王國維此語,影響深遠。近人談論先秦冠禮、注釋《左傳》、解説祼禮,每好引用王國維此語,藉以説明諸侯與士在冠禮上的相通之處。就目前所見,於專著中引用此語的學者有楊寬(1914-2005)《古史新探》、楊伯峻(1909-1992)《春秋左傳注》、吴靜安(1915-)《春秋左氏傳舊注疏證續》、陳戍國《先秦禮制研究》、周聰俊《祼禮考辨》、戴龐海《先秦冠禮研究》。② 筆者對上列六書引用此語的情況進行綜合考察,發現近人對王國維此語存有誤解,未得其意。本文所論,旨在探明王國維此語的含意,再結合《左傳》舊注,剖析《左傳》"祼享"之意,藉此辯明王國維此語是否合乎《左傳》本意。

二、"諸侯冠禮之祼享正當士冠禮之醴或醮"解

王國維《再與林博士論〈洛誥〉書》駁斥林氏所謂祼"以灌地降神爲第一義,歆神爲第二義,用於賓客爲第三義"之説,曰:

> 考先秦以前所用祼字,非必有灌地之義。《大雅》:"殷士膚敏,祼將于京。"毛以灌鬯、鄭以助祭釋之。然祼神之事,除王與小宰、大宗伯外,非助祭之殷士所得與。則《詩》之祼將,果爲祼神,抑爲朝事儀中酢王之事,尚不可知也。《周語》:"王耕籍田,祼鬯享醴乃行。"此非祀事。則祼鬯非灌地降神之謂也。左氏襄九年《傳》:"君冠,必以祼享之禮行之。"諸侯冠禮之祼享,正當士冠禮之醴或醮,則祼享非灌地降神之謂也。《投壺》:"當飲者皆跪,奉觴,曰:'賜灌。'勝者跪,曰:'敬養。'"注:"灌,猶飲也。"此明明是灌人,非灌地矣。《祭統》:"君執圭瓚灌尸,大宗執璋瓚亞灌。"又明明云灌尸,非灌地矣。灌地之意,始見於《郊特牲》,曰:"周人尚臭,灌用鬯臭,鬱合鬯,臭陰達於淵泉。"鄭注始以灌地爲説。然灌地之事,不過祼中之一節。凡以酒醴獻者亦無不然。鄭於《尚書大傳》注云:"灌是獻尸,尸既得獻,乃祭酒以灌地也。"夫祼之事,以獻尸爲重,而不以尸之祭酒爲重。此治禮者人人所首肯也。……且古天子於賓客皆祼,豈有尸而不祼者!故祼之義,自當取祼尸之説,而不當取灌地之説。故鄭於《周禮・典瑞》注曰:"爵行曰祼。"於

① 袁英光、劉寅生:《王國維年譜長編 1877-1927》,天津:天津人民出版社,1996年,第164頁。

② 參見楊寬:《古史新探》,北京:中華書局,1965年,第298頁;楊伯峻:《春秋左傳注》,北京:中華書局,1990年,第970頁;吴靜安:《春秋左氏傳舊注疏證》,長春:東北師範大學出版社,2005年,第73頁;陳戍國:《先秦禮制禮研究》,長沙:湖南教育出版社,1991年,第345頁;周聰俊:《祼禮考辨》,臺北:文史哲出版社,1994年,第82頁;戴龐海:《先秦冠禮研究》,鄭州:中州古籍出版社,2006年,第150頁。

《禮器》注曰:“祼,獻也。”此祼與灌地二義不必同者也。祼字形、聲、義三者皆不必與灌同,則不必釋爲灌地降神之祭。既非降神之祭,則雖在殺牲燔燎之後,固無嫌也。竊謂《郊特牲》一篇,乃後人言禮意之書,其求陰求陽之説,雖廣大精微,固不可執是以定上古之事實。毛公、許、鄭之釋祼字,亦後人詁經之法,雖得其一端,未必即其本義。吾儕前後所論,亦多涉理論。此事惟當以事實決之。《詩》、《書》、《周禮》三經與《左傳》、《國語》有祼字,無灌字,事實也。祼,《周禮》故書作果,事實也。祼从果聲,與灌从雚聲,部類不同,事實也。《周禮》諸書,祼字兼用於神人,事實也。《大宗伯》以肆獻祼爲序,與《司尊彝》之先祼尊而後朝獻再獻之尊,亦皆事實而互相異者也。吾儕當以事實決事實,而不當以後世之理論決事實。此又今日爲學者之所當然也。①

王國維説祼,還見於1916年撰成的《〈周書·顧命〉考》。此文著力詮釋篇中所載周室册命之禮,於康王受獻、大保自酢之儀節考釋綦詳。其解“乃受同瑁”云:

授同者何?獻王也。大宗奉同,大保拜送,王拜受。不書者亦畧也。何以知大保獻王也?曰:下云:大保受同,降,盥,以異同秉璋以酢。又云:大保受同,祭,嚌,宅。古禮,有獻始有酢,不獻王則何酢之有矣?何以知大宗授同也?曰:《周禮·大宗伯》職:大賓客則攝而載果。鄭注:載,爲也。果,讀爲祼。代王祼賓客以鬯。君無酌臣之禮。言爲者,攝酌獻耳。……竊謂當獻所命之人,以諸侯册命諸臣之用一獻,知册嗣王之亦有獻矣。彼先獻後命,此先命後獻者,彼因祭而命,此特行册命禮故也。冠禮,賓之醮冠者也。(自注云:“諸侯以上則用祼享之禮。”)昏禮,父之醮子也;女父之醴女也;舅姑之饗婦以一獻之禮,以著代也。皆古禮之尚存於周世者也。此述先王之命,付天下之重,故行以祼享之禮。②

及後《〈周書·顧命〉後考》有云:

士之冠也,賓醴之。賓者,攝父者也。昏禮,婦之見舅姑也,贊醴之。贊者,攝舅姑也。此篇康王之受册也,大保醴之。大保者,攝先王者也。賓之攝父,贊之攝舅姑,以冠與見舅姑事輕。父與舅姑尊,不宜與子婦爲禮也。若成王倦勤,而生傳位於康王,則王當親獻。何則?女之嫁,父親醴之;士之親迎,父親醮之;舅姑之饗婦以著代也,亦親獻之。此嗣位之事,其重相同故也。於禮,凡醴皆有獻無酢,而此有酢者,曰:此余前説所謂祼享之禮。鄭以此爲醴,意雖是而名則非也。古獻有

① 王國維:《觀堂集林》,北京:中華書局,1984年,第47-50頁。“襄九年”,“九”原作“五”,今正。

② 王國維:《觀堂集林》,第55頁。

> 三種:以鬯曰祼,以醴曰醴,以酒則曰醮、曰獻。醴與醮有獻無酢,祼與獻則有獻有酢。天子、諸侯之祼,即大夫士之醴也。故士冠禮用醴或醮,而諸侯之冠則用祼享之禮。①

謹案:在《〈周書・顧命〉考》及《〈周書・顧命〉後考》兩文中,通過貫徹"以禮經之例"詮釋《顧命》的原則,王國維認爲,冠、昏所獻的醴或醮,都是尚存於周世的古禮,於是依據冠禮賓醴冠者,以及昏禮父醮子、女父醴女、舅姑饗婦,推出册命康王中的祼禮。周禮因應尊卑等差的不同,而制訂了祼、醴、醮三種酒類不同、儀節有異的獻。這種差異,落實在冠禮上,就表現爲士用醴或醮,而諸侯則用祼。此説實爲王國維所獨創。

據《士冠禮》所述冠禮儀節,在三次加冠之後,賓便以醴禮冠者。"若不醴則醮,用酒",用"醴"是正禮,變禮則不用"醴"而用"酒"。用醴的儀節稱爲"醴",用酒的稱爲"醮",稱"禮"則兼"醴"、"醮"二法而言。② "醴"是未濾去酒糟的濁酒,"酒"是已濾去酒糟的清酒。這兩種儀節,有用醴與用酒之别,禮儀的隆殺繁簡自亦不同。"祼"所用者是鬯。鬯或稱鬯酒,或稱秬鬯,如再和以鬱金香草之汁,稱鬱鬯。③ "醴或醮"與"祼",禮數雖有不同,用於獻人則一。

在王國維看來,士冠禮,賓以醴或酒獻冠者,謂之醴或醮,而諸侯冠禮,賓以鬯獻君,謂之祼。此所謂"醮於客位,加有成也"(《禮記・郊特牲》),表示冠者已成人,故待之以賓客之禮,使之勉力奮進,有所成就。

王國維一再申明此意,在《〈周書・顧命〉考》"冠禮,賓之醮冠者也"下不忘自注説"諸侯以上則用祼享之禮"。又於《〈周書・顧命〉後考》説:"士冠禮用醴或醮,而諸侯之冠則用祼享之禮。"行文時,"祼"、"享"連言,顯然是受《左傳》原文"以祼享之禮行之"的影響。王國維以爲"祼享"相當於"醴或醮",這就意味着"祼"與"享"有密切的關係,相當於《國語・周語上》的"祼鬯饗禮",則"祼享"意謂以祼鬯饗人。按照這種理解,"享"是饗冠者之意,與享神之"享"無涉。④ 跟兩篇《〈顧命〉考》詮釋獻禮不同,駁難林泰輔之書信側重於闡發祼不僅有灌地之義,説明祼兼行於祭、賓,灌地祭神不過是祼中一義而已,祼實亦有灌人、灌尸之義。在此語境下,王國維援引《左傳》"君冠,必以祼享之禮行之"爲據,基於"諸侯冠禮之祼享,正當士冠禮之醴或醮"的原則,證明此"祼享非灌地降神之謂也"。然則,王國維引《左傳》文,無非是爲了説明諸侯冠

---

① 王國維:《觀堂集林》,第63頁。

② 《士冠禮》"禮于阼",鄭玄注:"今文禮作醴。"鄭不從今文,以"禮冠者"兼"醴"與"醮"二法,若改"禮"爲"醴",則不合文意。詳楊天宇:《鄭玄三禮注研究》,天津:天津人民出版社,2007年,第315頁。

③ 詳參錢玄:《三禮通論》,南京:南京師範大學出版社,1996年,第127頁。

④ 詳參周聰俊:《祼禮考辨》,第82頁。

禮之祼享猶如士冠禮之醴或醮皆指獻人,既指獻人,則此祼必爲灌人而非灌地。總而言之,按照王國維的理解,在賓獻冠者的性質上,《左傳》所述用於諸侯冠禮的祼享,與《士冠禮》用於士冠禮的醴或醮,顯然無别。上列三文引述《左傳》祼享之文,正以此意貫穿其中。

假如像王國維所言,諸侯冠禮之祼享相當於士冠禮賓醴冠者之醴或醮,那麼,這個祼享的"祼",就只能是灌飲的意思。前人説"祼",早有此意。郭嵩燾《禮記質疑》云:

> 據《特牲禮》,凡獻,尸皆祭、啐而後奠觶。奠,置也。祭者,尸祭神。啐者,嘗而不飲。鄭(引者按:指鄭玄)以"明不爲飲"訓灌之義,而徐氏鉉云:"瓚亦圭,其首爲勺形,其柄爲注水道,所以灌。"然則祼之言灌,因瓚以名之,而祼遂亦通爲灌,其禮則始祭之正獻也。自《白虎通》創爲灌地降神之説,孔《疏》遂據以爲訓。王氏(引者按:指王夫之)《詩稗疏》:"《小宰》:'凡祭祀,贊祼將之事。'《小宗伯》:'凡祭祀,以時將瓚祼。'《鬱人》:'詔祼將之儀與其節。'是祼將之事,詔其儀節者鬱人,酌之於彝以授王者小宗伯,王奉之而轉以授尸者小宰,尸受而祭之、啐之,不卒爵而奠之,並無灌地降神之説。《禮器》諸侯爲賓,'灌用鬱鬯',灌用臭也,豈諸侯賓客之前亦傾酒於地以求其降乎?《國語》:'及期,鬱人薦鬯,犧人薦醴,王祼鬯,饗醴乃行',韋昭《注》:'灌鬯、飲醴,皆所以自香潔',《投壺》曰:'當飲者皆跪奉觴曰:賜灌',《注》:'灌猶飲也'。然則灌之爲訓乃飲之異名,豈必傾沃之於地乎?"王氏此辨至允。①

郭嵩燾此文,有兩點值得注意:第一、他引王夫之之説,指出灌與飲同義;第二、否定《白虎通》、鄭玄灌爲灌地降神之説。

獻尸而尸"啐"之。"啐"、"嚌"義通,都是嚐的意思。《儀禮·士冠禮》云:"有乾肉折俎,嚌之。"鄭玄《注》云:"嚌,嘗之。"②《禮記·雜記下》云:"自諸侯達諸士,小祥之祭,主人之酢也嚌之;衆賓、兄弟則皆啐之。大祥,主人啐之,衆賓、兄弟皆飲之可也。"鄭玄《注》云:"嚌、啐,皆嘗也。嚌,至齒;啐,入口。"③是"嚌"與"啐"同中有異。又,《士冠禮》記冠者"興,筵末坐啐醴,建柶,興,降筵,坐奠觶,拜。"淩廷堪《禮經釋例》云:"凡醴皆用觶,不卒爵。"④許慎《説文》云:"啐,驚也。從口卒聲。"段玉裁《注》

---

① 郭嵩燾:《禮記質疑》,長沙:岳麓書社,1992年,第320-321頁。
② 胡培翬著、段熙仲點校:《儀禮正義》,南京:江蘇古籍出版社,1993年,第107頁。
③ 孫希旦撰、沈嘯寰、王星賢點校:《禮記集解》,北京:中華書局,1989年,第1088頁。
④ 阮元編:《清經解》,上海:上海書店,1988年,第5册,第163頁。

云:"《儀禮》今文以爲啐酒字。"①《説文》又云:"啐,小歠也。從口率聲,讀若啟。"段氏《注》曰:"《士冠禮》注曰:'古文啐爲呼。'按呼與啐音義皆隔,必是誤字。當是古文啐爲啐之誤。"②據段《注》,可知"啐"通"啐",都是小飲的意思。"啐"雖然不是一飲而盡,但並非倒於地上,則可斷言。

王夫之所舉灌鬯之事例,亦見上引王國維之文,同出《國語·周語上》。《周語上》記古籍田禮儀節云:

> 王乃淳濯饗醴,及期,鬱人薦鬯,犧人薦醴,王祼鬯饗醴,乃行。

韋昭《注》云:

> 淳,沃也。濯,溉也。饗,飲也。謂王沐浴飲醴酒也。期,耕日也。祼,灌也。灌鬯,飲醴,皆所以自香潔也。③

林昌彝《三禮通釋》"祼禮"條亦以此證明鬯爲可飲之物,云:

> 按:此言耕籍之田,三日,齊之三日也。既沐浴矣,而及期乃薦鬯。又云祼鬯饗醴乃行,則祼鬯飲醴,皆飲也。是不獨以浴,亦以飲矣。賈《疏》謂鬯非可飲之物,誤矣。賓祭皆用之,且秬黍所釀,與五齊三酒同,何爲其不可飲?由籍田推之,則凡内外祭祀之齊,王皆飲鬯可知矣。④

據此,鬯之可飲,可以無疑。問題是,諸侯冠禮之"祼享"與士冠禮之"醴或醮"如何構成對等的關係。

賓客及祭祀皆用鬯,《周禮·春官·鬱人》説得很清楚:"鬱人掌祼器,凡祭祀賓客之祼事,和鬱鬯以實彝而陳之。"祭祀行祼禮,用鬱鬯灌地,如《郊特牲》所言;賓客聘饗行祼禮,如《禮器》云:"諸侯相朝,灌用鬱鬯,無籩豆之薦。"諸侯爲賓,"灌用鬱鬯"只能是郭嵩燾説的"灌飲"鬱鬯了。

夷考其實,説《士冠禮》的醴或醮指賓獻冠者,當然不成問題;説祼鬯可飲,通用於賓客與祭祀之禮,亦可徵信;但要是説《左傳》所記"祼享"同樣指賓獻冠者,却不一定合乎事實,值得商榷。

---

① 段玉裁:《説文解字注》,上海:上海古籍出版社,1988年,第60頁。
② 段玉裁:《説文解字注》,第55頁。
③ 《國語》,上海:上海古籍出版社,1988年,第18頁。
④ 林昌彝:《三禮通釋》,北京:北京圖書館出版社,2006,第750頁。

三、《左傳》"祼享"解——兼論公冠禮之賓醴冠者

將《左傳》"祼享"釋作冠禮之賓獻冠者,實爲王國維所獨創,前此未聞。王國維引述的《左傳》的"祼享",見於襄公九年的記載。《左傳》云:

(晉侯語)"國君十五而生子,冠而生子,禮也。君可以冠矣。大夫盍爲冠具?"武子對曰:"君冠,必以祼享之禮行之,以金石之樂節之,以先君之祧處之。今寡君在行,未可具也。請及兄弟之國而假備焉。"晉侯曰:"諾。"公還,及衛,冠于成公之廟。假鐘磬焉,禮也。

季武子申明爲君加冠,必須舉行祼享之禮。杜預《注》云:

祼,謂灌鬯酒也。享,祭先君也。①

杜預之意,蓋謂"祼享"爲灌鬯祭神,即此祼用於祭祀先君的場合。孔穎達《疏》云:

《周禮·大宗伯》:"以肆、獻、祼、享先王。"《鬱人》:"凡祭祀之祼事,和鬱鬯,以實彝而陳之。"……《郊特牲》云:"灌用鬯臭",鄭玄《注》云:"灌謂以圭瓚酌鬯始獻神也。"然則祼即灌也,故云"祼謂灌鬯酒也"。祼是祭初之禮,故舉之以表祭也。《周禮》祭人鬼曰享,故云"享祭先君也"。劉炫云:"冠是大禮,當遍群廟。"②

又云:

冠是嘉禮之大者,當祭以告神,故有祼享之禮,以祭祀也。……既行祼享,祭必有樂。所言金石節之,謂冠時之樂,非祭祀之樂也。諸侯之冠禮亡,唯有士冠禮在耳。其禮亦行事於廟,而不爲祭祀。士無樂可設,而唯處祧同耳。③

又云:

以晉悼欲速,故寄衛廟而假鐘磬。其祼享之禮,歸魯及祭耳。④

孔穎達所引《周禮·春官·大宗伯》文,除可作祼爲祭享之證外,"肆、獻、祼"與"享"的構詞方式,亦可爲探尋"祼享"之意提供依據。"肆、獻、祼"爲四時享祭宗廟的三種

---

① 《十三經注疏·左傳注疏》,臺北:藝文印書館,1989年,第529頁。

② 《十三經注疏·左傳注疏》,第529頁。又,《周禮》"肆、獻、祼、享"之意,參考孫詒讓:《周禮正義》,第1335頁。

③ 《十三經注疏·左傳注疏》,第529頁。

④ 《十三經注疏·左傳注疏》,第529頁。

不同的方式,其中"祼享"就是用灌鬯的方式享祭先王。[①]《左傳》這裏的"祼享"也應作如是解。孔穎達明言,祼是祭初之禮,亦即灌鬯以降神。諸侯之冠禮已亡,僅士之冠禮保存在《儀禮》中。據《左傳》所記魯襄公之冠禮,可略知諸侯冠禮之梗概。士與諸侯冠禮的相同之處,在於兩者皆在廟中舉行,但諸侯冠禮含有士所無的祭廟之禮。魯襄公便宜行事,假借衛成公之廟及樂器舉行冠禮,返魯之後,還是要祼享先君。依劉炫之説,諸侯冠禮需要遍祭群廟。這種用法的"祼"無疑就是祭神,與用於賓客的"祼"截然不同,不能混爲一談。杜、孔之説,後世注家沿而不改,殆無異議。姚際恒《儀禮通論》論及士冠禮不拜祖云:"郝氏(引者按:指郝敬)又駁其不拜祖考。不知古人惟祭乃拜。且祭必有尸,此不祭無尸,無徒拜禮也。凡此之類,所謂以今人之見説古禮,必不得也。(自注:'《左傳》云:"行以祼享之禮",則惟天子、諸侯冠乃祭耳。')"[②]亦據《左傳》"祼享"點明諸侯冠禮祭廟的特點。黄以周《禮書通故》引《左傳》此文,並云:"《士冠禮》無享廟作樂之文。"亦將"祼享"視作"享廟"。[③]

仔細辨析起來,宗廟祭祀之祼,有祼神與祼尸之分。祼神所以降神,在正獻之前;祼尸,所以獻尸,在正獻之中。然則《左傳》所説的"祼享",固然很可能是降神之祼,但也有可能是獻尸之祼。若是降神之祼,則有灌地降神之意,與《士冠禮》賓醴冠者全然不類;如是獻尸之祼,則與賓醴冠者不無可通之處,但祭禮與賓禮性質不同,不能看成是一回事。林昌彝《三禮通釋・祼禮》曾引《國語》"祼鬯饗醴"證明祼鬯可飲,儘管如此,在論述冠禮之時,却於"必以祼享之禮行之"下自注云:"享祭先君。"[④]表明《左傳》之"祼享"爲祭享而設,有别於饗賓。

盛世佐《儀禮集編》謂天子、諸侯冠禮雖亡,其大略仍可通過士冠禮得知,撇除尊卑隆殺的差異,諸侯以上的冠禮的"大節目","未嘗不以士禮爲準"。[⑤] 此説很有道理。就賓禮冠者而言,所謂"醮於客位,加有成也"(《禮記.郊特牲》),賓醴或醮冠者,是以賓客之禮待之。《儀禮・聘禮》記諸侯款待國賓,有醴賓的儀節,依此類推,則諸侯冠禮亦當由賓醴冠者。散見於文獻的諸侯以上的冠禮,除《左傳》記載的魯襄公冠禮外,還有《大戴禮記》所述的公冠之禮。《公冠》篇云:

> 公冠,自爲主,迎賓,揖,升自阼,立于席。既醴,降自阼。其餘自爲主者,其降

---

① 詳參孫詒讓著、王文錦點校:《周禮正義》,北京:中華書局,1987 年, 第 1330 頁。

② 姚際恒著、陳祖武點校:《儀禮通論》,北京:中國社會科學出版社,1998 年,第 31 頁。

③ 黄以周撰、王文錦點校:《禮書通故》,北京:中華書局,2007 年,第 235 頁。

④ 林昌彝:《三禮通釋》,第 576 頁。

⑤ 轉引自黄以周撰、王文錦點校:《禮書通故》,第 235 頁。

也自西階以異,其餘皆與公同也。公玄端與皮弁,皆韠,朝服素韠。公冠四加玄冕,饗之以三獻之禮,無介,無樂,皆玄端。其醻幣朱錦采,四馬,其慶也同。天子儗焉。太子與庶子,其冠皆自爲主,其禮與士同,其饗賓也皆同。①

《説苑·修文》所記與此相近。② 從"既醴,降自阼",可窺見公冠之禮同樣也包含賓以醴禮冠者的儀節。再看《禮記·曾子問》記孔子答曾子除喪是否改冠説:

天子賜諸侯、大夫冕弁服於大廟,歸設奠,服賜服,於斯乎有冠醮,無冠醴。父没而冠,則已冠,埽地而祭於禰,已祭而見伯父叔父,而後饗冠者。

"有冠醮,無冠醴",不醴是因爲改冠則當用醴。③ 諸侯、大夫的冠禮,有醮有醴,可據此推知。應該説,在賓醴冠者這點上,士與諸侯並無不同。因此,王國維所謂"諸侯冠禮之祼享,正當《士冠禮》之醴或醮",不無可疑。

四、近人引用"諸侯冠禮之祼享正當士冠禮之醴或醮"一語的綜合考察

就目前所見,於專著中引用此語的學者有楊寬、楊伯峻、吴静安、陳戍國、周聰俊、戴龐海等,兹逐一剖析如下。

楊寬《古史新探·冠禮新探》引《周語上》"王祼鬯饗醴而行",然後説:

可見在饗禮開始時,在獻禮之前確有"祼鬯"之禮。(下引《左傳》所記季武子語,此從略)杜注:"享,祭先君也。"該是錯誤的。行"冠禮"時並無祭祀先君的節目,《左傳》常以"享"假作"饗"。王國維説:"諸侯冠禮之祼享,正當士冠禮之醴或醮"(《觀堂集林》卷一《再與林博士論洛誥書》),是正確的,"祼享"即指具有"祼"的儀式的饗禮。士冠禮中對冠者的醴或醮,是當作賓客招待的,即所謂"醮于客位",到諸侯冠禮中,爲隆重起見,就改用饗禮,饗禮要先"祼鬯",所以也稱爲"祼饗之禮"。④

---

① 王聘珍撰、王文錦點校:《大戴禮記解詁》(北京:中華書局,1992年),第247頁。

② 原文云:"公冠,自以爲主,卿爲賓。饗之以三獻之禮。公始加玄端與皮弁,皆必朝服玄冕,四加。諸侯太子、庶子冠,公爲主,其禮與士同。"見劉向撰、向宗魯校證:《説苑校證》,北京:中華書局,1987年,第483頁。

③ 鄭玄説。見鄭玄注、孔穎達正義、吕友仁整理:《禮記正義》,上海:上海古籍出版社,2008年),第762頁。

④ 楊寬:《古史新探》,第298-299頁。

諸侯冠禮中的饗禮,對冠者而言,貼合王國維之意。至於區分"祼"、"饗",視作二事,先祼後饗,解"祼享"爲"具有'祼'的儀式的饗禮",則有違王國維原意。於王國維意中,"祼享"爲一事,即指灌鬯饗賓。楊寬認爲杜預"享祭先君"之説應是錯誤的,理由是行冠禮時並無祭祀先君的節目。説《士冠禮》無祭祀先祖的節目,確得其實,但士禮不然,諸侯冠禮何必不然。説《左傳》常以"享"假作"饗"也是事實,但也不盡然。

今考經典使用"享"(本作"亯")與"饗"二字,用法並不一致。段玉裁仔細考察過經典所見"享"、"饗"用字之例,對此分辨極嚴,《説文解字注》云:

> 按:《周禮》用字之例,凡祭亯用亯字;凡饗燕用饗字。如《大宗伯》吉禮下六言亯,先王嘉禮下言以饗燕之禮親四方賓客,尤其明證也。《禮經》十七篇用字之例,《聘禮》内臣亯君,字作亯,《士虞禮》、《少牢饋食禮》尚饗,字作饗。《小戴記》用字之例,凡祭亯、饗燕,字皆作饗,無作亯者。《左傳》則皆作亯,無作饗者。《毛詩》之例,則獻於神曰亯,神食其所亯曰饗,如《楚茨》以亯以祀,下云神保是饗,《周頌》我將我亯,下云既右饗之,《魯頌》亯祀不忒、亯以騂犧,下云是饗是宜,《商頌》以假以亯,下云來假來饗,皆其明證也。鬼神來食曰饗,即《禮經》尚饗之例也。獻於神曰亯,即《周禮》祭亯作亯之例也。各經用字自各有例。《周禮》之饗燕,《左傳》皆作亯宴,此等蓋本書固爾,非由後人改竄。①

又,段玉裁《經韻樓集・亯饗二字釋例》揭示經典中用亯饗二字之條例云:

> 祭祀曰亯,其本義也。故經典祭亯用此字。引申之,凡下獻其上,亦用此字。而燕饗用此字者,則同音假借也。《説文解字》又曰:"饗者,鄉人飲酒也。從食從鄉,鄉亦聲。"是則鄉飲酒之禮曰饗。引申之,凡飲賓客亦曰饗。凡鬼神來食亦曰饗。而祭亯用此字者,則同音假借也。②

段氏分辨文獻所見"享"、"饗"二字的用法,十分明晰。享,本作"亯",本義爲祭祀,借爲燕享;饗,本義爲鄉飲酒,借爲祭饗。段氏謂《左傳》祭享、饗燕(亦作宴)皆作"亯",固然符合實際情況,但也有兩字混用的例子。③ 段氏注意到《左傳》使用"享"、"饗"二字的某些情況説:

---

① 段玉裁:《説文解字注》,第229頁。

② 阮元編:《清經解》,第4册,第543頁。

③ 阮元於《左傳》成公十二年"享以訓共儉"下出校勘記云:"賈公彦《儀禮・燕禮・疏》引享作饗,共作恭。《詩・卷耳・正義》同。按依《左傳》字例作享,《周禮》、《儀禮》字例作饗。二《禮疏》引《傳》宜作享,而申明之曰:'享與饗同。'如李善之注《文選》則善矣。輒改《左傳》文作饗,未合也。"見《十三經注疏・左傳注疏》,第469頁。

> 六經轉寫，雖梗概無差，而間有彼此齟齬不可知者，如《左氏傳》:“有神降于莘，以其物亯焉。”是祭亯，與他經同也。而凡饗食燕，則作亯食宴。如宣十六年:“晉侯使士會平王室，定王亯之，王曰:‘王亯有體薦，宴有折俎。公當亯，卿當宴。’”成十二年:“亯以訓恭儉，宴以示慈惠。”定十年:“齊侯將亯公。”莊十一年:“鄭伯亯王於闕西辟。”莊六年:“楚文王伐申，鄧侯止而亯之。”十四年:“楚子如息以食入亯。”十八年:“虢公、晉侯朝王，王亯醴，命之宥。”僖二十五年:“戰克而王亯，晉侯朝王，王亯醴，命之宥。”二十八年:“王亯醴，命晉侯宥。”凡若此等皆當作大飲賓之饗，而皆用祭亯字爲之，此蓋左氏用六書假借之法也。①

據段氏此文，凡《左傳》大飲賓之“饗”作“享”者，皆假借字。今考楊伯峻先生《春秋左傳注》所據《經》、《傳》版本，以阮元刻本爲底本，再經過與各種善本仔細校勘而成。② 從這個本子所見，《春秋經》無“饗“字，書“享”者也僅有一次。《左傳》“享”字九十六見，多數假借爲饗禮或饗燕之“饗”，少數用於表示祭享之意。用“饗”字三十次③，多用作饗禮或饗燕之“饗”，極少假借爲祭享之“享”，如“祭祀以爲人也。氏，神之主也。用人，其誰饗之”(僖公十九年)、“周公其不饗魯祭乎。周公饗義，魯無義”(昭公十年)，由此可見，“祼享”之享，固多假作饗燕之饗，亦不能排除表示祭享的可能性。

楊伯峻《春秋左傳注》注“祼享之禮”云:

> 祼亦作灌，以配合香料煮成之酒倒之于地，使受祭者或賓客嗅到香氣。此是行隆重禮節前之序幕。享亦作饗，王國維《觀堂集林》卷一謂“諸侯冠禮之祼享，正當《士冠禮》之醴或醮”。祼享即具有祼之儀式之饗禮。餘詳《士冠禮》及楊寬

---

① 阮元編:《清經解》，第 4 冊，第 543-544 頁。

② 楊伯峻:《春秋左傳注 · 凡例》云:“《經》、《傳》以阮元刻本爲底本，一則以其流通廣，影響大;二者以其有《校勘記》，可以利用。(自注:‘阮元《校勘記》成於衆手，間有疏誤。……’)復取《校勘記》所未見者補校，其中有敦煌各種殘卷，除據前人各家題記外，復取北京圖書館所藏照片覆校。有楊守敬所藏所謂六朝人手書殘本，據有正書局石印本。楊守敬跋六朝人手書本記日本石山寺藏本三條，亦採入。而最可貴者，爲日本卷子本，以其曾‘金澤文庫’圖章，今稱金澤文庫本。(自注:‘此卷子本早已歸日本天皇宫内省圖書寮，其形制、來歷，可參島田翰《古文舊書考》卷一《春秋經傳集解》一文。島田翰之業師竹添光鴻作《左傳會箋》，即據此卷子本。此本首尾完具。吴闓生《左傳微》所謂“倭庫本”，疑即此本。然據其引文與《會箋》細校，頗有異同，不知其故。’)皆能於阮本有所校正。凡改正底本者，多於《注》中作《校記》。其文字有重要不同，雖不改動底本，亦注出，以供參考。至一般異文，則省而不出注，以避煩瑣。”楊伯峻:《春秋左傳注 · 凡例》，第 1 頁。

③ 此統計數字，見劉殿爵教授主編:《春秋左傳逐字索引》，香港:商務印書館，1995 年，第 2206 頁(享)、第 2207 頁(饗)。據此書《凡例》所言，正文據清嘉慶二十年(1816 年)江西南昌府學重刊之宋本《春秋左傳注疏》。

《古史新探》。①

楊伯峻引述王國維之説,認爲諸侯冠禮中的"裸享"儀節,相當於《士冠禮》的"醴或醮"。接着,楊伯峻又據楊寬之説,具體描述了這種裸禮的内容。楊伯峻指出裸是把鬯酒倒於地上,使受祭或賓客嗅到香氣。就這點來説,楊伯峻所理解的"裸",却又明顯與《士冠禮》的"醴或醮"有根本上的區别。須知《士冠禮》談到"醴或醮"的時候,是以"啐醴"的構詞形式出現。楊伯峻既然認爲裸是倒酒於地,又説這裏的"裸享"猶如《士冠禮》之"醴或醮",似乎没有察覺到這兩種觀點是不能並存的。楊伯峻提及的楊寬的《鄉飲酒禮與饗禮新探》,原文是這樣的:

> 饗禮的獻賓之禮,不僅比鄉酒禮次數增多,而且在開始獻酒之前,還有所謂"裸",這是一種最隆重的獻禮的序幕,只有在饗禮和祭禮中才有。"裸"也叫做"灌",就是用鬱鬯來灌,讓賓客嗅到香氣。《禮記・禮器》説:"諸侯相朝,灌用鬱鬯,無籩豆之薦。"因爲"灌"在"獻"之前,還没有把食物陳設出來。《禮記・郊特牲》説:"至敬不饗味,而貴氣臭也。諸侯爲賓,灌用鬱鬯,灌用臭也。"這種"貴氣臭"的"至敬"的禮,只給賓客嗅到香氣,也不是給飲的。"裸"只有在饗禮和祭禮應用,同樣是用來表示隆重的敬獻之意的。②

楊伯峻認爲裸饗之法,是倒酒於地,使受祭者或賓客嗅到香氣,這種看法,完全是承襲楊寬之説而來的。事實上,楊寬之説是混淆了祭祀之裸與饗賓之裸,這兩種裸法的差别,體現在灌之於地與飲之之上。

周聰俊致力於古代裸禮的研究,並把研究成果寫成了專著。③ 他在《裸禮考辨》裏,批評楊寬及楊伯峻兩位先生的有關看法説:

> 楊寬説"裸,就是用鬱鬯來灌,讓賓客嗅到香氣,不是給飲的",楊伯峻之《春秋左傳注》更進而以爲是將鬱鬯香酒傾倒於地,使賓客嗅到香氣,此與宗廟祭祀降神之灌儀無不同。按:斯説蓋有未然也。考諸漢儒經注,不見有鬱鬯不可飲之言,逮乎《周禮》賈公彦《疏》,乃有"鬯酒非可飲之物"之説(見《鬯人・疏》)。《周禮・大行人》"再裸",鄭《注》云"再飲公也",是知鄭氏於朝享禮畢,王以鬱鬯灌賓,實謂以鬱鬯飲賓。此明明是灌人,非灌地也。④

---

① 楊伯峻:《春秋左傳注》,第970頁。

② 楊寬:《古史新探》,第297—298頁。

③ 周聰俊有關裸禮的論著,除《裸禮考辨》外,單篇論文有《吉裸初探》,載《中國學術研討會論文集》,臺北:大安出版社,1994年,第39—55頁。

④ 周聰俊:《裸禮考辨》,第76頁。

周聰俊此説甚爲精當,確得古代祼禮之真義,足爲兩位楊先生之諍臣。如上所述,涉及祭祀之祼有二:一爲降神,另一爲獻尸。降神之祼,灌鬯於地,獻尸之祼,授尸啐之。同名爲祼,而實則有異。這樣看來,兩位楊先生混淆灌地與獻尸二祼,固然有誤,而上引王夫之及郭嵩燾完全否定古代存在灌地之祼的可能性,把這種祼法看成是《白虎通》所創,也未免矯枉過正。

吴靜安《春秋左氏傳舊注疏證續》疏證部分云:"劉炫云:'冠是大禮,當徧羣廟。'王國維曰:'諸侯冠禮之祼享,正當士冠禮之醴或醮。'"[①]吴靜安引録劉炫及王國維兩文,蓋以爲兩義相合。但實際上,劉炫説"徧羣廟",即將"祼享"解爲祭時祼享,與王國維之説齟齬不合。

戴龐海《先秦冠禮研究》説:"國君行冠禮前,必行祼享之禮。祼享之禮,是一種酌酒灌地的祭禮。王國維説:'諸侯冠禮之祼享,正當士冠禮之醴或醮。'"[②]戴先生解祼享爲灌地,持説實與王國維相悖,引此語爲己説之證,顯然出於誤解。

陳戍國《先秦禮制研究》引述《左傳》原文,得出諸侯冠禮的五個要項,第三項爲"國君行冠禮前,必行祼享之禮。王國維説:'諸侯冠禮之祼享,正當士冠禮之醴或醮。'"[③]陳戍國將祼享之禮定性爲祭前降神之祼,與王國維所説的賓獻冠者之祼,兩説相妨,扞格不入。

跟前面四人不同的是,周聰俊《祼禮考辨》之説較接近王國維的原意,但乃未達一間。周聰俊説:

> 是冠禮醴醮之别,蓋在用醴與用酒之不同,其酌而無酬酢則一也。王國維《觀堂集林·再與林博士論〈洛誥〉書》云:"諸侯冠禮之祼享,正當士冠禮之醴或醮。"其説得之。杜預《集解》謂"祼"爲灌鬯酒,不誤,而釋"享"爲祭先君,則説有未確。此"享",蓋謂饗醴也。易言之,"祼享"者,蓋猶《周語》王耕籍田之"祼鬯饗醴",皆所以示隆重也。(下引楊伯峻《春秋左傳注》倒酒於地之文,此從略。)楊氏以爲冠禮之祼,與祭祼求神之儀相同,其説殆有未然。蓋諸侯冠禮之祼享,既當士冠禮之醴或醮,則非傾酒於地甚明。[④]

周聰俊重複引述王國維之語,除了説明"祼享"即"祼鬯饗醴"外,對王國維之語的含意没有多少闡發。文中指斥杜預"享祭先君"之説,似乎也缺乏周詳的辯證。

---

① 吴靜安:《春秋左氏傳舊注疏證續》,第 73 頁。

② 戴龐海:《先秦冠禮研究》,第 150 頁。

③ 陳戍國:《先秦禮制研究》,第 345 頁。

④ 周聰俊:《祼禮考辨》,第 82 頁。

五、結論

如上考論,釋讀王國維"諸侯冠禮之裸正當士冠禮之醴或醮"一語,不能只靠《再與林博士論〈洛誥〉書》,而是必須結合撰作時期相近、同樣出現此語的兩篇《〈周書・顧命〉考》來看,只有這樣,才能確切掌握此語的含意。此語的提出,是王國維依據《儀禮》冠、昏禮儀推出諸侯冠禮的結果。士冠禮,賓以醴獻冠者,謂之醴,若用酒,則謂之醮。在王國維看來,士冠禮賓禮冠者的醴或醮,與諸侯冠禮賓獻冠者的裸享,都是"醮於客位,加有成也",性質相同,不過所獻酒類有異而已。據此,"裸享"等於《國語》的裸饗,意謂灌鬯饗人。對《左傳》"裸享"的這種解釋,是王國維所獨創的。夷考其實,説《士冠禮》之醴或醮指賓獻冠者,當然不錯,説裸鬯可飲,饗賓客亦用之,亦於禮有徵,但要説《左傳》的"裸享"同樣指賓獻冠者,恐怕有違事實。季武子説的"君冠,必以裸享之禮行之",自杜預以後的古代注家皆釋作灌鬯酒以祭先君,孔穎達更提出以祭廟與否作爲分辨諸侯與士冠禮的依據。姑勿論祭祀的"裸享"原指裸神抑或裸尸,其與饗賓客之裸截然不同,可以斷言。若舊注不誤,則王國維賓獻冠者之説有違《左傳》的原意。而且,《大戴禮記・公冠》和《禮記・曾子問》所記諸侯以上的部分冠禮,可知在賓醴或醮冠者這點上,士與諸侯並無不同。由是而知,王國維所謂"諸侯冠禮之裸享,正當士冠禮之醴或醮",不無可疑。

作者簡介:

許子濱,香港嶺南大學中文系教授,近著有《春秋左傳禮制研究》。

說"辟領"

吴　飛

内容提要　《儀禮·喪服記》中談及喪服之"適",後世通稱爲"辟領"。辟領之制,鄭注賈疏均有描述,但亦有不明之處。宋代楊復認爲辟領爲裁開上衣外翻,再以加領填充於闕中,此説影響很大。清代學者夏炘等已經辨明楊復的錯誤。本文即試圖追溯禮學史上對辟領的不同理解,盡可能恢復鄭注、孔疏所理解的辟領之制。

關鍵詞　喪服　辟領　適　《儀禮》

引言

喪服之衣有負、適、衰,其形制歷代多有争議。其中適又名辟領,争議猶大。今人丁凌華先生在《五服制度與傳統法律》中詳釋辟領之制云:

> 喪服上衣有前、後襟,在衣領正中往下剪四寸,再向左右兩側各横剪四寸,以所剪部位麻布向外翻折覆蓋於肩,即是辟領。這樣,前、後襟左、右兩邊肩部各覆蓋有一塊邊長四寸(適博四寸)的正方形麻布,前襟左、右各一,後襟左、右肩各一,共四塊辟領。因裁制辟領翻折後出現的領部空闕部位,稱"闕中",又稱"闊中",前、後襟闕中各長八寸,寬四寸。另用一塊長一尺六寸、寬八寸的麻布裁制"加領",塞入闕中縫製爲領口。[①]

他還親自手繪圖來表示辟領、闕中、加領的製作和結構:

① 丁凌华:《五服制度與傳統法律》,北京:商務印書館,2013年,第21頁。

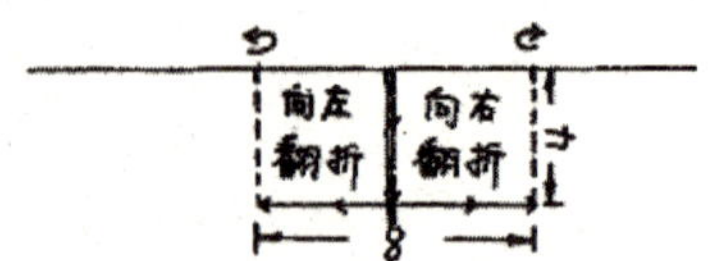

衣前、后双层布重叠裁割
——→ 沿箭头裁割
----沿虚线向两边翻折

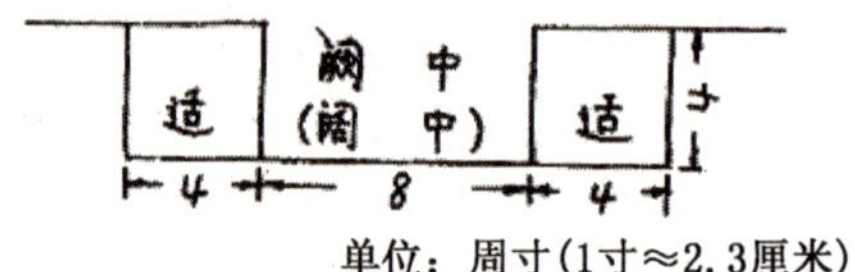

单位：周寸(1寸≈2.3厘米)

圖一：丁淩華先生繪辟領裁制圖

在當代學者當中，丁淩華先生對辟領的考證和描述是最清楚、最簡明的。在現存歷代禮學著作中，宋代楊復的《儀禮圖》和明代劉績的《三禮圖》中也都繪有辟領和加領的裁制方式。丁先生的圖與二書之圖形制相同，却更加詳盡。

不過，辟領倒底是否應該是這樣的，加領倒底是否存在，却並非一個簡單問題。丁先生所繼承的理解方式，並非唯一正確的説法，甚至到清代後期遭到了很多禮學家的批判。辟領究竟應該是怎樣的形制，我們還需要更詳細地考證。

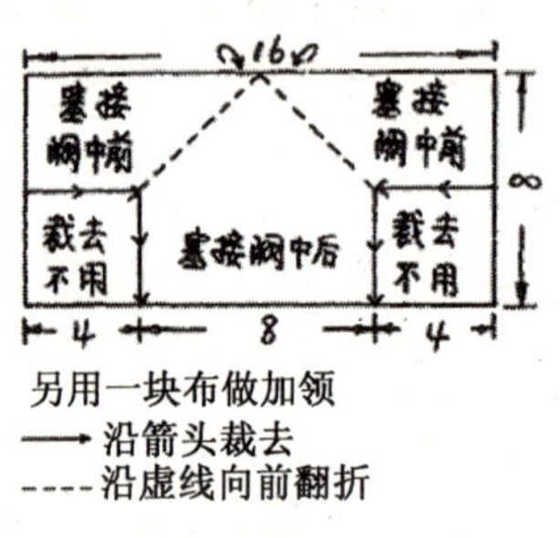

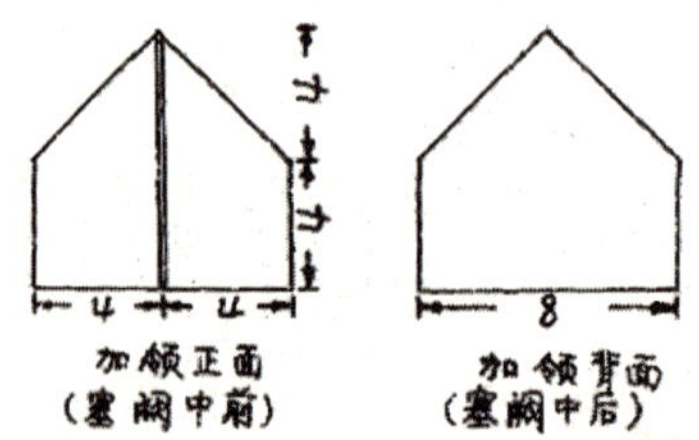

单位：周寸(1寸≈2.3厘米)

圖二：丁淩華先生繪加領裁制圖

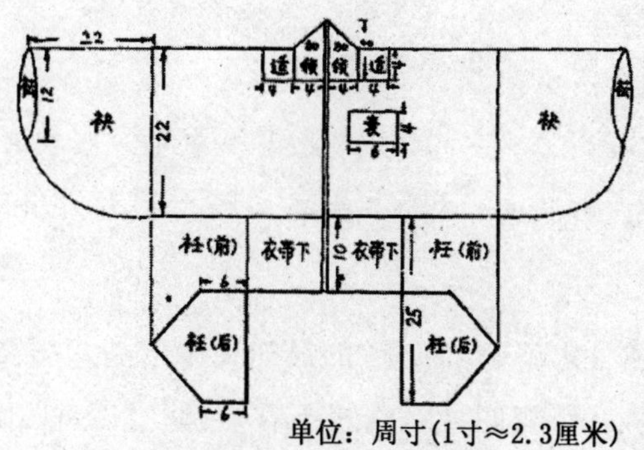

圖三：丁淩華先生繪斬衰衣正面圖①

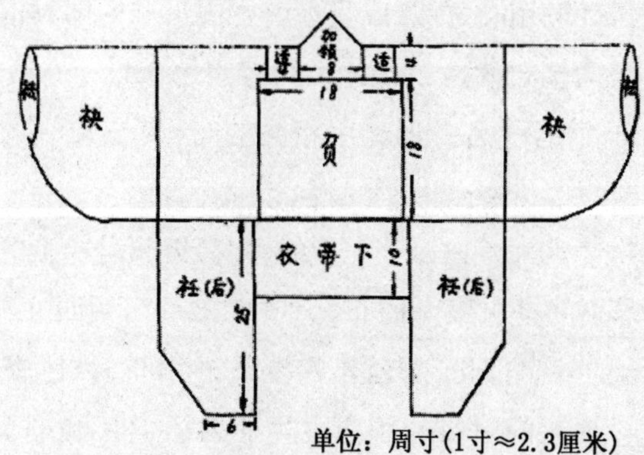

圖四：丁淩華先生繪斬衰衣背面圖

一、記、注、疏中的辟領

關於辟領的經文，見於《儀禮·喪服·記》以下數條：

1.記文："負，廣出于適寸。"鄭注："負，在背上者也。適，辟領也。負出於辟領外旁一寸。"

2.記文："適博四寸，出於衰。"鄭注："博，廣也，辟領廣四寸，則與闊中八寸也，兩之爲尺六寸也。出於衰者，旁出衰外，不著寸數者，可知也。"

① 在此圖中，丁先生認爲衰當心指的是在左部心臟的位置，也有爭議。筆者以爲，衰當心，指的是在正當中。

3.記文:"衰長六寸,博四寸。"鄭注:"廣袤當心也。前有衰,後有負板,左右有辟領,孝子哀戚無所不在。"

4.記文:"衣二尺有二寸。"鄭注:"此謂袂中也。言衣者,明與身參齊二尺二寸,其袖足以容中人之肱也。衣自領至要二尺二寸,倍之,四尺四寸,加辟領八寸,而又倍之,凡衣用布,一丈四寸。"

這四條記文和鄭注構成了理解辟領(適)的最初文本依據。記文提供的基本信息是:衣用二尺二寸之布;長六寸、寬四寸之衰綴于衣上;適寬四寸,出於衰外;負又出于適外。鄭注給出的信息是:衣前後各用布兩幅,共四幅;衰在衣前當心,負在衣後,負于背上;左右皆有辟領,兩個辟領中間是八寸的闊中(闕中),而這些用布總共是一丈四寸。

鄭君給出的一丈四寸的用布之數,成爲理解喪服形制的關鍵信息。一丈四寸的算法是:每幅布二尺二寸,兩幅布就是2.2x2=4.4,辟領是0.4x2=0.8,二者相加4.4+0.8=5.2,這些都是一邊用布的情況,另一邊也用相同的布,於是又倍之,5.2x2=10.4,得出一丈四寸。

但爲什麼會用布一丈四寸?按照丁先生的理解,辟領是衣上的布裁開往外翻出四寸,那麼這四個四寸本來就是衣服上的布,怎麼會再加四個四寸呢?而如果闕中(闊中)就是因裁開而露出的缺口部份,那就不需要另外用布,爲什麼也要計算出八寸布來呢?除非是把丁先生所說的"加領"用布也算進去了。但記、注都没有提到過加領。總之,按照丁先生的理解,很難計算出一丈四寸的用布來。

可見,鄭君對辟領的理解,應該和丁先生並不一樣。鄭注中的幾點值得我們特别注意:一,辟領和衣用布統一計算,但衰、負都没有計算在一起,可見辟領與衰、負都不大一樣;二,辟領單獨計算,可見辟領不是衣上本有的布;三,闕中用布也要計算在内,可見闕中並不是簡單的空闕處。對於歷代的詮釋,當以此三條爲基本權衡標準。

賈疏對辟領的理解包括下面幾點:

1.在"負廣出於適"下:"適,辟領,即下文'適'也,出於辟領外旁一寸,總尺八寸也。"

負寬一尺八寸,這在記文和鄭注中都未出現。賈疏此處提供了重要信息。

2.在"適博四寸,出於衰"下:"此辟領廣四寸,據兩相而言。云'出於衰'者,謂比胸前衰而言出也。"

其疏鄭君注云:"云'博,廣也'者,若言博,博是寬狹之稱,上下兩旁俱名爲博。若言廣,則唯據横闊而言。今此適四寸據横,故博爲廣,見此義焉。云'辟領,廣四寸'者,據項之兩相向外各廣四寸。云'則與闊中八寸也'者,謂兩身當縫,中央總闊八寸,一邊有四寸,並辟領四寸,爲八寸。云'兩之爲尺六寸也'者,一相闊,與辟領八寸,故兩之總一尺六寸。云'出於衰者,旁出衰外'者,以兩旁辟領,向前望衰之外也。云'不著寸數者可知也'者,以衰廣四寸,辟領横廣總尺六寸,除中央四寸當衰,衰外兩旁,各出衰六寸,故云不著寸數可知也。"

這一段是對鄭君關於闕中和辟領計算方式的解説。闊中一共八寸,從前衣中縫分開算,左右各四寸;又,辟領左右各四寸,所以兩側之辟領加半個闕中,各八寸,於是,闕中加兩辟領共一尺六寸。因衰在中心,寬四寸,在兩邊就各二寸,所以辟領出衰,左右各六寸(8-2=6)。

3.在"衰長六寸,博四寸"下疏解鄭注云:"衺,長也,據上下而言也。綴於外衿之上,故得廣長當心。云'前有衰,後有負板'者,謂負廣出於適寸,及衰長六寸,博四寸。云'左右有辟領'者,謂左右各四寸。云'孝子哀戚無所不在'者,以衰之言摧,孝子有哀摧之志,負在背上者,荷負其悲哀在背也。云'適'者,以哀戚之情,指適緣於父母,不兼念餘事。是其四處皆有悲痛,是無所不在也。"

這裏有兩點值得注意。第一,説負廣出於適寸。辟領左右共一尺六,負左右各廣出一寸,則負爲一尺八寸,這裏明確給出了負的尺寸;第二,説辟領稱"適"之意。

4.在"衣二尺有二寸"下疏解鄭注云:"'自領至腰皆二尺二寸'者,衣身有前後,今且據一相而言,故云衣二尺二寸,倍之爲四尺四寸,總前後計之,故云'倍之爲四尺四寸'也。云'加闕中八寸'者,闕中謂闕去中央安項處,當縫兩相總闕去八寸,若去一相,正去四寸,若前後據長而言,則一相各長八寸,通前兩身四尺四寸,總五尺二寸也。云'而又倍之'者,更以一相五尺二寸,並計之,故云又倍之。云'凡衣用布一丈四寸'者,此唯計身,不計袂與袪,及負衽之等者,彼當丈尺寸自見,又有不全幅者,故皆不言也。"

這是賈疏對鄭注用布的詳細解説,非常重要。每幅布爲二尺二寸,左右各一幅布,前後各兩幅布。先按一邊説,比如左邊,前後共四尺四寸布,辟領四寸,闕中四寸,共八寸,加上原來的四尺四寸,共五尺二寸。右邊也是五尺二寸,那麽就一共一丈四寸了。

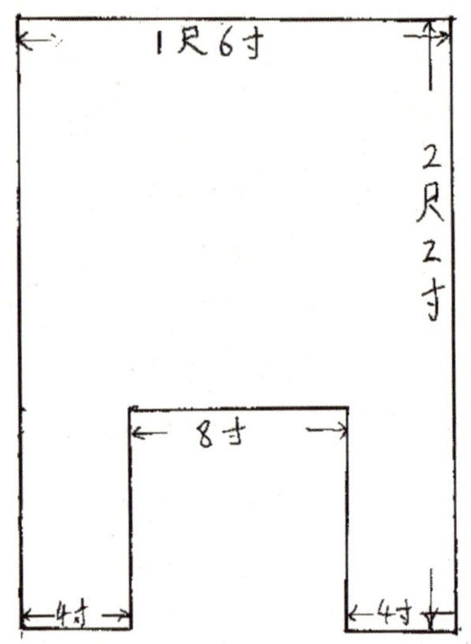

圖五:吴飛繪賈疏所理解的辟領

賈疏的算法是完全符合鄭注的理解的。但要這樣理解,就不能認爲,辟領是翻開的,闕中是空闕,而是辟領和闕中都要用布。這樣,我們就必須如此理解:辟領和闕中是一塊布中的兩部份。得出的結果是這樣的:

取一幅布,裁成一尺六寸寬,從前邊的正中間裁去八寸見方的一塊,這就是闕中,於是左右各剩下四寸,就是辟領,在前面與負相接,爲衰所掩。這塊布的其餘部份都仍然留著,垂在身後,爲負所掩。只有這樣,我們才能算出一丈四寸的用布來。這裏没有加領。如圖五所示。

二、從杜佑到楊復

丁淩華先生所接受的翻領説,據現有的資料看來,應該肇端於唐代杜佑。杜氏在《通典》中釋辟領云:"適,辟領也。負出於辟領外旁一寸也。今據辟領廣尺六寸,負各出一寸,故知尺八寸。其開領處左右各開四寸,向外辟厭之,謂之適。經云'適博四寸,出於縗',鄭云:'適,辟領,廣四寸。'則與闊中八寸也,兩之爲尺六寸。"[①]雖然杜佑的算法與鄭注賈疏基本相同,但他第一次提出,辟領是"其開領處左右各開四寸,向外辟厭之"。他應該是認爲,適之所以叫辟領,就是因爲"向外辟厭之"。不過,杜佑也没

① 〔唐〕杜佑:《通典》卷八七,王文錦等先生點校,北京:中華書局,2007年,第2395頁。

有明確説,究竟是另外一塊布辟厭於開領處之兩側,還是衣服上翻開兩塊。從前後行文來看,他似乎還没有認爲需要裁領翻開,只是用了“辟厭”一詞而已。至於因此一詞而聯想到裁開翻領,並進而引入加領,則是宋儒的發明了。

宋儒之言辟領者,如聶氏《新定三禮圖》、司馬温公《書儀》,均從鄭注賈疏。陳祥道則詳釋辟領之制云:

> 辟領博四寸,出於衰,則綴於兩廂,各去衰二寸,以其去衰二寸,並辟領四寸,與衰四寸。此所謂與闊中八寸,兩之爲尺六寸也。辟領及闊中尺六寸,負出於辟領外旁一寸,則負廣尺八寸矣。廣尺八寸而長稱之,則辟領之長蓋與衰齊。衰用三升布,則負與辟領之布亦三升。①

陳氏對辟領出於衰的長度,給出了尤其詳細的算法。他也特别談到了辟領的長度:“蓋與衰齊。”他是由“負廣八寸,長稱之”推出來,辟領之長也應該與衰齊。這里的“衰”當然不可能指長六寸、寬四寸的衰布,而是上衣。負和掩在它下面辟領,都和後面的衣服一樣長。下文説“衰三升”,衰布之升數,經記未言,而斬衰之升數,則云“三升,三升半”,更可證此處所言是指上衣。當然,由此推出負與辟領皆爲三升,恐未必然,但陳氏仍然以爲辟領是一大塊布,後面掩在負之下,應該是明確的。

朱子在《答周叔謹》中談到辟領之制,就和賈疏之説非常不同了:

> 辟領,《儀禮注》云:“辟領廣四寸,則與闊中八寸也,兩之爲尺六寸。”與來書所言不同,不知何故?詳此辟領,是有辟積之義。雖廣四寸,須用布闊四寸、長八寸者,摺其兩頭,令就中相接,即方四寸,而綴定上邊於領之旁,以所摺向裏,平面向外,如今裙之有摺,即所謂辟積也,温公所謂裳每幅作三輒者是也。如此,即是一旁用八寸,兩旁共尺六寸矣。②

我們不清楚周叔謹來書中是怎樣説的。朱子似乎不太能理解爲什麽闕中要算八寸的布,於是認爲每塊辟領都是用長八寸、寬四寸的布,兩頭各折進去二寸,這樣,雖然呈現出來的是四寸,但其實用了八寸的布,兩塊就是一尺六寸,四塊就是三尺二寸。之所以會作這樣的聯想,是因爲朱子懷疑“辟領”之“辟”即“辟積”之“辟”,因而辟領也像辟積那樣折起來。在《家禮》中,朱子也是以類似的方式描述辟領之制的:“左右有辟領,各用布方八寸,屈其兩頭,相著爲廣四寸,綴於領下,在負版兩旁,各攙負版一寸。”

---

① 〔宋〕陳祥道:《禮書》卷一五〇。

② 〔宋〕朱熹:《答周叔謹》,《晦庵先生朱文公文集》卷五四,《朱子全書(修訂本)》第23册,上海:上海古籍出版社,2010年,第2553頁。

但朱子既没有説辟領是從衣服上裁開翻出去的,也没有提到加領。在朱子的弟子中,李如圭提到了辟壓,楊復則發明了加領。

李如圭云:"衣領當項處,左右各開四寸,向外辟厭之,是謂辟領。所開處則闊中也。辟領與闊中每旁合爲八寸,通左右計之,則尺六寸。衰廣四寸當心,辟領旁出衰外六寸,闊中或作闕中,謂闕去中央以安項也。"①李氏此説並不從朱子對"辟"的解釋,而是接受了杜佑關於"辟壓"的説法,因而認爲辟領是從上衣翻出去的,闕中就是翻出去闕出的部份。翻領説的最大問題是怎麽算出一尺六寸來,李如圭無法給出一個合理的解釋。

朱子的另一弟子楊復對"辟"字有一個更新的解釋,把翻領説進一步發展,而爲了彌補翻領説無法解釋一尺六寸用布的問題,進一步提出了加領説,就成爲丁先生所理解的那種辟領、加領的形制。他在《儀禮圖》中説:

> 從一角當領處四寸下取方裁入四寸,乃《記》所謂適博四寸,注疏所謂辟領四寸是也。案鄭注云"適,辟領也",則兩物即一物也。今《記》曰適,注疏又曰辟領,何爲而異其名也?辟猶攝也,以衣當領,裁入四寸處反攝向外,加兩肩上,故曰辟領,即疏所謂兩相向外各四寸是也。左右有辟領,以明孝子哀戚無所不在,故曰適,即疏所謂'指適緣於父母不兼念餘事'是也。既辟領四寸加兩肩上,以爲左右適,故後之左右各有四寸,虚處當脊而相並,謂之闊中,前之左右各有四寸,虚處近胷而相對,亦謂之闊中,乃疏所謂闊中八寸是也。此則衣身所用布之數,與裁之之法也。注又云"加辟領八寸而又倍之"者,謂别用布一尺六寸,以塞前後之闊中也。布一條,縱長一尺六寸,横闊八寸,又縱摺而中分之,其下一半,裁斷左右兩端各四寸除去不用,只留中間八寸,以加後之闊中元裁辟領各四寸處,而塞其缺,此所謂加辟領八寸是也。其上一半全一尺六寸不裁,以布之中間,從項上分左右對摺,向前垂下,以加於前之闊中,與元裁斷處相接,以爲左右領也。夫下一半加於後之闊中者,用布八寸,而上一半從項而下,以加前之闊中者,又倍之,而爲一尺六寸焉,此所謂"而又倍之者"是也。此則衣領所用之布與裁之之法也。古者衣服吉凶異制,故衰服領與吉服領不同,而其制如此也。注又云"凡用布一丈四寸"者,衣身八尺八寸,衣領一尺六寸,合爲一丈四寸也。然此即衣身與衣領之數。若負、衰、帶下,及兩衽,又在此數之外矣。但領必有袷,此布何從出乎?曰:衣領用布闊八寸而長一尺六寸。古者布幅闊二尺二寸,除衣領用布闊八寸之外,更餘闊

① 〔明〕李如圭:《儀禮集釋》卷一九。

一尺四寸，而長一尺六寸，可以分作三條，施於袷而適足無餘欠也。①

楊復將辟字訓爲“攝”。《説文》：“攝，引持也。”《淮南子・地形訓》高注：“衣褶之褶或作攝，以兩手攝其肩之耳也。”楊氏以“攝”訓“辟”，應該正是從朱子以“辟積”之褶解“辟領”而來的。但朱子還是認爲辟領是另外加的布，而不是翻起來的，楊復則提出了翻領之説，並認爲闊中就是翻出辟領之後空出的部份。若是這樣，怎樣來解釋用布一尺六寸呢？他乾脆將鄭注的“加辟領八寸”作了一個全新的理解，認爲這不是加上辟領用布的八寸，而是在闊中加上的另外一塊布，也就是所謂的“加領”。這個加領怎樣縫綴在闊中之處，楊復又提出了一種非常複雜的解釋，即用一塊一尺六寸的布，中間對折，上半部不裁，下半部“從項上分左右對摺，向前垂下，以加於前之闊中”，塞住了因裁開辟領而留下的闊中之處。他在《儀禮圖》中給出了加辟領的詳細圖示。這樣，就可以加上一尺六寸的布，而鄭君所謂的一丈四寸的用布總數，也就可以算出來了。

朱子、李如圭、楊復，逐漸確立了辟領、加領的解釋模式。但在他們之後，這也並未得到完全的接受。比如，非常推崇朱子經學的魏了翁對辟領的解釋，就仍然接受賈疏之説。②

但楊復之説在後世影響很大。明代劉績《三禮圖》完全沿用了加辟領的説法。張惠言《儀禮圖》中没有詳細談及辟領之制，但從他的圖上看，他也應該接受了楊氏的説法。丁淩華先生關於加領的説法，應該就是從這個傳統來的。

三、清人的澄清

清代禮學興盛，很多禮學家又重新檢討辟領的問題。但多數學者仍然遵從楊復以來的説法，甚至没有看出楊説與注疏的矛盾。

較早看到賈疏與楊説的矛盾的，應該是段玉裁。記文“衣二尺有二寸”的鄭注，傳世刊本多爲“加辟領八寸”，段玉裁在《闕中》一文中指出，如果這裏真的是“辟領”，就不可能算出一丈四寸的布了，因而此處應該是“闕中”，“辟領博四寸，出衰外，與衣異

① 〔宋〕楊復：《儀禮圖》卷一一。

② 〔宋〕魏了翁：《儀禮要義》卷三四《負廣出適寸謂負版出辟領》：“云辟領廣四寸者，據項之两相向外各廣四寸云，則與闊中八寸也者，謂两身當縫中央，揔闊八寸，一邊有四寸，並辟領四寸爲八寸。云两之爲尺六寸也者，一相闊與辟領八寸，故两之，揔一寸六尺。云出于衰者，旁出衰外者，以两旁辟領向前，望衰之外也。云不著寸数者可知也者，以衰廣四寸辟領横廣揔尺六寸，除中央四寸當衰，衰外两旁各出衰六寸。”又《鶴山全集》卷一〇五：“注謂辟領及衰闊中尺六寸，出於辟領外旁一寸，則辟領之長與衰齊，衰用三升布，則與辟領之布亦三。”

材,於計衣布尺寸無涉,故知作'辟領'者誤也。"至於今本的"闊中",他認爲同樣是錯的。段氏詳述其意曰:

> 闕中、辟領非有二事。闕中者,剜去左右共八寸,成空闕也;辟領者,横剜入四寸,而直處不翦斷,即以左四寸摺覆左肩上,右四寸摺覆右肩上,謂之辟領。辟領實而闕中虚,共成一尺六寸。故注云辟領與闕中成八寸,合左右則成尺六寸也。辟領非與衣異材。①

段氏看出來楊復之説與鄭注用布之數的矛盾,但他的解决方式是通過改注疏,而不是改楊説。不過,他這樣的理解也給楊説提出了一定的質疑,因爲"加辟領"改成"加闕中",則所謂的加領也就無法安放了。

據筆者所見,最早全面批判楊復之説的應該是夏炘。在《學禮管釋》中,夏炘作有《釋適》上下兩篇,全面解釋辟領之制,並批評楊復以來的翻領、加領之説。其《釋適上》云:

> 適之制與衣殊材。前之衰、後之負版,皆繫于適。先着衣訖,乃始着適。適謂之"辟領",辟者,偏也,謂領偏向旁開也,今世小兒衣領猶有右旁開縫者,其古適之遺制與? ……炘案,衣長二尺二寸,統背計之,則四尺四寸;合左右計之,則八尺八寸。此衣身用布之數也。于安項處濶去八寸,所謂濶中八寸者指此。别用布一幅,横廣一尺六寸,爲辟領,亦濶去中央安項處八寸,兩旁各得四寸,此辟領用布之數也。衣用布八尺八寸,辟領用布八寸,兼濶中去布計之,實布一尺六寸,注所謂加濶中八寸而又倍之也。統衣布計之,凡一丈四寸,此衣與辟領用布之數也。辟領並濶中一尺六寸,衰博四寸,辟領左右去衰六寸,此辟領出衰之數也。負版出于適旁寸,則尺八寸,此負版用布之數也。適横廣八寸,其縱廣無明文。古者幅廣二尺二寸,擬用半幅爲之,除去濶中八寸,前後尚各餘布寸半,後之負版、前之衰,皆綴于辟領之下,則負正當背,而衰亦當心,鄭所謂衰廣袤當心者是也。先着衣訖,後始着適,適自右旁開縫,如今之小兒衣領。辟之言偏,命名其以此與?②

夏炘這一段里有這樣幾個要點:

第一,"辟領"之"辟"訓爲偏,即向旁邊所開之領。

第二,不是翻開衣領,而是另取一塊布,用半幅,即一尺一寸長,一尺六寸寬。

第三,在寬處中間裁去八寸見方的一塊,即闊中,兩邊各余四寸。

---

① 〔清〕段玉裁:《經韻樓集》卷二《闕中》,上海:上海古籍出版社,2008年,第36-37頁。

② 〔清〕夏炘:《學禮管釋》卷一五《釋適上》。

第四,著衣之後,再戴上辟領,辟領左右前後各爲四寸見方,但因爲這塊布總長爲一尺一,兩個四寸共八寸,還余三寸,則前後各一寸半。

第五,將前之衰、後之負版均綴於這一寸半的余布上,正好前當心,後在背。

夏氏並進一步認爲,楊復以來無法理解用布一丈四寸的算法,因而也無法理解鄭注“加辟領”之意,結果要麼是妄改注文,要麼是發明出加領來,均非鄭義。

夏炘一改楊復以來的加領説,對禮學家重新理解辟領之制非常重要。但夏炘認爲前之衰與後之負皆綴于適上,明顯是不對的。前之衰上面是闕中,不可能綴在辟領上;後之負廣出於適,若綴于其上,則兩側無所固著。

其後又有黄元同先生釋辟領之制云:“據鄭注,辟領别用布加其上,非反摺而出之。闕中者,衣之開領處也;辟領者,别用布著疊之,以固其領也。”黄先生所説辟領之制,與夏炘基本相同,但他訓“辟”爲固,則與夏氏不同。他又引了古書中的幾處來證明此解:“《莊子·庚桑楚》:‘形之與形亦辟矣。’崔注:相著也。《素問》:‘調經論聶,辟氣不足。’王注:‘謂辟疊也。’是其義。”①辟領之制的難點,一在用布一丈四寸,二在“辟”字之解。夏炘理清了用布問題,但在釋“辟”字的問題上還有些問題。黄先生以《莊子》、《素問》之例來解“辟領”之“辟”,進一步澄清此一問題,指出:“賈疏本明,楊氏以‘而又倍之’專屬闕中,亦巧而鑿。”②此外,黄先生也没有接受賈疏認爲衰、負綴于辟領上的説法。

黄先生的弟子張聞遠先生在《釋服》諸篇中撰有《釋辟領》,繼續了夏氏、黄氏的辨析,並給出了關於辟領的系統看法。他的看法大體有這樣幾點:

第一,辟領長終幅二尺二寸。其説云:“辟領並闊中廣尺六寸,而用布亦尺六寸,則其長必終幅矣。《記》曰‘出於衰’,則其前必承衰。又曰‘負廣出於適寸’,則其後必與負相掩,故其長爲二尺二寸也。此辟領之廣袤,見於記注可徵也。”記、注中均未明言辟領之長,而夏氏以爲半幅布。如果辟領長半幅布,記注無不明言之理。既然計算用布時,鄭注僅依據其寬,則其長應該就是按照普通布幅,即二尺二寸。宋儒陳祥道所謂“蓋與衰齊”,庶幾得之。

第二,“辟領”爲“裨領”之通假,是輔弼之意。其説云:“按,‘辟’讀爲裨,《玉藻》:‘天子素帶朱裏,終辟而素帶,終辟大夫,素帶辟垂,士練帶率下,辟注皆讀辟如裨冕之裨,是裨與辟同部通假也。《説文》:‘裨,接益也。’引申爲補也,輔也,謂此適者,所以接夫中衣之領而輔之者也。此辟領之名誼也。”張先生之説與黄先生一脈相承,但其

① 〔清〕黄以周:《禮書通故》卷九,王文錦先生點校,北京:中華書局,2007年,第397頁。

② 〔清〕黄以周:《禮書通故》卷九,第400頁。

訓詁更加透徹清晰。黄先生以固訓辟雖可通,然終較勉強。張先生以《玉藻》説服制之例以證《喪服記》注之説,並輔以《説文》之解,雖然對辟領的理解與黄先生相近,但更加圓融可通。而在將辟領解爲裨領之後,則需要進一步闡明所裨之領爲何,於是有了下面一點。

第三,所輔弼之領,爲中衣之領。其説云:

> 《喪服·記》言衰制詳矣,而獨不言領,以領在衰内中衣故也。古者方領深衣,云曲袷如矩,以應方,則所以裨夫領者,左右前後皆有之,故廣尺六寸,而長終幅也。特以前掩於衰,後掩於負,惟左右有辟領,乃指其最著者言之。此因名誼而可見制度者也。何以知領在衰内中衣也?《雜記》注云:"喪之衣,衰如元端。"夫元端,上服也。古者以中衣裹上服,故鄭君《深衣目録》云:"有表則謂之中衣。"《郊特牲》"繡黼丹朱中衣",注云:"繡黼丹朱,以爲中衣領緣也。"《唐風》箋云:"中衣以綃黼爲領,丹朱爲純。"是吉服領在中衣也。其在《喪服》,練而受以功衰,《檀弓》有練衣縓緣,注以爲練中衣,疏以緣爲中衣,領及褎緣是功衰,領在中衣也。又《喪服》傳曰:"齊衰、大功,冠其受也。緦麻、小功,冠其衰也。帶緣各視其冠。"注云:"緣如深衣之緣,謂凡衰皆有中衣,中衣放深衣,故云如深衣之緣也。"深衣之緣有領,《深衣》注云:"唯袷廣二寸。"則如之者,其緣亦有領矣。是凡衰,領皆在中衣也。惟領在中衣,故外衰之適得有辟領之名也。①

證明領在中衣,是張先生之説成立的一個關鍵之處。《喪服記》言喪服之制甚詳,而無一語及領,可證喪服外衣無領。又以《深衣目録》、《郊特牲》鄭注、《唐風》之鄭箋證明吉服之領在中衣;再以《檀弓》、《喪服傳》並鄭注,證明喪服有中衣,則其領在中衣,便順理成章了。這幾條環環相扣,條分縷析,雖發前人之未發,然皆足以服人。

第四,最後的一個問題是:既然辟領、負版、衰皆與衣異材,爲什麽計用布之數只計辟領而不及其餘二者?張先生云:"又,注計衣之用布,不計衰、負,而計辟領者,以衰、負别材,而别綴之以帶紐,辟領雖亦别材,而連綴之以箴功。連綴之,斯並計之矣。"辟領以箴功連綴於上衣,張先生並不同意其師以爲負、衰綴於辟領上之説。

至此,張聞遠先生令人信服地説清楚了辟領之制,使注疏的解释真正清晰了起来。當然,其説並非全無可議之處,比如"辟"字是否一定理解爲"裨"之通假,負與衰究竟是否綴於辟領之上,恐怕都還可以進一步討論。但經過夏、黄、張三位先生的逐層辨析之後,我們已經可以肯定地説,辟領不是像楊復所認爲的那樣,從上衣翻出去,更没有

① 〔清〕張錫恭:《茹荼軒文集》卷四《釋辟領》,又見於《喪服鄭氏學》卷一六。

加領這回事。澄清辟領之制,回到注疏的理解上來,應該是清儒的一大貢獻。

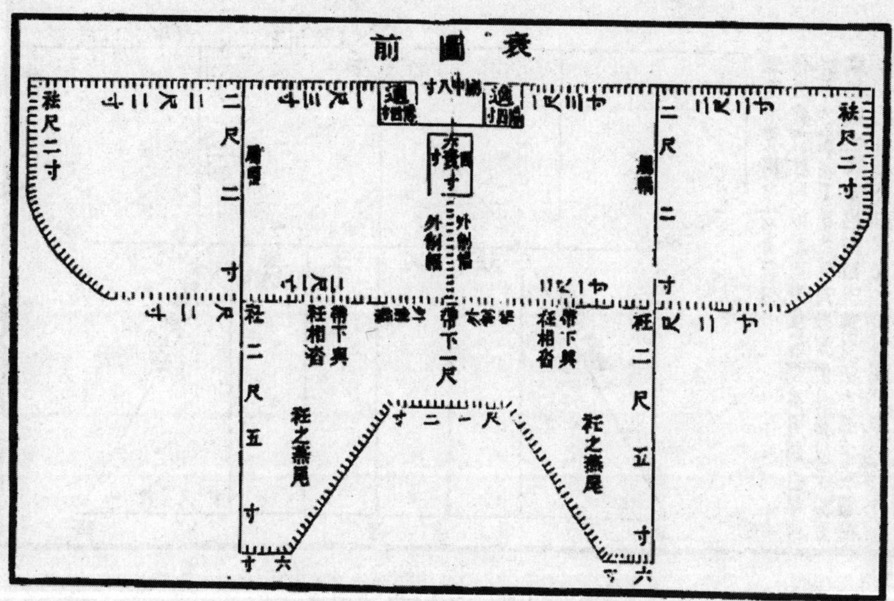

圖六:張聞遠先生繪衰前圖

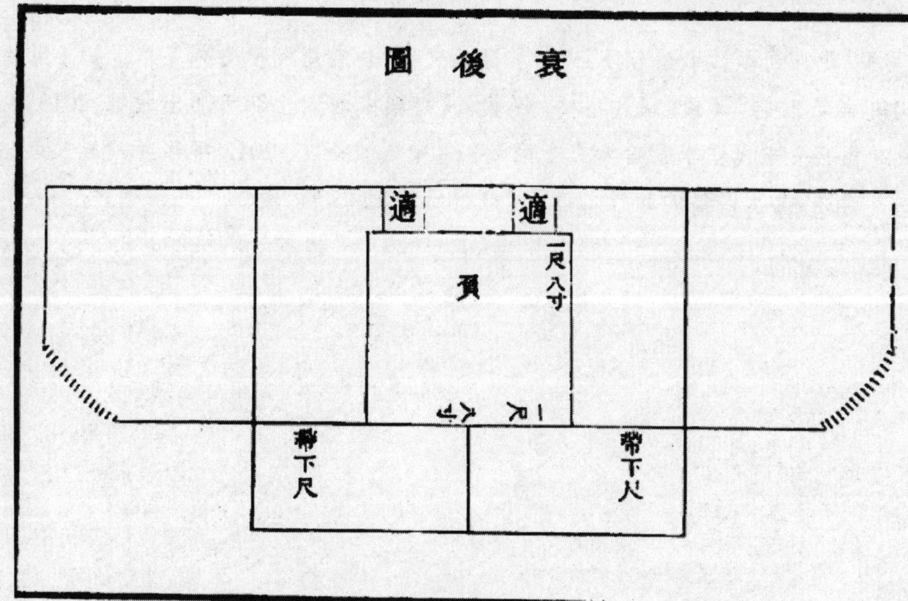

圖七:張聞遠先生繪衰後圖

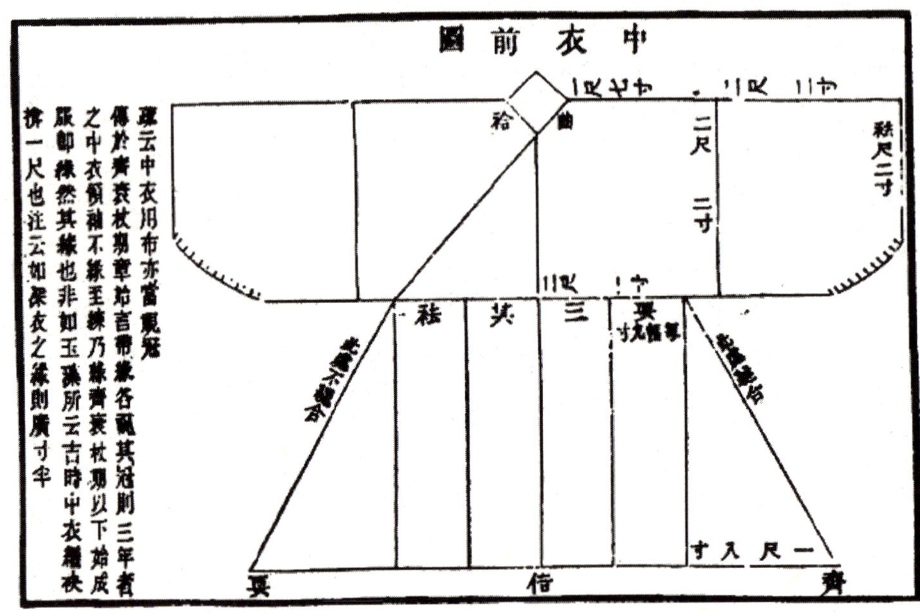

圖八:張聞遠先生繪中衣前圖

作者簡介:

吴飛,北京大學哲學系教授,近年相關論文有《從喪服制度看差序格局》(《開放時代》2011 年第 1 期),《論"婦人不杖"》(收入《禮樂中國》,上海書店出版社,2013 年),《祭及高祖——宋代理學家論大夫士廟制》(《中國哲學史》2012 年第 4 期),《聖人無父——〈詩經〉感生四篇的詮釋之爭》(《經學研究》第二輯)等。

西方世界中的董仲舒

[英]魯惟一撰　王璁譯

譯者案　本文是英國著名漢史研究專家魯惟一(Michael Loewe)先生的最新著作《董仲舒——儒家繼承人與春秋繁露》(*Dong Zhongshu, A 'Confucian' Heritage and the Chunqiu fanlu*, Leiden: Brill, 2011)一書導論的附録部份,概論性地介紹了自福蘭閣以來西方學界發表的關於董仲舒研究論著的主要觀點及問題。這裏其實包含了一些中國的學者,但是他們或者是用外文直接寫作,或者爲西方學者所注意而被翻譯引進到西方。我們知道大陸學界對於董仲舒的基本看法長期傾向於認爲他是維護皇權統治,引入陰陽五行迷信觀念,與先秦儒家質樸民本思想相脱離的。然而西方論著中關於董仲舒的觀點却對我們有很大的啓發意義。從胡適開始,曾祖森、蕭公權等都認爲董仲舒的主觀意願是限制皇權,曾祖森甚至認爲董仲舒是神學家,而德效骞、狄百瑞與本傑明·沃拉克注意到了儒教被確定爲中國正統思想過程中的很多細節問題,諸如民間教育系統、文官選拔系統以及儒教怎樣融入、吸收其他學派的觀點等問題,而後者更是懷疑儒教在西漢是否真正取得勝利,以及董仲舒與公孫弘對於推動儒教進程的作用。從總的方面看,西方學者十分重視《春秋繁露》的真實性,以及漢代皇帝對於儒學國教化中所處的角色及其能動性。這些細節上的特點恰恰是目前中國學者研究董仲舒思想尚需完善的地方。最後,要感謝博睿(Brill)出版公司授權本刊發表此譯文。

大概是在1917年,福蘭閣(Otto Franke)首次把西方世界讀者的注意力引向了董仲舒這一人物。他那部可以被視爲開創式研究的作品得到了很大的讚賞,因爲他幾乎注意到了所有研究董仲舒及其《春秋繁露》時被提出的主要問題。[①] 他把董仲舒視爲致力於學習孔子的人(*Die Lehre des Konfuzius*,孔子的教育,第 99 頁),而且他還小心地注意到董仲舒與《春秋》和《公羊傳》,而非《論語》的密切關係(第 115 頁)。福兰阁討論了在長安和洛陽經歷各種動亂之後,董仲舒作品丟失的可能性,以及幸虧隋代牛弘在 583 年對民間典籍進行廣泛搜羅,董仲舒作品的傳本得以重現的可能性(第 143-144 頁);[②]他也考慮到了一些篇章在董仲舒之後的年代中被添加進去的可能性,雖然只有極小的意義(第 146 頁)。

在關於董仲舒學術研究的作品中,胡適 1929 年的一篇隨筆是早期第二篇對西方讀者有參考意義的文章。這篇隨筆中,胡適論述了儒教成爲國教的過程。[③] 他認爲在道家思想佔據統治地位的漢朝早期,"儒家學者"就存在於中央政府。他描述了秦代與西漢早期廣泛存在的宗教儀式,他還認爲融入了民間迷信因素以及國家崇拜儀式之後,儒教進入到了正統教育系統(第 34 頁)。這是一個包含六要素的宗教;這個宗教依存於天的信仰,天是人類命運的最高操縱者,而且天的意圖是可以被揣測與理解的。作爲"漢代最偉大的儒家思想代表者"(第 34 頁)的董仲舒,通過提供一些哲學元素而支持這種新的信仰方式。

胡適的文章提出了問題而且需要討論。他把漢代的儒教視爲:從目的上看,希望可以限制君主的專制統治(40 頁),然而這樣的觀點還需要足够的證據,而我們可能很難在確定爲董仲舒的作品中找到這些痕跡。另外,在董仲舒的年代,認爲存在崇拜天的皇家儀式仍然還是過早了。這些儀式最早始於公元 31 年,而且經歷過相當多的動摇、反對與拖延。[④]胡適所指出的作爲新宗教的六個因素,其中三個很難在確認爲董仲

① 他的作品的出版于 1917 年,並于 1920 年增補再版,像這樣有助於西方人漢學研究的作品在那個年代是極少的。參看《東方語言學術研討會 XXI》(*Mitteilungen des Seminars für Orientalistische Sprachen* XXI, 1917);福蘭閣《關於中國國教與儒教歷史的研究:〈春秋〉與董仲舒〈春秋繁露〉的問題》(*Studienzur Geschichte des Konfuzianischen Dogmas und der chinesischen Staatsreligion: das Problem des Tsch' un-ts' iu und Tung Tschung-schu' s Tsch' un-ts' iu fan lu*,1920)。

② 《隋書》32 卷第 908 頁。我們不能知道是否有這樣一個傳本流傳下來,《隋書》32 卷,第 930 頁記載,公元 622 年因爲一場洪水摧毁了國家圖書館。

③ 胡適:《以儒教爲國教始自漢代考》,1929 年。譯者案此文原爲英文,刊於《皇家亞洲文會北中國支會會刊》,見 H Shih. *The Establishment of Confucianism as A State Religion during the Han Dynasty*, Journal of the North-China Branch of the Royal Asiatic Society,Vol.60,1929, pp20-41.

④ 參考魯惟一《公元前 109 年到公元 9 年間漢代中國的危機與衝突》(*Crisis and Conlict in Han China* 104 *BC to AD* 9,1974)第五章,和本書(譯者按指《董仲舒——儒家繼承人與春秋繁露》,下同)第七章第 267-275 頁。

舒的作品中找到,這三個因素分别是對於人格化的上帝或天的信仰,對於死神的信仰,以及善惡報應觀念的信仰。我們讀到"《春秋》教育人們服從於統治者,還有統治者服從於上帝"(第36-37頁),胡適認爲這是漢代儒教對《春秋》的概括。這種論斷是基於《春秋繁露》中的一段文字。①

1932年,吴康指出,康有爲認爲董仲舒是"儒家學派中的至聖(le plus grand savant de l'école confucéenne)",②從而對他抱有極大的敬意。雖然康有爲明確排除了某些被認爲非董仲舒所作的篇章,但是他明顯地堅信《春秋繁露》來源於董仲舒的思想。因爲康有爲充分意識到出《春秋繁露》流傳與真實性的問題,因此他傾向於接受我們所接受部份的最小部份,例如第一篇《楚莊王》,作爲董仲舒觀點的真實證據——特别是那些表達出對於《公羊傳》解釋的部分。③

馮友蘭的中國哲學論述中文初版於1934年,卜德(Derk Bodde)於1937年將之翻譯成英語。這本書的英文版涉及到了"董仲舒在西漢儒家學者中的統治地位"及其"在它的(即《春秋》)'微言大義'被接受爲一個系統的解釋之前的對於《春秋》的美化與解釋"。④ 馮友蘭還認爲董仲舒關於《春秋》的著作在重要性上可以與《易傳》相媲美,但是他並没有論證是基於什麼得出這個關於《春秋繁露》的結論。

德效騫(H.H. Dubs)1938年在没有參考福蘭閣和胡適的情況下寫了一篇隨筆,這可能是關於儒教思想的形成最有影響力的一篇文章。⑤ 他十分正確地指出把他所謂的"儒教的勝利"地位定在漢武帝統治時期是不正確的;而更應該是一個緩慢的過程,直到隨後150年間才最終完成。然而這樣一個用詞"勝利"引發了一些問題,而且也不能不帶批評的接受。通過梳理某些特定群體的人怎樣提出他們自己的想法,以及可

① 《春秋繁露》第2篇(《玉杯》),第31頁,所謂"以人隨君,以君隨天"是評論《春秋》對於三年守孝期内結婚的批評的(《春秋》和《左傳》卷十八《文公二年》第7b、11b頁;《公羊傳》卷一三,第3b頁;《穀梁傳》卷一〇,第2b頁,批評的要點在於延遲對僖公的祭祀。)《玉杯》是董仲舒傳中直接點明其作者爲董仲舒的一篇(《漢書》卷五六,第2525頁)。對於懷疑《春秋繁露》第二篇篇名真實性的問題,參看蘇輿的註釋(《春秋繁露義證》第23頁),他指出王應麟(1223-1296)未見此篇。

② 吴康:《董仲舒〈春秋繁露〉的三大政治思想》(*Les trois théories politiques du Tch'ouen Ts'ieu interprétées par Tong Tchong-chou d'après les principes de l'école de Kong-yang*,1932),第164-167頁。參看康有爲《春秋董氏學》第二和第五卷(1897年初版;最佳版本爲蔣貴麟的《康南海先生遺著彙刊》4,臺北:宏業書局,1976年)。

③ 吴康:《董仲舒〈春秋繁露〉的三大政治思想》,第39、52頁。也可參看本書第六章,第230頁。

④ 馮友蘭:《中國哲學史》,卜德翻譯,1953年,第二卷,第18-19頁。

⑤ 《漢代儒教的勝利》(*The Victory of Han Confucianism*),初版于《美國東方社會研究學報》(Journal of the American Oriental Society)58卷第3期,1938年,第435-449頁;德效騫:《西漢史》(*The History of the Former Han Dynasty*)修訂版,第二卷,1944年,第341-353頁。

能藉此去影響皇帝的想法和朝廷決議,德效騫描述了知識份子的發展過程,他把這個過程視爲從秦朝開始到王莽期間内對於公衆生活的影響進程。如同胡適一樣,通過這些論述,他設想在從秦朝起,甚至更早,包括儒家、法家和道家在内的某些獨特且排他的思想流派就有其明確教義以及職業信徒。這可能來自於儒家團體控制政府的能力,以及也許可以被認爲是沿著胡適所表達的限制絶對君主的觀點。同時,德效騫暗示漢武帶以及其他漢代皇帝應該被看做具有植入自己個人思想和能動性的能力。這個假設可能不需要被證明。① 最近,邁克爾·倪蘭(Michael Nylan)出版了一本著作來質疑"儒教的勝利"這個概念。②

德效騫提到董仲舒的對策影響了漢武帝的決議,而没有提及《春秋繁露》的影響,這大概是正確的。然而,他所認定的毫無疑問有人用董仲舒的建議提醒漢宣帝(前74-48年在位)而漢宣帝也確實意識到了這個政策(即知識份子的統一)的好處,這種提法需要得到證據支持。③

但是在指責胡適或者是德效騫之類的早期學者論著的泛論性之前,我們可能應該反思他們在各方面都在重申嵌入到中國學術傳統中的元素。更廣泛地説,他們運用了那些可以在司馬談的論著中看見以及後來被劉向與劉歆敷衍的學術分科與分野。我們不太可能知道司馬談相對於過去的作者來説,是怎樣考慮與他同時代的作者;劉向與劉歆所做的目録的首要目的並非是分析漢代的思想方式。我們應該記住這些作者所運用的表達方式是儒者和儒家,而非儒教,後者似乎只在《史記》和《漢書》出現過一次,而且没有暗示相關一系列觀點。④

在曾祖森爲自己1949年翻譯《白虎通》作簡介時,他描述董仲舒爲把"新儒家系統帶入到全面發展過程中",還有"爲儒家研究醞釀了陰陽概念"。基於《春秋繁露》以及《天人三策》,⑤他視董仲舒爲中國第一位偉大的神學家,因爲董仲舒認爲《春秋》包含有"對任何一個時代都有效的神聖信息";他描述董仲舒在融入了宇宙學、倫理學、歷史學以及政治方案之後,建立了一個鮮明的系統,並運用這個系統去解釋所有經典。

① 参看魯惟一《秦、西漢、新朝歷代人物傳記辭典》(*The Men Who Governed Han China*: *Companion to A Biographical Dictionary of the Qin*, *Former Han and Xin Periods*, 2004)第17章。

② 倪蘭:《問題模式:漢代的"正統綜合體"》(Nylan, *A Problematic Model*: *The Han "Orthodox Synthesis*," *hen and Now*, in Kai-wing Chow, On-cho Ng, John B. Henderson, *Imagining Boundaries*: *Changing Confucian Doctrines*, *Texts*, *and Hermeneutics*, Newyork: SUNY Press, 1999)

③ 德效騫:《西漢史》,第353頁。

④ 《史記》卷一二四,第3184頁,《漢書》卷九二,3699頁。

⑤ 天人三策大概在公元前134年提交,参看本書第二章附録(1)和第三章第86—100頁以及附録1。

此外這個推測只基於《春秋繁露》本身,他認爲《春秋》"展示了五行系統以及由此產生的天道"。[①]

在初版於 1954 年的論著中,李約瑟通過援引《漢書·董仲舒傳》中的一段話,接受了"儒教勝利"的概念。在 1956 年出版的關於科學思想史的論著中,他反復提到他曾經形容爲"受道家巨大影響的儒家學者"董仲舒。他通篇中都著眼在《春秋繁露》,而且毫無保留地表現出認同其真實性,同時把《春秋繁露》確定爲董仲舒在世時完成的著作。[②] 在關於明代政府的論著中,賀凱(Charles O. Hucker)把儒教的統治地位描寫爲"首先被古代思想家例如孔子和孟子所闡明的,然後在公元前 2 世紀被董仲舒系統地闡釋給政府" 。[③]

運用簡短的詞語建立年代表,狄百瑞(de Bary)描述董仲舒爲"領軍儒教哲學家"。他在主要文章中擴展了自己的觀點,他論述了儒教在漢武帝統治時期的增長,接受了儒教駕臨於其他學派之上的觀點。[④]

> 這在很大程度上歸因於像董仲舒這樣的學者的努力。他吸收了其他學者的觀點,[⑤]因此構建了一個更好,更適合於政府以及快速擴展的官僚階層需求的系統。雖然董仲舒這種新哲學以及其繼任者通常被描述爲儒家學者,但是已經遠離於孔子及其直接追隨者的簡單倫理理論。他們這種新觀點的啓發點以及核心毫無疑問來源於周代的儒家學派,但是已經被通過借入其他學派的東西去包容進思辨領域方式所擴展了,導致我們很難將其與早期儒學聯繫上。因爲只是通過提供一個完整的人類和宇宙哲學,漢代儒教有能力取代了其他競爭者,還有取得了,正如它所做的,國家支持的正統地位。

狄百瑞援引《春秋繁露》去闡明董仲舒的政治觀點以及討論他關於創造性與陰陽(第

---

① 曾祖森:《白虎通,在白虎殿的全面討論》(Tjan Tjoe Som, *Po Hu T' ung*: *The Comprehensive Discussions in the White Tiger Hall*,1949-1952),第一卷,第 97-99 頁。

② 李約瑟等:《中國科學技術史》(*Science and Civilisation in China*)第一卷及第二卷;《科學思想史》(*History of Scientific Thought*,1954,1956)第一卷第 104 頁,以及第二卷第 26 頁和全文各處。

③ 賀凱:《明代的傳統中國政權》(*The Traditional Chinese State in Ming Times* 1368 - 1644,1961),第 60-61 頁。

④ 狄百瑞、陳榮捷、伯頓·沃森(Burton Watson):《中國傳統資料》(*Sources of Chinese Tradition*,1960),第 xx、184-185 頁。

⑤ 與《淮南子》和司馬談所論六家要旨相比較。

191 頁)和五行(第 201-206 頁)的觀點。① 關於土地改革,他引用了收録在《漢書》中的董仲舒的對策,但他没有提到董仲舒的"天人三策"。在隨後的著作中,他表揚董仲舒爲"建立儒家經典運教育民衆系統的重要人物,而且他也因爲作爲一個偉大嚴格遵守儒家教義的人以及敢於直言維護政治、經濟改革而被廣泛地尊敬"。②

陳榮捷 1963 年也一樣明顯認爲没有理由去質疑代表董仲舒觀點的《春秋繁露》的合法性;而且他也採納了一般的觀點,即儒教爲幾個學派之一,而董仲舒爲其領軍人物。在其中國哲學的主要論著中,他寫道:

> 表面上看,董仲舒(前 179-前 104)似乎只有很小的哲學興趣,但是從歷史上看,他是極爲重要的。他的主要作用在於在公元前 136 年讓儒教成爲國家理論。這種優越地位排斥了其他學派,而且一直持續到 1905 年。③

陳榮捷相信董仲舒認爲宇宙是一個完整的有機體,並且認爲歷史是在"以黑、白和紅爲標誌的三個時代之間循環。這樣的想法本身與鄒衍(前 305? -前 240?)的五行相剋理論差别不大"。

這一認爲兩種理論"差别不大"的觀點很難讓人接受,如果把鄒衍的經典論斷與《春秋繁露》第 23 篇以及那些特别涉及五行的篇章比較一下,立刻就能明白。④ 陳榮捷更進一步判斷董仲舒曾經擔任過兩次公卿大夫(chief minister),這個論斷很難得到支持,爲了遠離帝國決策中心長安而處於安全的距離,他所擔任過的最高職位只是作爲兩個王國的相(chancellor)。陳榮捷還提到董仲舒是"那個時代以致隨後幾百年間最偉大的儒家學者"。置董仲舒於劉向、劉歆和揚雄或者其他東漢的學者之上,而把唐宋的學者還有理學學者置之不管,這大概是有問題的。這可能也可以與上述吴康的觀點進行對比。

除了倪蘭,最近極少論者提及揚雄是對西漢末年對儒學發展做出貢獻的人物。然

---

① 《春秋繁露》政治思想見第 18、19、43、44、35、30 篇;陰陽五行思想見第 58 和 59 篇。

② 狄百瑞:《東亞文明:五階段對話》(*East Asian Civilizations: a Dialogue in Five Stages*, 1988),第 15 頁;第 16-17 頁引到《春秋繁露》第 19 篇。

③ 陳榮捷:《中國哲學資料書》(*A Source Book in Chinese Philosophy*, 1963),第 271-272 頁;也可參看 287 頁《春秋繁露》第 23 篇《三代改制質文》的翻譯,以及 279 頁第 42 篇《五行之義》的翻譯。

④ 《吕氏春秋 · 有始覽 · 應同》,見陈奇猷:《吕氏春秋校釋》,臺北:華正書局,1988 年,第 677 頁;魯惟一:《秦、西漢、新朝歷代人物傳記辭典》,第 466-467 頁。

而在那些並非直接涉及漢代儒學發展的論著中,我們可以發現些許傾向於接受董仲舒及其成就的傳統主義者的觀點的案例。[①] 多少有些例外的是,我們至少可以發現一個董仲舒其名及其學説被用於政治宣傳目的的例子。1974 年在批林批孔的運動中,林彪因爲作爲董仲舒的忠實信徒而被批判。我們被告知,基於董仲舒所倡導的三綱五常的原則,地主階級壓迫中國人民,而我們似乎可以詢問一下這樣一個説法是怎樣被證明的。[②] 所被引用的《春秋繁露》的那兩章幾乎很難支持作者的論點,而且假定三綱五常原則正式由董仲舒所提出以及由其意識到,是很難得到支持的。

在關於兩漢思想歷史的主要研究著作中,徐復觀採納了漢代思想乃董仲舒所奠定的觀點,這與其早年想法相反。陰陽及其理論所帶來深刻的衝擊,這些可以在董仲舒中尋到蹤跡,他敷衍了《吕氏春秋》的思想,從而構成了宇宙哲學系統,同時將《公羊傳》以及《洪範》的思想也包括了進去。[③]

通過與其他作者比較,1978 年本傑明 · 沃拉克(Benjamin Wallacker)在論文中採納了一個高度懷疑論的觀點,董仲舒確實對於國家事務以及儒教的提升有實質性貢獻。[④] 他只有一次提及了涉及到除了六藝與孔子之教,其他理論一概廢止的董仲舒的“天人三策”作爲論據;[⑤]而且他從來没有引用《春秋繁露》。沃拉克不能認同董仲舒的論斷在其生涯中産生了重要變化,不管這些變化的影響是否可能是在隨後才能看到,[⑥]因此他寫道“漢代的儒教,正如我們已經看到的那樣,在西漢没有能够明確控制官方意識”。[⑦] 他意識到應該歸因於公孫弘,某些政府措施、例如官吏的培訓,這通常被視爲最有特色的,或者基本的公衆生活中儒家特色基本元素。他把公孫弘視爲“儒家傳統與法家實用主義開始融合的大熔爐”;他慎重考慮是否董仲舒的真正貢獻在於“法家方法與儒家歷史主義的結合”。[⑧] 整篇文章中,他都接受:在西漢,一方面不同思

① 劉慶柱、李毓芳:《西漢十一陵》,西安:陝西人民出版社,1987 年,第 55 頁.

② 于炳文、李紹榮和黄德榮:《漢墓畫像與董仲舒的“三綱五常”》,《文物》1974 年第 8 期。

③ 徐復觀:《兩漢思想史》第二卷,臺北:臺灣學生書局,1976 年,第 295 頁。

④ 沃拉克:《漢代儒教與漢代的孔子》(*Han Confucianism and Confucius in Han*, in David T. Roy and Tsuen-hsuin Tsien eds., Ancient China Studies in Early Civilization, Hong Kong: The Chinese University Press, 1978),第 215—228 頁。

⑤ 沃拉克:《漢代儒教與漢代的孔子》,第 216 頁;《漢書》卷五六,第 2523 頁。

⑥ 沃拉克:《漢代儒教與漢代的孔子》,第 216 頁。

⑦ 沃拉克:《漢代儒教與漢代的孔子》,第 223 頁

⑧ 沃拉克:《漢代儒教與漢代的孔子》,第 226-227 頁。

想流派與不同生活方式都十分盛行，同時人們也認爲孔子是一個偉大教育者。[①]

依據 1979 年牟复礼(F.W. Mote)的翻譯，蕭公權認爲董仲舒十分有效地在一段時間内使孔子在公衆生活中佔據了突出位置。他概括董仲舒爲"闡明天權以限制君意，而爲西京諸儒之巨擘"。[②] 他用大段篇幅論述了董仲舒"受命"的觀點，並且認爲法天理論爲董仲舒知識構成的一部份。(譯者按：此句原文晦澀，參照蕭公權原文翻譯。)在表達這些見解時，蕭公權提倡《春秋繁露》與"天人三策"擁有同等程度的合法性與權威性。1984 年，亨德森(John B. Henderson)認爲董仲舒屬於"具有政治傾向的漢代宇宙學家"。[③] 他同意《春秋繁露》的作者爲董仲舒，而且似乎接受他爲一些思想的原創者。[④] 史华慈 1985 年論述了董仲舒"特别努力融合宇宙學與儒家價值觀"以及他的"一整套關聯宇宙學儒家化系統"，[⑤]而且充分注意到了董仲舒天的概念。[⑥] 基於此，他一般參考《春秋繁露》的章節，而没有質疑其真實性，雖然有時會對一些段落進行考證。有一次他引用了第 36 篇，這篇被認爲是竄入了後人所作的文字，[⑦]然而他没有引用天人三策。

1985 年，在一個極有價值的章節中，程艾蘭(Anne Cheng)教授提供了一個對於董仲舒思想的分析，將他視爲在原典或者早期公羊思想與作爲今文學家領頭的何休之間的紐帶。雖然她意識到《春秋繁露》的真實性有些疑問，但是還是接受爲承載了董仲舒思想的源泉。[⑧] 在一個展示了《論語》思想增長年表的比較廣闊的文脈中，西川徹論

---

① 譯者按：此處參看原作者論著翻譯。原作者認爲在西漢，儒教並不佔據統治地位，每個學派都可以自由發展，人們也可以自由選擇，但是人們也認同孔子是保存傳統最好的教育家，是古代世界與當代連接的橋樑。

② 蕭公權：《中國政治思想史》第一卷《從最初到公元六世紀》(牟复礼翻譯，1979 年；中文原版 1945–1946 年)，第 484—503 頁；特别參看第 487 頁。

③ 约翰・亨德森：《中國宇宙學發展與衰亡》(*The Development and Decline of Chinese Cosmology*, 1984)，第 22、199 頁。

④ 约翰・亨德森：《中國宇宙學發展與衰亡》，第 3、24 頁。

⑤ 史华慈：《古代中國思想世界》(The World of Thought in Ancient China, 1985)，第 363、370 頁。

⑥ 史华慈：《古代中國思想世界》，第 370–371、376、381、403–404 頁。

⑦ 史华慈：《古代中國思想世界》，第 459 頁注釋 41，參考《春秋繁露》第 36 篇，其真實性爲蘇與所懷疑(《春秋繁露義證》，第 313 頁)；也可參看 456 頁註釋，參考《春秋繁露》第 4–6 篇，提到《春秋》，可能來源於董仲舒；還有很值得懷疑的第 69、70 篇。

⑧ 程艾蘭：《漢代儒教研究：經典註釋傳統的闡述》(*Étude sur le Confucianisme Han: l'élaboration d'une tradition exégétique sur les classiques*, 1985)第一章"董仲舒與當時今文學形成"(Dong Zhongshu et la formation du courant jinwen)，第 27 頁。

述了呼應董仲舒的"天人三策",儒教於公元前 136 年作爲國教被確立的事件。[①]

雖然傾向於接受董仲舒可能被描述爲"一位西漢儒教哲學家",加里·阿巴克尔(Gary Arbuckle)1992 年對《春秋繁露》進行了嚴厲的批評,將其視爲搜集了來自不同作者志趣不一的隨筆集。[②] 在一篇 1992 年的仔細研究的文章中,任吕敏(Marianne Bujard)審查了確定董仲舒生平事件年代的證據,主要基於《史記》、《漢書》和《資治通鑒》。[③] 她提到《春秋繁露》兩次,[④]而且考慮到了最近的論著,包括那些被桂思卓(Sarah A. Queen)所討論的。因爲她接受公元前 198 年爲董仲舒的生年以及 134 年爲其提交"天人三策"的年代,所以將董仲舒強烈否認刑殺及要求減緩刑殺置於前 128 年至 126 年之間;而且她雖然猜測董仲舒亡故之年爲前 104 年,但是還是認爲没有關於這些年代或者其他所提供的東西的確定證據。1993 年,葉翰(Hans van Ess)接受了董仲舒爲《春秋繁露》作者的觀點。[⑤]

所有的學者都應感謝桂思卓教授 1996 年的全方位的重要研究。[⑥] 在此研究中,她在某些細節上審查了大部份涉及董仲舒生平、論著和成就,以及《春秋繁露》的價值和真實性的問題。她把董仲舒視爲在漢代儒教的提升中、皇權思想發展過程中以及《春秋》在被建設成爲中國學術、教育準則的基本元素形成的過程中扮演了主要與突出角色的人物。雖然在一些基本方法上,我與她的假設不太一樣,但是還是覺得自己同意她的很多結論。實際上她確實有能力去論述一些關於個體意見與動機,不僅僅是董仲舒,還有其他一些包括那個讓我們不能明白的主父偃,因为叙述特定歷史事件需

---

① 西川徹:《論語の思想史年表》,松川健二編:《論語の思想史》,1994 年,第 511 頁。

② 阿巴克尔:《評新譯春秋繁露》(*Some Remarks on a New Translation of the Chunqiu fanlu*,1992),第 215-238 頁。這是對高思曼(Robert H. Gassmann)《春秋繁露》譯本(*Tung Chung-shu Ch'un-ch'iu Fan-lu. Üppiger Tau des Frühling-und-Herbst-Klassikers: Übersetzung und Annotation der Kapitel eins bis sechs*,1988)的書評。又参高思曼的另一篇文章(*A Note on the Authenticity of the Chunqiu fanlu; the date of Chunqiu fanlu 73 "Shan Chuan song*,1989)。

③ 任吕敏:《董仲舒的一生:謎團與假設》(*La vie de Dong Zhongshu: enigmes et hypothèses* ,1992),第 145-217 頁。至於確定董仲舒生平年代,参看本書第二章,第 76 頁。

④ 任吕敏:《董仲舒的一生:謎團與假設》,第 119 頁腳注 97。

⑤ 葉翰:《漢代學術與政策:古文經與今文經的分歧》(*Politik and Gelehrsamkeit in der Zeit der Han* (202 *v. Chr.* - 220 *n. Chr.*):*Die Alttext/Neutext—Kontroverse*,1993),第 55、80 頁。

⑥ 譯者案即桂思卓:《从编年史到经典:董仲舒的春秋诠释学》(Sarah A. Queen, *From Chronicle to Canon: The Hermeneutics of the Spring and Autumn According to Tung Chung-shu*, Cambridge : Cambridge University Press,1996)。

要充分理解政治環境。與其他作者一起,她接受或者假設全部權力掌握在皇帝手中,例如漢景帝(前157-前141在位)或者年輕的漢武帝(前141-前87在位)即位后立即掌握權力,也可能與竇太后共掌權力。這些可能都是司馬談、司馬遷和班固對於皇權的理想化,也是爲了讓人明白他們所叙述的故事,但是實際的情況可能複雜得多。確實,有理由顯示漢景帝有能力採取些獨裁的行動。如果是這樣,他就享有全部權力,我們很難看見皇太后對於黄老學説的偏向怎樣對在漢景帝統治期内的政策產生高效甚至是有力的影響。幾乎没有證據顯示公元前141年到公元前87年間的上諭來自年輕漢武帝,或者他在統治期内的重要活動中扮演了領導角色。在公元前91年-公元前90年間威脅這個朝代的危機中,漢武帝所扮演的角色很難看出他是一個有力的人物或者是一個決定性的角色。

另外一個重要的問題涉及那些董仲舒名下的著作。不管其寫作年代如何,現在的論者都無法確認《春秋繁露》一定代表了董仲舒的教導,因此更加謹慎的對待其他董仲舒名下的著作是很有必要的。[①] 董仲舒傳中記載總共有123篇表明"經"意和上疏條教,以及在《漢書》卷三十《藝文志》中正式登載了《董仲舒百二十三篇》的條目,與其他作者例如公孫弘和莊助是完全一樣的形式。[②] 這些記載似乎表明這不過是些不同旨趣作品的彙集,而非一個基於相同與緊密主題的有序篇章。徐復觀認爲董仲舒生前没有寫過這樣的作品,但是在桂思卓教授反復提及的董仲舒著作中,她放棄了認爲這是正式寫作以及完整作品的念頭。[③] 2005年一本以"中國傳統文化讀本"爲標榜的出版物,重申了通常被接受而且不帶任何解釋的觀點,包括漢武帝"受到了董仲舒的影響,接受儒教爲國家意識形態"。[④] 兩位最近合作研究中國宗教的學者傾向於接受

① 参看程艾蘭:《漢代儒教研究:經典註釋傳統的闡述》,第27頁。

② 《漢書》卷五六,第2525頁;卷三〇,第1727頁,以及《漢書補注》卷三〇,第31b頁。

③ 徐復觀:《兩漢思想史》第二卷,307頁;桂思卓:《从编年史到经典:董仲舒的春秋诠释学》,第39-41頁。

④ 見哈格曼(Jan L. Hagman)的文章,收入梅維恒與金鵬程等《夏威夷傳統中國文化讀本》在(Victor H. Mair),Nancy S.Steihardt和(Paul R.Goldin)(Victor H. Mair, Nancy S. Steinhardt and Paul R. Goldin eds., *Hawai'i Reader in Traditional Chinese Culture*,2005),第494頁。作者也相信董仲舒建立了太學以及開始了通過推薦與書面考試的方式系統選擬士人(譯者案指哈格曼的文章 *Schools and civil service in the Ming Dynasty*)。

董仲舒爲《春秋繁露》的作者而反對其他謹慎以及批評的觀點。[①] 在他自己撰寫的文字中,齊思敏(Mark Csikszentmihalyi)小心地避免將"儒家信徒"這樣的術語加在董仲舒身上。[②]

我們現在可以回到最近受到注意的董仲舒,因爲他的名字與最近興起的思潮相聯繫,即"新儒家主義"在後毛主義時代的知識份子權威中扮演了一個突出的角色。在一系列研究方式上,這種思想已經在20世紀末葉以及21世紀中獲得培育壯大,2003年,陳博士(Sylvia Chan)寫道:[③]

> 李澤厚強調漢代儒家信徒,尤其董仲舒所推動的發展是儒教的第二階段。而道統理論根本不承認他們才是儒教的真正傳遞者。當然這種觀點很難在歷史基礎上去證明,因爲漢代儒家對於漢武帝(前141–前87在位)年間儒教上升爲國家正統思想做出貢獻,而且儒教的這個位置一直持續了2000多年。然而董仲舒的折衷主義甚至在道統理論建立之前已經引來了儒家内部的批評。他的宇宙觀嚴重地採用了來自陰陽五行僞科學理論,甚至包括一些迷信,例如占卜,而他的社會和政治理論帶有濃厚的獨裁主義。我們十分好奇董仲舒哲學中的什麼吸引了這位理性主義者、唯物主義者和自由主義者的李澤厚。當然我們不可否認董仲舒是第一位去同化和"儒家化"那個時代很多有影響力的思想流派(包括法家、道家和陰陽家)的儒家學者,而且他還構建了一個連貫以及包羅一切的形而上學的系統,並將其運用於解釋自然與人類世界的一切事情。

作者繼續解釋了李澤厚高度評價董仲舒的綜合性或者是"創造性"以及他相信"新儒家應該重視這份遺產,這是可以化解宋明理學傾向内修之毒的良好解毒劑"。李澤厚

---

① 參看勞格文(John Lagerwey)和M.卡林諾斯基(Marc Kalinowski):《早期中國宗教:從商代到漢代》(*Early Chinese Religion* Part One: *Shang through Han* 1250 BC – 220 AD,2009),卷一,第692頁樂唯(Jean Levi)的觀點;以及卷二第1118頁李建民觀點,與此相反的是卷二第823–832頁根茨(Joachim Gentz)的觀點。

② 參看他的《漢代中國思想讀本》(*Readings in Han Chinese Thought*, Indianapolis: Hackett Publishing, 2006)。

③ 《李澤厚與新儒家》(*Li Zehou and New Confucianism*),收入梅約翰(John Makeham)編:《新儒家批判》(*New Confucianism: A Critical Examination*,2003),第120–121頁。陳博士(第128頁,注釋56)論述道她關於董仲舒的討論是基於李澤厚的《秦漢思想簡議》與《荀易庸記要》。這兩篇論文分别初版於1985年和1984年,再版於《李澤厚十年集:中國古代思想史論》(1985年),1994年,第107–176頁,特别參看第145–152頁(修訂版,與《近代思想史論》合刊,1990年,第106–176頁。)

論述董仲舒對於政治思想的貢獻基於《春秋繁露》,因此他明顯傾向於認同其真實性,雖然他也意識到不能把它當成一本系統性的著作。他闡述了自己的觀點(第146頁):董仲舒同化了以及"儒家化"了其他各種思想流派;不過對於涉及《春秋繁露》結論的可靠性,仍然可以繼續討論。

作者簡介:

Michael Loewe,1922年生,中文名魯惟一,西方著名漢學研究專家,現爲劍橋大學榮休教授。主要著作有《漢代行政制度》(*Records of Han Administration*,1967),以及《秦、西漢、新朝歷代人物傳記辭典》(2000年),並參與主編《劍橋中國秦漢史》(*The Cambridge Histor of China*,Volume Ⅰ:*the Ch´in and Han Empires*,221 *B.C.*–*A.D.*220,1986)。

譯者簡介:

王璁,現爲清華大學歷史系在讀博士生,曾就讀於北京大學法語系,從事英、法、日語翻譯。

董仲舒婉辭考

黄　銘

内容提要　董仲舒認爲《春秋》書"晉伐鮮虞",屬於"婉辭",然而"婉辭"應該怎樣理解,諸家説法不一,然大多不合《公羊》義例。蘇輿另闢蹊徑,援引《穀梁傳》"衛伐凡伯,直書爲戎"之文來解釋"婉辭"。本文通過逐條分析蘇氏的論據,指出蘇氏之説不合董仲舒原意,並從《春秋》"異内外"、董子"仁以治人,義以正我"的角度,爲"婉辭"提供一種解釋。

關鍵詞　婉辭　夷狄之　穀梁義　異内外

《禮記·經解》云:"屬辭比事,《春秋》之教也。"按照傳統的説法,孔子作《春秋》,通過文辭的變化寄託微言大義。① 對於後人來説,要明白《春秋》中的微言大義,須從"屬辭比事"入手。董仲舒作爲公羊先師,對於"屬辭比事"本身有獨到的研究,將《春秋》書法總結成二十二種辭,有常辭、況是之辭、婉辭、微辭、温辭、無達辭等等,②以此來探討《春秋》書寫的方法。其中"婉辭"的説法比較難以理解,本文試圖從公羊學内部入手,對於"婉辭"説作出一種解釋。

董子"婉辭"的説法見於《春秋繁露·楚莊王》:

> 《春秋》曰:"晉伐鮮虞。"奚惡乎晉而同夷狄也?曰:《春秋》尊禮而重信。信重於地,禮尊於身。何以知其然也?宋伯姬疑禮而死于火,齊桓公疑信而虧其地,《春秋》賢而舉之,以爲天下法,曰禮而信。禮無不答,施無不報,天之數也。今我君臣同姓適女,女無良心,禮以不答,有恐畏我,何其不夷狄也。公子慶父之亂,魯危殆亡,而齊侯安之。于彼無親,尚來憂我,如何與同姓而殘賊遇我。《詩》云:

① 《春秋》的微言大義都寓於文辭之中,如《史記·孔子世家》所言:"吴楚之君自稱王,而《春秋》貶之曰'子';踐土之會實召周天子,而《春秋》諱之曰'天王狩于河陽'。"貶王稱子,不予晉文公召天子,都是《春秋》尊王的體現,而尊王大義也須從具體的書法中發掘。

② 詳見段熙仲:《春秋公羊學講疏》,南京:南京師範大學出版社,2002 年,第 158-161 頁。

> “宛彼鳴鳩,翰飛戾天。我心憂傷,念彼先人。明發不昧,有懷二人。”人皆有此心也。今晉不以同姓憂我,而強大厭我,我心望焉。故言之不好,謂之晉而已,婉辭也。①

據此,董仲舒認爲《春秋》“晉伐鮮虞”的書法是“婉辭”。

案“晉伐鮮虞”見於昭公十二年。據《公羊傳》及注疏之意,晉國本爲侯爵,應稱“晉侯”,而此處單稱一“晉”字,是將晉國等同於夷狄,徐彦云:“諸夏之稱連國稱爵,今單言晉,作夷狄之號。”②“夷狄之”的原因,是因爲晉伐同姓之國鮮虞,失親親之義,爲大惡,故《春秋》貶去其爵位,將其等同於夷狄。董仲舒認爲,這種書法屬於“婉辭”。然而“婉辭”之意頗難理解。“婉”字從字面上理解,有“委婉”之意,但是在《公羊傳》中,對於諸夏而言,最嚴厲的處罰就是“夷狄之”,單稱其國名,以見其大惡;此外較輕的處罰就是將國君貶稱“人”,將其等同於微者。那麼爲什麼《公羊傳》中最重的處罰,董仲舒却認爲是“婉辭”呢,委婉之意又體現在何處呢?學者們提供了一些解釋的路徑,然而都没有徹底解決上述矛盾。③ 蘇輿則另闢蹊徑,認爲《春秋》中還存在一種比“夷狄之”更重的處罰,就是直接稱諸夏之國爲“戎”,如此則單稱“晉”就比直稱“戎”顯得委婉一些。蘇輿云:

> 衛伐凡伯,晉敗王師,直書爲戎。此第去爵號。以彼例此,猶是婉辭。《春秋》嚴於亂臣賊子之防,纖芥必貶。至於事關君父,則辭多隱諱。對於鄰敵,亦義取包容。原賢者之心,避難言之隱,皆不失忠厚之旨。董子之言《春秋》也,曰“正辭”、曰“婉辭”,曰“温辭”,曰“微詞”,曰“詭詞”。又曰“以仁治人,以義正我。”可

---

① 蘇輿:《春秋繁露義證》,北京:中華書局,1992 年,第 5-8 頁。

② 《春秋公羊傳注疏》,北京:北京大學出版社,1999 年,第 495 頁。

③ 婉辭之所以難解,是因爲要將“晉伐鮮虞”放入《春秋》的名例中考察,名例有自身的規則,單稱“晉”夷狄之,是對於諸夏最重的處罰。當然,也有學者認爲“只説晉,而不説晉人、晉侯、晉公,這乃是委‘婉’之辭”。(詳見趙雅博:《秦漢思想批判史》,臺北:文景書局,2001 年,第 316 頁)這個説法就違反了名例的規則。晉侯是正稱;晉人則有貶義,但僅僅是將晉侯貶爲微者而稱人,未達到“夷狄之”的程度;此外《春秋》通篇没有生稱“晉公”的講法,僅在葬禮上依臣子辭而稱“公”。所以我們認爲趙先生的講法是值得商榷的。又黄開國教授認爲:“婉辭是對親者、尊者不合禮的言行進行貶斥,但不直言貶之所以然。《春秋》常辭言中國,一般是國與爵號連稱,如鄭伯、齊侯、晉侯之類。但昭公十二年,却書‘晉伐鮮虞’,只言晉的國名,而去其爵號;又不用中國言的獲,而用小夷言伐的伐,就是一條貶斥晉侯爲夷狄的婉辭……從文字上可以看出明白的貶斥,但對貶之所以然,只有婉轉相求才能理解。”(黄開國:《公羊學發展史》,北京:人民出版社,2013 年,第 235-236 頁)按照黄氏之論,“婉辭”之“婉”在於“不直言貶之所以然”,而要“婉轉求之”。然而這個觀點也是值得商榷的,按照《公羊傳》的名例,晉單稱國名就是“夷狄之”的書法,是直言其貶;同時鮮虞爲姬姓之國,從經文即可看出“晉伐同姓之國”,所以貶斥晉侯的原因也很清楚,其“貶之所以然”不需要“婉轉相求”。故而説“婉辭”是“不直言貶之所以然”的講法也不合《公羊傳》的義例。

以觀其通矣。[①]

蘇輿認爲“衛伐凡伯”、“晉敗王師”,《春秋》直接稱衛、晉兩國爲“戎”,這種處罰比單稱“衛”、“晉”要重,故而後者是“婉辭”。

但是蘇輿的説法也存在問題,他所依據的兩條材料都不可靠。“晉敗王師”見於成公元年:

> 【春秋經】秋,王師敗績于貿戎。
>
> 【公羊傳】孰敗之?蓋晉敗之。或曰貿戎敗之。曷爲不言晉敗之?王者無敵,莫敢當也。[②]

《春秋》書“于貿戎”,則貿戎爲地名,是晉和王師交戰的地方。《公羊傳》認爲事實上是晉敗王師于貿戎,但因爲“王者無敵”,晉是臣子,周是天子,兩者地位不等,晉不配和周天子交戰,故而爲周天子諱,不書交戰的對手晉國,而直接寫王師在貿戎打了敗仗。而且董仲舒也明言“貿戎”爲地點,《春秋繁露·王道》云:“晉至三侵周,與天王戰于貿戎而大敗之。”[③]所以蘇輿“晉敗王師,直書爲戎”的講法不符合董仲舒的意思。

同樣的,“衛伐凡伯”的説法也不可靠,且其事不見於今本《公羊傳》,蘇輿指的大概是隱公七年“戎伐凡伯”之事。

> 【春秋經】冬,天王使凡伯來聘。戎伐凡伯于楚丘以歸。
>
> 【公羊傳】凡伯者何?天子之大夫也。此聘也,其言伐之何?執之也。執之則其言伐之何?大之也。曷爲大之?不與夷狄之執中國也。其地何?大之也。[④]

《公羊傳》認爲,凡伯受周天子之命聘問魯國,途徑楚丘時被戎俘虜了。事實上凡伯是被戎所“執”,因爲書“執”有“治”的意思,而《春秋》明夷夏之辨,“不與夷狄之執中國”,故而張大其事,將凡伯視爲一個國家,變“執”爲“伐”。從《公羊傳》“不與夷狄之執中國”的角度來看,則伐凡伯者的確是戎,而非衛國。

“衛伐凡伯”是《穀梁傳》之義。同樣是隱公七年,《穀梁傳》云:“戎者,衛也。戎衛者,爲其伐天子之使,貶而戎之也。”范甯《集解》云:“昭十二年‘晉伐鮮虞’傳曰:‘晉,狄之也。’今不曰衛伐凡伯,乃變衛爲戎者,伐中國之罪輕,故稱國以狄晉,執天子

---

① 蘇輿:《春秋繁露義證》,北京:中華書局,1992年,第8頁。
② 《春秋公羊傳注疏》,北京:北京大學出版社,1999年,第369頁。
③ 蘇輿:《春秋繁露義證》,北京:中華書局,1992年,第111頁。
④ 《春秋公羊傳注疏》,北京:北京大學出版社,1999年,第56-57頁。

之罪重,故變衛以戎之。”[①]可見,蘇輿對於“婉辭”的解釋,是沿著范甯的講法來的,並認爲董仲舒於隱公七年“戎伐凡伯”之經,取《穀梁傳》“衛伐凡伯,直書爲戎”之説。[②]

但是董仲舒並未取《穀梁》之説。《春秋繁露・王道》明言:“晉至三侵周,與天王戰于貿戎而大敗之。戎執凡伯于楚丘以歸。”[③]此處董仲舒指出經文“王師敗績于貿戎”中,與天王戰于貿戎的對象是“晉”,則董氏所言的是史實;那麼同樣的,“戎執凡伯于楚丘以歸”也是史實,則董仲舒認爲執凡伯者是戎,並非衛國。這樣,“衛伐凡伯”的説法,也不符合董仲舒之意。

所以在董仲舒看來,《春秋》没有直書諸夏之國爲“戎狄”的書法,晉伐同姓之國,而《春秋》書“晉伐鮮虞”以“夷狄之”,已經是最重的處罰了。最重的處罰,但還是“婉辭”,這個應該怎麼理解呢?

上引蘇輿之説還是給了我們啟示,蘇輿云:“對於鄰敵,亦義取包容。……又曰‘以仁治人,以義正我。’可以觀其通矣。”可見“婉辭”之爲“婉”,是基於“以仁治人,以義正我”的精神,而對於鄰敵也採取包容之心。由此我們認爲,“婉辭”體現的就是恕道,應該從“人我之分”、“内外之别”來看待。

同時,《春秋》對於大惡、小惡分别内外的書法本身,就是恕道的體現。隱公十年《公羊傳》云:

> 《春秋》録内而略外,於外大惡書,小惡不書;於内大惡諱,小惡書。[④]

何休注云:

> 於内大惡諱,於外大惡書者,明王者起當先自正,内無大惡,然後乃可治諸夏大惡,因見臣子之義,當先爲君父諱大惡也。内小惡書,外小惡不書者,内有小惡,適可治諸夏大惡,未可治諸夏小惡,明當先自正然後正人。[⑤]

《春秋》是明義之書,假借魯國爲王者,通過對於内外惡行的不同書法,揭示王者治理天下的先後次序。王者首先要做到自正,方可去治理諸夏,内無大惡之行,方可以治諸夏之大惡;内無小惡,方可以治諸夏之小惡。所以《春秋》在書“外大惡”、“外小惡”的

---

① 《春秋穀梁傳注疏》,北京:北京大學出版社,1999年,第24頁。

② 蘇輿云:“本書並用《公羊》説,而《順命》及《深察名號篇》有《穀梁》語。本篇(《楚莊王篇》)晉伐鮮虞,《玉英篇》桓無王,有《穀梁》義。此類當是師説偶同。”詳見蘇輿:《春秋繁露義證》,北京:中華書局,1992年,第2頁。

③ 蘇輿:《春秋繁露義證》,北京:中華書局,1992年,第111頁。

④ 《春秋公羊傳注疏》,北京:北京大學出版社,1999年,第63頁。

⑤ 《春秋公羊傳注疏》,北京:北京大學出版社,1999年,第63頁。

時候,也時刻將其與魯國自身的狀況相比較。然而根據臣子之義,孔子要爲魯國諱大惡之行,所以魯國並非没有大惡,而是通過諱文,使得魯國表面上没有大惡。既然魯國也有大惡之行,則根據"仁以治人,義以正我"的原則,對於諸夏之"大惡",雖然譴責,但這種譴責本身也應該是恕道的體現,所以即便是最嚴厲的譴責,也都是"婉辭"。

同時,晉伐鮮虞,犯了伐同姓的大罪,而魯國甚至有滅同姓之國的罪行。莊公八年,魯國就滅了同姓之盛國。然而魯國的大惡是要諱的,故而變"盛"爲"成","諱滅同姓也"。[①] 段熙仲先生甚至認爲,書"外大惡"的目的,就是提示讀者魯國也有此類惡行。段老云:

> 何言乎魯一變至於道?《春秋》王魯,托以改制,冀天下之復於正而致太平也,變而至於道,是道未嘗變也。何言乎齊一變至於魯?《春秋》内魯,魯有不可言者,假齊事以言之,小白與糾,商人與舍之事,魯有之矣……《春秋》譏魯之失禮也多矣,皆其猶可言者也,其不可言者則托之于齊。[②]

段老此文雖就《論語》"齊一變至於魯"立論,言魯之大惡托於齊事而言之。其實可以擴展開來,魯之大惡,托於"外大惡"而言之。所以綜合"仁以治人,義以正我"之恕道,以及"内大惡托外事言之"兩個方面看,《春秋》書諸夏之大惡,雖然嚴厲,然而仍舊是"婉辭"。而"婉辭"的目的,則是爲了彰顯王者治理天下之順序,期待遵循先内後外的治理順序,達到"魯一變至於道"的理想世道。

綜上,董仲舒的"婉辭"理論,從公羊學名例的角度看來,"夷狄之"的書法却又是"婉辭",這是難以理解的,蘇輿試圖突破公羊名例,用《穀梁》義來尋求合理的解釋,但與董仲舒的原意不合,本文一一作了辨析,最後從"仁以治人,義以正我"的角度,認爲對於外大惡,雖然貶絶,但從恕道出發,也屬於"婉辭",從而爲董子"婉辭"説提出了一種解釋的可能性。

作者簡介:

黄銘,1985 年生,江蘇常熟人,中國哲學博士,現爲同濟大學人文學院哲學系博士後,研究方向爲春秋學、禮學。已發表論文《論〈春秋〉書法中"實與而文不與"問題》、《〈春秋〉學中的董何之異》、《淺論過繼晚之税服問題》。

---

① 《春秋公羊傳注疏》,北京:北京大學出版社,1999 年,第 135 頁。

② 段熙仲:《禮經十論》,《文史》1962 年第 1 期,第 30 頁。

《儀禮》復原計劃的緣起、主旨與思路

彭　林

《儀禮》復原,是清華大學中國禮學研究中心與嘉禮堂共同發起的一項學術研究計劃,旨在爲《儀禮》提供一種新的研究路徑與人才培養模式。該計劃擬分三階段推進,希冀於十年内完成。

一、緣起

《儀禮》原稱《禮》,亦稱《禮經》,是孔子整理的《六經》之一,也是迄今所見我國年代最早的禮學經典。全書共十七篇,内容涵蓋先秦時代的冠、婚、喪、祭、射、饗、覲、聘等禮儀,其中《鄉射禮》所記,是世界上最早的體育運動;《聘禮》所記,爲世界上最早的外交禮儀;而《士冠禮》、《士昏禮》則是我國最早的成年禮與婚禮儀式的文本,如此等等,是研究古代中國社會的經典之作,具有極高的學術價值。

二十世紀六十年代中期,内地爆發文化革命,而在海峽對岸的臺灣,以孔子哲嗣孔德成先生爲代表的有識之士,在發起文化復興運動。孔先生每周到臺灣大學講授《三禮》,聽衆雲集。其後,孔先生與部分師生在研讀《儀禮》的基礎上,演繹並拍攝了《儀禮》中的《士昏禮》,一時傳爲佳話。遺憾的是,此事就此爲止,未能將其餘各篇接續下去。

此事引起我們極大的敬意與熱情,我們聞知此事後,内心久久涌動着一種將此事做下去的熱望;但由于各方面的條件不具備,遲遲不能起步。

2012年"首届禮學國際學術討論會"期間,清華大學中國禮學研究中心與嘉禮堂議及此事,取得高度共識,雙方一致同意儘快開始啓動"《儀禮》復原計劃"。會後,清華大學中國禮學研究中心的師生多次開會醞釀與研討執行方案,並決定從《儀禮・士冠禮》的復原開始運作。此後香港城市大學創意媒體學院亦決定加入。經過較長時間的努力,於2013年4月開始拍攝《士冠禮》,目前已經完成拍攝,進入後期製作階段。

從今年9月起,我們將開始進入《鄉射禮》的研討與拍攝。計劃在2015年完成《士昏禮》《鄉射禮》《聘禮》的拍攝。

二、主旨

《儀禮》復原計劃,秉承如下理念與宗旨:

1.復原《儀禮》,最直接的動因,是繼承孔德成先生的遺願,完成他的未竟之業,爲中華文化的偉大復興,做一些切實的工作。2013年適逢孔德成先生逝世五周年,緬懷孔先生的志業,更加激勵我們做好這項工作的信心。

2.《儀禮》復原,旨在拓寬研究空間,嘗試一種新的研究途徑。《儀禮》的特殊性在於,它大體是生活中既有的各種儀式的記録,因此,對它的學習與研究離不開踐履,即躬親置身於某一禮儀環境之中,擔任其中的某一角色,並與其他角色一起,從頭至尾地完成整套儀式。《儀禮》復原,正是爲了提供一種機會:嚴格地、系統地沿襲十七篇所記載的全部儀式,以期更加深刻地體會禮法與禮義。惟其如此,當一切都要付諸實踐與實物時,方能發現純文本研究所無法發現的問題,例如文本的疏漏、矛盾等。我們希冀由此走出一條堅實而有價值的《儀禮》研究之路。

3.希冀本計劃成爲《儀禮》研究百科全書式的成果,其成果將體現在如下幾方面:首先,通過虛擬媒體等網絡技術,以及所有角色的實景演禮,完整地展現《儀禮》十七篇的所有内容;其次,對《儀禮》研究中的種種异説(包括考古發現)做竭澤而漁式的搜集,並在成果的"備覽"中充分反映。再次,《儀禮》所見服飾、器物等,均作專題搜集,建立資料庫;又次,《儀禮》器物未必就是某一時代儀式的實録,其來源或者比較複雜,甚至有與出土實物不能對應的現象。遇到類似情況,則以文本記載爲主綫復原,但詳細説明考古發現所見器物以及儀式中填補器物的具體情況。

4.《儀禮》復原的重要目的之一,是藉此培養一批通曉《儀禮》文本,熟知各類學術争端的由來與癥結,多次踐行過各類儀節的青年學子。培養的基本途徑是定期的會讀制度,並參與每一篇的拍攝工作。

5.《儀禮》復原的另一重意義,是爲社會提供中華傳統禮儀最經典、最可靠,且具有可視性的作品,這在西風勁吹、儒家禮儀式微、有識之士無所適從的今天,無疑極有必要,不可等閑視之。

三、運作思路

1.所有參加本計劃的師生,每周一天的《儀禮》會讀是最基本,也是最核心的工作。會讀的深入程度如何,直接關係到本計劃的成敗。因此,要求會讀前必須做足功課。

2.爲發揮各人特長,兼顧彼此愛好,同時爲便於深入,擬設宫室、服飾、器皿、車馬等若干專題,商請專人負責。

3.虚擬媒體與實物構建相結合。考慮到徵用土地的實際困難,目前《士冠禮》《士昏禮》的宫室均采用虚擬媒體技術。《鄉射禮》原本是在露天舉行,爲盡可能展現當時的場景,故正在做各種努力,希望能如願以償,在野外依原樣建造房屋,或搭景拍攝。

4.各篇的演員,原則上由本中心師生擔任,以便真實地演禮;只有極少數要求極高的角色聘請專業演員擔任。

5.本計劃預定 10 年完成(2012 年—2022 年),第一階段以冠、昏、射、聘四禮爲目標,第二階段以喪祭之禮爲目標,第三階段以完成其餘諸篇爲目標。

6.每篇拍攝完成,或者每階段拍攝完成,均邀請有關專家學者看片,聽取意見,以便修改。

作者簡介:

彭林,清華大學人文學院教授,中國經學、禮學研究中心主任。《中國經學》主編。

《鄉射禮》復原工作紀要(一)

清華大學《儀禮》復原小組(張德付執筆)

《儀禮》復原,是禮學研究的重要内容之一。數十年前,曾由著名學者李濟先生倡導、孔德成先生指導,臺灣大學中國文學系部分師生通過集體研討的方式,對《儀禮》所載各項儀節進行系統研究並加以復原,成功拍攝了《士昏禮》録像。嗣後,臺灣大學葉國良教授主持進行了《士昏禮》3D 影像光盤的製作與發行,成績斐然。清華大學中國禮學研究中心在嘉禮堂的支持下,通過新媒體數字技術與經典文本分析相結合進行的方式,參互比較文獻材料與考古資料,在廣泛吸收前人成果的基礎上,重啟《儀禮》復原工作。2013 年夏,《士冠禮》復原基本完畢,秋間,《鄉射禮》復原工作籌備,2014 年初開始實施。

一、事務記録

2013 年 9 月 21 日:第一次會讀《儀禮 · 鄉射禮》,以阮刻《儀禮註疏》爲本。自此,若無特殊情況,皆於每週六舉行會讀(全天)。

2014 年 1 月 18 日:會讀《鄉射禮》畢。凡會讀 16 次(天)。

1 月 20 日:召開復原工作會議,成立"清華大學《儀禮》復原小組",由清華大學彭林教授任總指導。會議規定,除會讀、後期製作外,將《鄉射禮》復原工作劃爲四個階段:材料整理,器物製作,演員排練,正式拍攝。材料整理階段工作安排如次:

分工情況:儀節、儀容由張德付(清華大學中國禮學研究中心博士研究生)、李旭(清華大學中國禮學研究中心博士研究生)等負責;

器物由陳士銀(清華大學中國禮學研究中心博士研究生)等負責;

服飾由吴慶前(北京大學國學院博士研究生)、羅婷婷(清華大學中國禮學研究中心碩士研究生)負責;

宫室、音樂由馬延輝負責(清華大學中國禮學研究中心碩士研究生)。

各負責人同時負責聯繫相關器物復原(包括模型、音樂)的合作者。其中弓箭等射器製作由王剛(中國射箭協會傳統弓委員會常務秘書長)等先生協助。

整理規範:原始材料應分層次整理,按經、注、疏(正義)、其他説法、考古資料次序,逐層分疏清楚,並加以案斷。

材料審核:每兩周提交一次材料給總指導,由總指導審核。在讀書會上,與會者就關鍵問題集中討論。

2月20日:邀請射箭運動員、射藝專家徐開才先生等參加儀禮復原會議,就弓箭復原方面進行研討。

3月:討論宫室、服飾、器物等問題。

4月初:聯繫青銅器復原合作者。

4月17日:討論鄉射禮宫室、服飾問題。

4月21日:前往合作廠家,討論竹編器復原問題。

4月30日:討論鄉射禮宫室,並分配排練任務,爲排練做準備。

5月10日:前往中國射箭隊射擊場進行第一次排練。

5月13日:與合作方討論服飾製作細節問題。

5月20日:中國射箭協會提供射箭短片,以供音樂復原參考。

5月30日:合作方提供了青銅禮器模型泥稿照片。

6月4日:樣衣進入製作環節。

6月7日:籩、筐等竹編器樣品製作出。

6月8日:召開鄉射禮復原工作會議。與會者出清華大學禮學中心全體師生外,主要有嘉禮堂主人張頌仁先生、香港城市大學邵逸夫創意媒體學院院長暨新媒體實驗室總監邵志飛(Jeffrey Shaw)先生、中國射箭協會傳統弓委員會常務秘書長王剛先生、中國音樂學院雅樂團執行副團長楊春薇老師及其助手等。會議就《鄉射禮》復原拍攝方式、拍攝程序、拍攝時間等進行了討論,並就已製作出的禮器模型提出建議。禮學中心與雅樂團簽訂合作協議。

二、儀節考

(一)戒賓節

經:鄉射之禮。主人戒賓。賓出迎。

注:出迎,出門也。

賈疏:云"出迎出門也"者,謂出序之學門,亦如"鄉飲酒"出庠門,皆有一門,入門即至堂耳。①

《正義》:盛氏世佐云:主人戒賓,必詣賓家請之,賓出己家大門外迎主人。疏謂出序之學門外,非。②

按:盛氏説是。《鄉飲酒禮》"戒賓節"鄭注:"拜辱,出拜其自屈辱至己門也。"③鄭注明言至己門,賈氏乃謂鄉飲酒出庠門,可謂智者之失。乍讀之,鄭此注無甚問題。細思之,則此注似不必要。經有言"迎出門"者(《士冠禮》),有言"出迎於門外"者(《士相見禮》)。而此言出迎,必爲出門可知,則鄭此注豈不多餘?然若參以《鄉飲酒禮》鄭注明言"己門",以與下"主人一相迎于門外"爲州序之門相區别,則此處鄭注當爲"出迎,出己門也"。如是方爲切當,且亦與下經"主人退"注"退還射宫"相呼應。然無版本依據,亦不敢斷言必如是。

據此,鄉射禮涉及兩種宫室格局:一爲處士之家,當爲左寢右廟,兩重門。一爲射宫,即序,僅一門。

(二)陳設節

按:《鄉射禮》與《鄉飲酒禮》陳設皆先言堂上,次庭中,大略相同。《鄉飲》無射器(侯、乏等),又未出設縣之文,此其異。《燕禮》與此相反,先庭中,次堂上。且設席,鄉禮先賓後主,《燕禮》先賓後公,《大射》先公次賓次卿。鄭康成注《燕禮》:"後設公席者,凡禮,卑者先即事,尊者後也。"賈公彦疏謂:"《大射》辨尊卑,故先設公席,後設賓席也。"④此説不當。《儀禮正義》引朱子、盛世佐説駁之。⑤ 可從。設席先賓後主,當爲禮之常。

器物陳設處,尤可見《儀禮》經文序次井然。又其次序,不徒爲文章立言之序,陳設過程亦當如此。

(三)迎賓拜至節

經:主人以賓揖。

注:以,猶與也。

賈疏:云"以,猶與"者,案《左氏傳》云"蔡人以吴子與楚人戰于柏舉",彼以者,能

---

① 〔汉〕鄭玄注、賈公彦疏:《儀禮注疏》,《十三經註疏》,上册,杭州:浙江古籍出版社,1998年,第993頁。

② 〔清〕胡培翬等撰,段熙仲點校:《儀禮正義》,第一册,南京:江蘇古籍出版社,1993年,第454頁。

③ 《儀禮注疏》,第980頁。

④ 《儀禮注疏》,第1015頁。

⑤ 〔清〕胡培翬等撰,段熙仲點校:《儀禮正義》,第一册,第678頁。

東西之曰以,以謂驅使前人之稱,此言嫌有驅使之稱,故以爲與,謂主人與賓,是以爲平敵之義,故須訓之。①

《正義》:高氏愈云:能左右之曰以。此云以者,賓之進退似主人也。胡氏肇昕曰:以與聲之轉。主賓相接,爲平等之稱,故曰與也。②

按:《正義》與賈疏基本相同,皆未達康成之意。康成此注實本《鄉飲酒禮》、《士冠禮》等經文耳,不必旁求。《鄉飲酒禮》:"主人與賓三揖,至於階,三讓。"③《士冠禮》:"主人揖贊者。與賓揖,先入。"④《詩・江有汜》首章"不我以",毛傳"以,猶與也",正本次章"不我與"。王引之《經傳釋詞》已論證證過。⑤

經:主人以賓三揖,皆行。及階,三讓,主人升一等,賓升。

注:賓客之道,進宜難也。

賈疏:進宜難,禮之常然,故知主人先讓賓也。此先升一等,禮之常。《燕禮》君升二等者,尊君故也。⑥

《正義》:注以爲進宜難,無謂。⑦

按:賈説未足以揭示康成之意。《正義》採吴廷華説,以爲無謂,誤。"進宜難"蓋本諸《禮記》。《表記》:"子曰:事君難進而易退,則位有序。易進而難退,則亂也。故君子三揖而進,一辭而退,以遠亂也。"鄭注:"進難者,爲主人之擇己也。退速者,爲君子之倦也。"⑧又《儒行》:"其難進而易退也。粥粥若無能也。"⑨又《公食大夫禮》:"賓不顧。"注:"初來揖讓,而退不顧,退禮略也,示難進易退之義。"⑩則難進易退作爲儒者出處之操守,蓋出於對迎、送賓禮儀内涵之體會。鄭注極其精當,而後世學者反以爲無謂,可歎。

(四)主人獻賓節

經:賓進東北面辭洗。

注:必進者,方辭洗,宜違位也。言東北面,則位南於洗矣。⑪

---

① 《儀禮注疏》,第 994 頁。
② 《儀禮正義》,第 465-466 頁。
③ 《儀禮注疏》,第 981 頁。
④ 《儀禮注疏》,第 951 頁。
⑤ 〔清〕王引之:《經傳釋詞》卷一,長沙:岳麓書社,1985 年,第 7 頁。
⑥ 《儀禮注疏》,第 994 頁。
⑦ 《儀禮正義》,第 467 頁。
⑧ 〔汉〕郑玄注:《禮記鄭氏注》,臺北:學海出版社,1979 年,第 723 頁。
⑨ 《禮記鄭氏注》,第 784 頁。
⑩ 《儀禮注疏》,第 1083 頁。
⑪ 《儀禮注疏》,第 994 頁。

《正義》:張爾岐云:《鄉飲酒》此處注異,彼於東字句,此處進字句。①

按:鄭注本《上曲禮》:"揖人必違其位。"彼處注:"禮以變爲敬。"②《鄉飲酒禮》:"賓進東,北面辭洗。"注:"必進東行,示情。"③此張氏所謂句讀不同。又《鄉飲酒禮》注所謂情,人情也。《上曲禮》云:"故君子戒慎,不失色於人。"鄭康成注:"色厲而内荏,貌恭心很,非情者也。"④

經:主人坐取爵,興,適洗,南面坐奠爵于篚下,盥洗。賓進,東北面辭洗。賓降,主人辭降,賓對。主人卒盥。……賓坐取爵,適洗,北面坐奠爵于篚下,興,盥洗。⑤

按:關於盥洗禮儀,張光裕先生《〈儀禮〉盥洗説》一文剖析極爲細緻。⑥ 盥洗有以盤匜者,則立盥洗,此無疑義。盥洗有以罍枓者,立盥洗抑或坐盥洗,賈疏、《正義》皆未言及,張氏亦未論。根據上引經文,主人盥洗時似爲坐,因爲經言坐奠爵後即言盥洗;賓盥洗時爲立,因爲在坐與盥洗之間,經文著一"興"字。《鄉飲酒禮》相應部分,主人盥洗亦似坐(主人坐取爵,沃洗者西北面。卒洗),而賓盥則立則洗亦宜立(賓坐奠爵于篚,興對……賓東北面盥,坐取爵,卒洗)。綜而觀之,鄉禮以罍枓洗,賓立盥洗,則主人亦宜立盥洗。又據張氏文,鄉射盥洗皆無巾而揮手。

又:此处主人、賓盥手时,皆奠爵于篚下。《注疏》、《正義》皆未言篚下具體位置。《鄉飲酒禮》主人"奠爵于篚下",《儀禮正義》以爲賓乃以左手奠于篚南,主人以右手奠于篚北。⑦ 其説可從。

《鄉飲酒禮》賓盥時,經言"奠爵于篚"而非"篚下",其餘大體相同。鄭、賈於賓"奠爵于篚"無釋。《儀禮正義》引諸家説紛紛就辭洗於盥前抑盥後推尋經義,⑧恐不可從。主人辭洗盥前或盥後,特行禮時機不能定,而致經文如此,非有深意。據人情之常,賓盥時,主人即當辭。主人辭,賓即當對。行禮過程非必待賓盥畢洗爵,主人乃辭。經文在空間中展開,不得已而以先後展現,實際行禮不必拘執於此。後司射、司馬行禮亦當有交錯,而經文先後之(如請射後即當有交錯,而經文先叙司射,乃叙司馬)。

---

① 《儀禮正義》,第 468 頁。

② 《禮記鄭氏注》,第 28 頁。

③ 《儀禮注疏》,第 981 頁。

④ 《禮記鄭氏注》,第 28 頁。

⑤ 《儀禮注疏》,第 994 頁。

⑥ 張光裕:《〈儀禮〉盥洗説》,收入陳其泰、郭偉川、周少川編:《二十世紀中國禮學研究論集》,北京:學苑出版社,1998 年,第 474-491 頁。

⑦ 《儀禮正義》,第 302 頁。

⑧ 《儀禮正義》,第 324-325 頁。

賓升,西階上疑立。

注:疑,止也。

按:《鄉飲酒禮》注:"疑,讀爲疑然從於趙盾之疑。疑,正立自定之貌。"①《士昏禮》注、《公食大夫禮》注略同。鄭康成以疑立爲正立自定之貌。據《禮記》足以考證其儀容。《上曲禮》:"國君撫式,大夫下之。大夫撫式,士下之。"鄭注:"撫,猶據也。據式小俛,崇敬也。乘車必正立。"②乘車正立,遇所敬,乃小俛,則正立不俛,是爲今之直立。又《樂記》:"總干而山立"鄭注:"山立,猶正立也。"③巍峨如山,巋然不動。山立之説尤形象。正立,亦即賈誼《容經》所謂"經立"。經立之容爲:"固頤正視,平肩正背,臂如抱鼓。足間二寸,端面攝纓。端股整足,體不摇肘,曰經立。"④主賓皆於對方受爵祭食、酒之時疑立,則此前此後皆不疑立(經立)。既不經立,當爲共立。其容爲"因以微磬曰共立"⑤。即在經立基礎上,稍俯腰身。

(五)一人舉觶節

經:賓厭衆賓升,衆賓皆升,就席。(……主人揖讓,以賓升,大夫及衆賓皆升,就席。……主人以爵降,尊於篚,反升,就席。……主人升就席。……主人阼階上再拜,賓西階上答再拜,皆揖就席。……及階揖,升堂揖,皆就席。……大夫升就席。……卒觶,授執爵者,反就席。……升堂揖,就席。……大夫遂適序西,釋弓矢,襲;升即席。……辯拾取矢,揖,皆升就席。……賓揖,就席。……主人揖,就席。……)

按:後《鄉射》經文"請坐于賓"注:"請坐,欲與賓燕,盡殷勤也。至此,盛禮以成,酒清肴乾,強有力者猶倦焉。"⑥又《鄉飲酒禮》"説屨揖讓如初升坐"處,賈疏云:"凡堂上行禮之法,立行禮不説屨,坐則説屨。屨空則不宜陳於側,故降説屨,然後升坐也。"⑦可見,前所謂即席、就席若未明言坐,則皆立。實則,燕前之坐,皆短暫性坐。至燕,乃久坐,故須請。而《士冠禮》云:"即席,坐。"經中亦多有此類文字。故知經若單言"即席",則未嘗坐也。經文謹嚴如此。

(六)遵入獻酢之禮節

經:賓及衆賓皆降,復初位。

注:初位,門内東面。

---

① 《儀禮注疏》,第981頁。

② 《禮記鄭氏注》,第28頁。

③ 《禮記鄭氏注》,第501頁。

④ 〔汉〕賈誼撰,閻振益、鍾夏校注:《新書校注》,《新編諸子集成》本,北京:中華書局,2000年,第227頁。

⑤ 《新書校注》,第227頁。

⑥ 《儀禮注疏》,第1008頁。

⑦ 《禮儀注疏》,第989頁。

賈疏:知初位門内東面者,上文賓厭衆賓,皆入門左,東面北上,故知也。[①]

按:賈疏實未嘗作任何解釋。敖繼公以初位爲階西以南當序之位,以後禮家多從之。《正義》亦主敖説,又《正義》引程瑤田合門内東面與西階西當序位爲一,不當。[②]《正義》甚謬,此不達康成解經之法所致也。康成於經文體之獨深,尤其於經文變化處,多事推尋以求合聖人立文之意。此處即其一例。

前主人獻賓節,"賓反位"注:"反從降之位也。""主人反位"注:"反位,從降之位也。"主人獻衆賓節又有"降復位",鄭未注。是前或言"反位",或言"復位",而此獨言"復初位"。則此所復之"初位"必與反/復之位不同,故鄭决其爲初入門内之位也。[③]其説確不可易。後之人粗疏,反以鄭爲非,斯不然矣。

又《士冠禮》"主人降,復初位"注:"初位,初至階讓升之位。"鄭不以主人初立阼階下直東序西面位者,疏云:"欲迎其事,聞字之言故也。"[④]二位相去並不遠,若嚴格按經文解,則當以初位爲阼階下直東序西面位,正與賓此時之位相當,然鄭康成體人情之宜而略加變化。

又冠禮初加宾盥後與主人揖讓升,"主人升,復初位。"據前所論,經此處言"初位",恐有誤。鄭於此未注,其所見本作"復位"與?不然以康成之敏鋭,若此處爲"復初位",必爲之説。賈疏云:"主人升復初位者,謂初升序端也。"[⑤]則賈所見已爲"復初位",其解頗爲拗曲牽強。此亦不敢斷言必如此,姑存此説,以待後之解人。

三、器物考

(一)容乏名義

注:容謂之乏。

賈疏:云"容謂之乏"者,案《周禮·射人職》云:"王以六耦射三侯,三獲三容。五正。"彼據王三侯有三容。容者以革爲之,可以容身,故云容也。云乏者,謂矢於此匱乏不去,故云乏也。[⑥]

---

① 《儀禮注疏》,第995頁。
② 《儀禮正義》,第476頁。
③ 此韓衛衛(號尊魯,参與讀書會者)之説,而張德付爲之證成如此。
④ 《儀禮注疏》,第953頁。
⑤ 《儀禮注疏》,第952頁。
⑥ 《儀禮注疏》,第993頁。

按:《正義》引諸家説與賈疏同。① 賈疏釋容乏名義實誤。《爾雅・釋宫》:"容謂之防。"郭注:"形如今牀頭小曲屏風,唱射者所以自防隱。見《周禮》。"②《爾雅疏》釋乏之義爲"矢至此力乏",與賈疏略同。乏在侯北十丈西五步,侯道三十丈。射位距乏遠較距侯爲近,矢至此力正勁,如何可謂之力乏、匱乏? 郝懿行以"容謂之防"側於《釋宫》,認爲與射無關,"防乏異名,殆非同物"。然其考二者形制,又無大區别,謂"射者之容,蓋亦放此"③(謂防)。竊以爲防乏聲轉。《説文解字》:"覂,反覆也。从襾乏聲。"而音方勇切。④ 禮書中"窆"又作"封"。此皆其聲轉佐證。如此,則乏之得名,亦由防護而來。

(二)肉訓羹所本

注:肉謂之羹

按:《鄉飲酒》注同。《特牲》注同。《禮記》"羹定詔於堂"注同。肉謂之羹,《爾雅・釋器》文。《爾雅》蓋本諸《左傳》。隱公元年《左傳》:"公賜之食,食舍肉。公問之故,對曰:小人有母,皆嘗小人之食矣,未嘗君之羹。請以遺之。"⑤前曰"食舍肉",後曰"未嘗君之羹",則肉謂之羹。杜注云:"食而不啜羹。"失之。

(三)斯禁名義

注:斯禁,禁切地無足者也。

按:《鄉飲酒禮》注同。斯禁,《特牲》名之曰棜。《爾雅》:"御、圉,禁也。"⑥棜(影魚)、御(疑魚)、圉(疑魚),聲近義同,皆禁止之意。

(四)帨巾

經:坐挩手。

按:拭手以帨,故曰挩。《禮記・少儀》注:"《鄉射》曰:賓奠爵於薦西,興,取肺,坐,絶祭,左手嚌之,興,加於俎,坐帨手。"《釋文》:"帨本亦作挩。"⑦則賓主皆佩帨巾。《内則》:"左佩紛帨。"鄭注:"紛帨,拭物之佩巾也,今齊人有言紛者。"⑧則帨巾佩於左。其形制,一時無以考明。

---

① 《儀禮正義》,第 462 頁。敖氏引《爾雅》:乏謂之防。誤。
② 《爾雅注疏》,《十三經注疏》,下册,杭州:浙江古籍出版社,1998 年,第 2597 頁。
③ 〔清〕郝懿行:《爾雅義疏》中之一《釋宫》,北京:中國書店影印本,1980 年,第九葉。
④ 〔汉〕許慎:《説文解字》第七下,北京:中國書店影印本,2011 年,第七葉。
⑤ 《左傳注疏》,《十三經注疏》下册,杭州:浙江古籍出版社,1998 年,第 1716 頁。
⑥ 《爾雅注疏》,《十三經注疏》下册,杭州:浙江古籍出版社,1998 年,第 2582 頁。
⑦ 《禮記鄭氏注》,第 457 頁。
⑧ 《禮記鄭氏注》,第 349 頁。

(五)筵席之度

記:蒲筵,緇布純。[①]

按:鄭康成未言《鄉射禮》所用蒲筵長度。而《公食大夫禮記》:"蒲筵常,緇布純。加萑席尋,玄帛純。"注:"丈六尺曰常,半常曰尋。"[②]長丈六尺,當爲諸侯之禮,非《鄉射禮》所宜用。《禮書》云:"筵席之制,短不過尋,長不過常,中者不過九尺。"[③]聶崇義《新定三禮圖》:"舊圖云:士蒲筵,長七尺,廣三尺三寸,無純。"[④]然聶氏並未提供證據。竊以爲舊圖之説不可從。席有卧席有坐席。不論卧席、坐席,據禮典,皆短不過尋(八尺)。分論之如次。

卧席當以人身爲度,按《考工記》明言:"人長八尺。"則卧席短不過尋易知。

次論坐席。《上曲禮》:"羣居五人,則長者必異席。"鄭注:"席以四人爲節,因宜有所尊。"[⑤]若知一人之節,即可知席之節。古者布帛寬二尺二寸,出於人要。故一人之節約爲二尺二寸。又《考工記》:"輿人爲車,輪崇、車廣、衡長,參如一,謂之參稱。"[⑥]而《考工記》載輪有三等:"兵車之輪六尺有六寸,田車之輪六尺有三寸,乘車之輪六尺有六寸。"[⑦]車容三人並而立乘,據此則一人之節短不過二尺。二尺當爲下限,亦合乎情理。故坐席以四人爲節,則必然短不過尋(八尺)。

鄭康成以《鄉射禮》諸侯州長(士)所行,級别非常低,故宜用最低等之席,即長八尺之席。席寬暫無以考證,姑從聶氏引舊圖三尺三寸之説。

(六)州序之度

按:《鄉射禮》經記中於州序尺度未嘗著一字。禮家亦未嘗考證。爲復原故,吾人不得不多方推求,發現並非絶不可考。《考工記》周人明堂以筵席爲度,又謂"室中度以几,堂上度以筵",此實爲吾人提供重要啟示:宫室作爲起居之所,其體量與坐卧具之尺度有密切關係。州序有堂無室,無甚異議。既然堂上度以筵,則吾人據堂上筵席之數,或可推定堂之大小。

經云:"衆賓之席繼而西。"[⑧]即繼賓之席而西。則酒尊以西至少容四張席。尊東

---

① 《儀禮注疏》,第1009頁。

② 《儀禮注疏》,第1086頁。

③ 〔清〕黄以周撰,王文錦點校:《禮書通故》第六册,北京:中華書局,2007年,第2527頁。

④ 〔五代〕聶崇義撰、丁鼎點校:《新定三禮圖》,北京:清華大學出版社,2006年,第240頁。

⑤ 《禮記鄭氏注》,第7頁。

⑥ 〔汉〕鄭玄注:《校宋周禮鄭注》,《國學名著珍本叢刊》本,臺北:鼎文書局影印本,1972年,第757頁。

⑦ 《校宋周禮鄭注》,第744頁。

⑧ 《儀禮注疏》,第993頁。

有大夫席。又記:“西序之席北上。”疏謂:“大夫多,尊東不受,則於尊西,賓近於西,則三賓東面。”①三人爲衆,是謂多。如此,則一大夫在尊東,兩大夫在尊西,賓亦於尊西。衆賓長不宜與大夫並,則東面北上,統於賓。

自賓席之東端至西牆,至少宜容四張席。又席西端宜各留二尺爲升降之節(是爲一席)。尊東至牆至少容一張席。陳設尊等器物亦以容一席計。則堂之闊不少於七席。席長八尺,約合 1.84 米。七席約合 13 米。是爲堂寬。

堂深。堂中至少容三席,又其北一席(賓等之席)之寬,席南北面各二尺爲人往來之節(計約一席)。其南一席(樂工席)之寬,南北面各二尺爲往來之節(亦約一席)。如是,則堂深不少於五席,約爲 9.2 米。

堂東西墻至東西廉各容二尺(約 1 米),堂西容三耦一列(約 3 米),堂東亦如之。是庭院寬約 20 米。侯道五十弓,約 69 米。是堂南廉至侯 69 米。堂北墻至北廉容二尺(約 1 米),加上堂深(9.2 米),則庭深不少於 78.7 米。

以上推算爲最小數據。

(七)侯

記:凡侯,天子熊侯,白質;諸侯麋侯,赤質;大夫布侯,畫以虎豹;士布侯,畫以鹿豕。注:此所謂獸侯也,燕射則張之。鄉射及賓射,當張采侯二正。而記此者,天子諸侯之燕射,各以其鄉射之禮而張此侯,由是云焉。白質、赤質,皆謂采其地。其地不采者,白布也。熊、麋、虎、豹、鹿、豕,皆正面畫其頭象於正鵠之處耳。君畫一,臣畫二,陽奇陰偶之數也。燕射射熊、虎、豹,不忘上下相犯。射麋、鹿、豕,志在君臣相養也。其畫之皆毛物之。②

按:記文言凡侯之形象、采色。據一般理解,此中“士布侯,畫以鹿豕”,即當爲鄉射禮所用侯。而鄭康成以《周禮》(《考工記・梓人》)範圍《儀禮》,故認爲此處所記之侯當梓人之獸侯,爲燕射所張。康成又補充經記未言鄉射侯之不足,謂:“鄉射及賓射,當張采侯二正。”此由《射人職》與《梓人》而來。然《射人職》載士“樂以《采蘩》”(《禮記・射義》同),亦與《鄉射》“歌《騶虞》若《采蘋》”相出入。此等處正見出康成禮學特色,而吾人當知其所以釋,而不必爲之拘囿。

① 《儀禮注疏》,第 1009 頁。

② 《儀禮注疏》,第 1010 頁。

四、人物考

(一)主人方:約8人

主人(1人)。

經:主人戒賓。【戒賓節】

按:鄭注謂主人即“州長也”。鄉射禮主要人物。

相、司正、司馬(1人)。

經:主人一相出迎于門外。【迎賓節】……

作相爲司正。【立司正節】……

司正爲司馬。【請射節】……

按:鄭注謂人即“主人家臣擯、贊、傳命者”。

薦脯、醢者(2人)、**進俎者**(1人)。

經:薦脯醢。……乃設折俎。【主人獻賓節】

薦脯醢。……乃設折俎。【賓酢主人節】

每一人獻,則薦諸其席。衆賓辯有脯醢。【獻衆賓節】

乃薦脯醢。……設折俎。【獻大夫節】

薦脯醢。……辯有脯醢。……辯有脯醢。【樂賓節】

薦脯醢。設折俎。……獲者執爵,使人執其薦與俎從之。適右個,設薦俎。……左個之西北三步,東面設薦俎。……獲者執其薦,使人執俎從之。……薦脯醢,折俎。【獻獲者節】

薦脯醢。【息司正節】

按:鄭皆無注,應爲主人之吏。

洗觶者(1人)。

經:一人洗,舉觶于賓。【一人舉觶】

按:鄭注:“一人,主人之吏。”

司射(1人)。

經:司射適堂西。【請射節】……

注:“司射,主人之吏也。”

舉觶者(2人)。

經:使二人舉觶于賓與大夫。【二人舉觶】

按:注:“二人,主人之贊者。”

設席者(1人)。

經:乃席賓,南面東上。衆賓之席,繼而西。席主人于阼階上,西面。【設位節】

席于尊東。【獻大夫節】

席工于西階上,少東。【樂賓節】

按:注未言,應爲主人之吏。雖大夫加席,時相先後,事不相妨,仍定爲1人。

畫物者(2人)。

按:經注未言,司射誘射節賈疏謂:"此不言畫物早晚,案《大射》納射器之下,即言工人、士與梓人升自北階,兩楹閒,疏數容弓,若丹若墨,度尺而午。此不言者,卑者文略,亦當在納射器後即畫之也。"[①]未知人數,今設爲2人。

主人侍者(1人)。

經:弟子受俎降自西階以東。【撤俎節】

按:注云:"以東,授主人侍者。"

徹冪者(1人)。

記:"尊绤冪,賓至徹之。"【記】

按:無注。徹冪者應爲主人之吏。

又按:陳設節所需人數不定,未計。一人洗觶可併入二人舉觶之中。席者、畫物者、侍者、徹冪者與薦俎醢、進俎者並不同時贊禮,故可合併。

(二)大夫方:設爲2人

大夫(若干,今設爲1人)。

經:大夫若有遵者……【獻大夫節】

按:注:"謂此鄉之人爲大夫者也。"經云:"大夫雖衆,皆與士爲耦。"是其人數未定。

大夫從者(1人)。

經:大夫取俎還授弟子,弟子以降自西階,出授從者。【撤俎節】

鄉先生、君子(設爲無)。

經:以告于鄉先生、君子可也。【息司正節】

按:可者,不必之辭,故設爲無。

公(設爲無)。

記:若有諸公。……無諸公。【記】

按:若者,不定之辭,故設爲無。

又按:記文尚記有君、小臣等,此不計入。

---

① 《儀禮注疏》,第1000頁。

(三)宾方:約9人。

宾(1人)。

經:主人戒賓。【戒賓節】

按:記:"大夫與,則公士爲賓。"注:"公士,在官之士也。鄉賓主用處士。"

衆賓(若干,定为4人)。

經:衆賓之席,繼而西。【設位節】……

按:爲與大夫等成耦,姑定为4人。

衆賓之長(3人)。

經:衆賓之長升拜受者三人。【獻衆賓節】

記:衆賓之長一人辭洗,如賓禮。【記】

賓之從者(1人)。

經:司正以俎出,授從者。【撤俎節】

按:注:"授賓家從來者也。"

(四)弟子:約14人

三耦(6人)。

經:三耦俟于堂西。【請射節】

按:注:"司射選弟子之中,德行道藝之高者,以爲三耦。"記云:"三耦者,使弟子。"

納射器者(設爲8人)。

經:命弟子納射器。【請射節】

按:注:"弟子,賓黨之年少者也。""有司…授弓"注:"有司,弟子納射器者也。"此人數不定。射器爲弓、矢、決、拾、旌、中、籌、楅,至少各1人,故定爲8人。

命張侯、命徹俎、相者等。

命張侯、命弟子説侯(二者宜爲1人),無注;命獲者倚旌(1人),注:"獲者,亦弟子也"。命弟子設楅(1人);弟子取矢(未言人數,設爲2人);釋獲者執鹿中,一人執筭從之(2人);命弟子設豐(1人)。

命弟子俟徹俎(2人:主人1、大夫1),注:"弟子,賓黨也。俎者,主人贊者設之。今賓辭之,使其當俟徹,順賓意也。"

相者皆左荷瑟(4人:相瑟2人、相歌者2人),注:"相者降立西方。"疏:"云相者降立西方者,其相者是弟子位在西者。"經:"樂正適西方,命弟子贊工遷樂于下。"

按:納射器者,與下命張侯、命徹俎、相者等並不同時出現,可合併,仍爲8人。

(五)樂工:13人

擊磬者(1人)。

經:縣于洗東北,西面。【設位節】

按:注:"此縣謂磬也。"康成意謂《鄉射禮》無鐘。曾永義《儀禮樂器考》據"合樂"鄭注"合金石絲竹而歌之"中有"金"(鐘),乃謂鄭氏自相矛盾,遂主用鐘。① 不知康成特汜言及之,非謂可用鐘也。今不從曾氏説。

樂正(1人)。

經:樂正先升。【樂賓節】

樂工(4人)。

經:工四人,二瑟。【樂賓節】

按:工爲瞽矇。下"工不興"注:"不興者,瞽矇禮略也。"或有大師在其中。經云:"獻工。大師,則爲之洗。"

鼓者(1人)。

經:樂正命奏《陔》。【賓出節】

按:注:"大夫、士,鼓而矣。"

笙(4人)。

記:三笙一和而成聲。【記】

按:據經記等考之如此。曾永義先生以爲鄉射有鐘,不從。曾氏又以爲鄉射附帶之鎛、建鼓、鼙、𪔛以惡如大射。② 既無鐘,亦無鎛。然當有鼙、𪔛,各1人。

又按:如上所計,演習《鄉射禮》所需人物不少於46人。

作者簡介:

清華大學《儀禮》復原小組,前身是清華大學彭林教授指導的研究生《儀禮》會讀小組。現主要成員有張德付、王剛、潘樹成、單黎明、李旭、陳士銀、吴慶前、張凱作、楊柳、馬延輝、羅婷婷、廖海華等人,其中多爲清華大學中國禮學研究中心的博、碩士研究生,在彭林教授的指導下進行《儀禮》研讀與復原工作。本文執筆人張德付,1983年生,安徽宿州人,曾任北京國學院學術部副部長,現爲清華大學中國禮學研究中心博士研究生。

---

① 曾永義:《儀禮樂器考》,《儀禮復原研究叢刊》,臺北:臺灣中華書局,1986年,第118頁。

② 曾永義:《儀禮樂器考》,第118頁。

日本古代射禮研究

楊 柳

内容提要 弓箭最初是基本的狩獵工具,到了新石器時代也曾被當做武器在世界各國廣泛使用。射箭分爲騎射與徒步射兩種類型。日本的騎射多與神道的民俗信仰有關,在民俗學界研究頗爲豐碩。而學界對日本古代的步射及其與射禮的關係探討不多,本文則重點探討日本古代律令制成立初期,伴隨着對中國古代射禮的學習與改造,逐步形成發展起來的重要國家儀式射禮。通過與中國古代射禮的比較,探討了日本古代射禮具有崇尚武勇與體現政府意圖的極強的實用主義特色。

關鍵詞 射禮 武勇 實用主義 中日比較

成立於我國古代的射禮,對日本、韓國等東亞國家影響深遠。古代日本在系統化學習了我國射禮的基礎上,逐步形成發展起來了自己的射禮。在日本射禮從無到有的過程中,我國射禮發揮了巨大的參考性作用。而另一方面,由於文化背景、社會發展階段的不同,日本古代射禮表現出了崇尚武勇與極強的實用主義特色。

一、日本古代射禮梗概

日本射禮最初的記載見於留传至今最早的編年體正史《日本書紀》,[①]書中清寧四年(公元489年)九月丙子朔條曰:

> 天皇、射殿に御す。百寮及び海表の使者に詔して射しめたまふ。物賜ふこと各差あり。

記述清寧天皇駕臨射宫,文武百官中的射手及外國使節奉命行射禮,射禮結束後對優

① 日本留傳至今最早之正史,六國史之首,原名《日本紀》。舍人親王等人所撰,於西元681年至720年(養老4年)完成。記述神代乃至持統天皇時代的歷史。全三十卷。

勝者行賜。但傳世文獻對當時的射禮儀節語焉不詳,當時射禮的具體面貌尚無從考證。

從傳世文獻來看,日本射禮成立之初只存在一種類型的射禮,即天皇参與並由朝廷主持的大射。明確在政府立法中規定朝廷定期舉行大射並有一定禮儀記載的,是平安時代初期的《養老雜令》,[①]其中規定:

凡そ大射は、正月中旬に、親王以下初位以上、皆射よ。その儀式及び禄は別式に従へよ。

要求在每年的正月中旬,从最低位的官员到亲王所有文武百官都參加大射。射禮的儀節梗概在《養老雜令》的附録當中有所規定,在此後編纂的禮書《内裏式》[②]中的"觀射式"一節中禮儀規定更爲詳盡。"觀射式"詳細規定了天皇觀覽射禮時的禮節規範。"觀射式"的日期定爲每年正月十七,日本後世大多數時代都沿用這一日期規定。另外,"觀射式"還要求朝廷全體官員無故不可缺席射禮,即全體官員都要參加射事。

大射舉行十日之前,兵部省開始做準備工作,檢查打掃射宫和洗滌器皿的情況。兵部省官員測量堂到箭靶的距離,並張設箭靶。大射舉行前三日,樂人在阼階東陳設樂器。兵部省從文武百官中挑選一部分射手代表,進行數天的演練。大射當日,天皇駕臨豐樂院,[③]坐入天皇寶座"高御座",皇太子及以下諸臣就坐後,兵部省兵庫寮鳴鼓爲信號,射手依次進入場地。

射場分甲乙两组,甲組設於豐楽殿前,射手規格較高,是親王以下三品以上官員,乙組設於豐楽殿外觀德堂與明德堂之間,射手規格較低,是三品以下官員。天皇命御膳部官員向每位在場人員呈上酒。飲酒完畢後,工部省木工寮官員將箭靶全部展開,完全準備好,奏請天皇宣佈射事開始,天皇授意近侍宣佈開始後,射禮正式開始。此時由兵部省長官宣讀射手姓名,每宣讀一位射手,該射手便就射位。每組比射的射手射箭的先後順序按照官位高低而定,位高者先射,位低者後射。每位射手射中後,箭靶旁的獲者唱獲。

每組射手射箭結束後,即刻宣佈各自射中箭靶的程度,確定勝負。所謂射中箭靶的程度是指一箭射中箭靶的位置,即一箭定勝負。按照《内裏式 大射的禄法》的規定:射中箭靶最核心處的"内"賞賜布帛35到45匹,箭矢插入箭靶三分賜45匹,箭矢插入

① 日本平安時代初期,公元689年頒布的全國性法令。

② 嵯峨天皇命右大臣藤原冬嗣·中納言良岑安等7名官員查閱新舊儀式記録,並参考外國禮書編纂而成,成書於弘仁12年(821年)。

③ 皇城西南角的宫殿。舉行朝廷宴會等活動的場所。正殿叫做豐楽殿。

箭靶二分賜40匹,箭矢插入箭靶一分賜35匹;射中稍靠外部分的"的"賞賜布帛25到35匹,箭矢插入箭靶三分賜35匹,箭矢插入箭靶二分賜30匹,箭矢插入箭靶一分賜25匹;射中再靠外的"外"賞賜布帛15到25匹,箭矢插入箭靶三分賜25匹,箭矢插入箭靶二分賜20匹,箭矢插入箭靶一分賜15匹;射中箭靶最外圍賞賜布帛1匹,不再區分箭矢插入箭靶幾分。按照這樣的規定勝負確定後,由兵部省長官宣讀勝者姓名,對優勝者行賞賜。全部射手射箭完畢後,大家共飲酒及品嘗簡單飯菜。最後伴隨着"鉦鼓"①所奏雅樂,皇太子及以下群臣退場,而後天皇退場。

二、中日古代射禮的對比

弓箭及射箭行爲在日本平安時代以前與禮儀是没有任何關係的,僅僅與狩獵和民俗信仰有一定的關係。日本古代射禮成立於律令制國家建立過程中的平安時代前期。較爲詳盡描述日本古代射禮成立時之儀節的是平安時代前期完成的現存做早的敕撰禮書《内裏式》。在平安時代之前日本也曾经有過多種零散的不成體系的禮儀指導手册,通常以不定期的頒布詔書的形式發佈,推古天皇下詔書,定《朝禮》,規定了朝堂上上下級官員見面及進出宫門的禮儀規範。孝徳天皇也頒布詔書,定《禮法》,規定了外國使節朝堂朝賀儀式規範。這些禮儀手册中皆没有對於射箭禮儀的規定。

禮儀指導手册越來越繁多,自然出現了編纂大部頭禮書的需要。在平安初期公元748年,遣唐留學生吉備真備向朝廷獻上了《唐禮》一百三十卷,使得這種需要有了變爲現實的可能性。日本學界據《大唐開元禮》是一百五十卷,而廣泛認爲這部唐朝禮書是《永徽禮》。儘管是從國外引進,日本歷史上首次出現了縝密的涵蓋吉、凶、軍、賓、嘉五禮在内的大部頭禮書。在《唐禮》這部煌煌禮儀大典面前,日本朝廷出現了以唐禮爲參照,同時參考更早時期傳到日本的《周禮》、《儀禮》、《禮記》,增補、修訂原有禮儀手册的浪潮,這是完備的日本禮書成立之始,對後世影響巨大。

在日本傳統禮儀成立的過程中,我國對日本的影響程度有多大呢?由釋奠禮的中國化改造可見一斑。釋奠禮早在平安時代之前就已經在日本各地開展,但曾到唐朝留學親眼目睹中國釋奠禮之宏大的吉備真備却感歎"大學釋奠,其儀不備。"他以唐禮爲基礎,改訂了大學寮的《釋奠服器及儀式》才達到了"器物始修,禮容可觀"的程度。②

① 日本古代雅樂打擊樂器之一,多爲懸掛起來的鼓面,用兩根木柱敲擊。形制類似我國古典樂器中的建鼓。多用於神聖場合音樂的演奏。

② [日]宫田俊彦:《吉備真備》,東京:東京大學出版會,1952年,第37-39頁。

足見日本系統化的禮儀制度成立之始,對我國禮儀制度的崇拜與學習程度。

在大規模參照中國禮書完成日本古代禮儀制度建構的基礎上,《内裏式》中"觀射式"的部分對中國射禮的模仿痕跡非常明顯,表現爲中國射禮的小規模化,在儀節流程與行禮細節上吸收了我國射禮的諸多要素。

按照《儀禮》及後世禮書的記載,我國大射禮的儀節流程大致分爲飲酒、樂賓、三番射、坐燕時再射、旅酬(燕飲盡歡而終)五個環節。日本古代射禮的主要儀節爲:飲酒、射箭、補射、飲酒。從儀節上看,日本僅僅缺少我國射禮的樂賓環節,基本按照我國射禮儀節,安排行禮流程。

我國射禮對人物在射禮空間中的一舉一動幾乎都伴隨着其位移變化路徑,站位及面向的詳細規定。日本古代射禮對各種人物如何進入射禮空間,以及進入後的席位、面位也都有明確而詳盡的規定。比如《内裏式》記載天皇進入射禮空間:"天皇自東階升豐樂殿,正殿高座,南向。"記載官員進入射禮空間,"少納言①進,出自東。立於廊下,中階前,南面。"對位移路徑,站位及面位的解説也及其詳細,以至於日本後世各朝代的研究者都可以在這些細節的基礎上,畫出精確的禮圖。

行禮過程中的人或物的名稱一致,日本古代射禮同我國一樣,將箭靶稱爲"候",報靶者稱爲"獲者",射手射中後,由獲者唱獲。稱射箭用具"射器"。

在明顯的模仿痕跡下,日本與中國的射禮也存在顯著差異。主要表現爲日本古代射禮對中國射禮儀節進行了删減,是中國射禮的簡略化,三番射簡略爲一番射;在參與射手方面,日本與我國有明顯的不同;日本射禮關注比射結果,弱化道德教化功能。

我國射禮的核心活動是三番射,即射手之間的三次比射。第一番射側重於射的教練。司射挑選六名德才兼備的弟子,將射藝相近者兩兩配合爲一耦。三耦在堂下站定,司射在堂上做射儀的示範。之後射手分别按照司射的要求行第一番射。這番射不算成績。第二番射是正式的比賽。除三耦外,在場的衆人都兩兩成耦進行比射。分勝負後,勝方再次變成比射時的裝扮,手執拉緊弦的弓,表示能射。負方則上堂飲罰酒。第三番射與第二番射基本相同,只是比射時有音樂伴奏。樂工現場演奏樂曲,這些樂曲都選自《詩經》,内容高雅純正,節奏中正平和。《儀禮》規定不按照鼓的節奏射箭的,不得計數("不鼓不釋")。考察射藝之外更是考察射手身心是否和諧統一。

而日本古代射禮,是我國三番射的簡略化,没有習射與和樂之射,只有相當於我國射禮第二番射的部分。按照傳世文獻《内裏式》的記載,在射禮舉行三日之前由政府挑選能射之人提前進行演習。射禮當天兩兩成組,進行比射。"大輔代持簡召(射

① 少納言:隸屬於日本律令制度下執掌國家立法、司法、行政大權的最高國家權力機構的中級官員。

手)，射手依次至射位，按順序比射。”[①]射手射箭後，按照射中箭靶距離靶心的距離，以及射穿入箭靶的深淺來判定勝負。距離靶心越近，射得越準爲上，箭插入箭靶越深，射得越強爲上。“射畢，取禄，出。”[②]每組射手比射完畢，當即確定勝負，爲勝者發放獎賞。而負者不需要飲罰酒即可退場。我國射禮是負方飲罰酒，而無明確對勝者的賞賜。由此可見，日本古代射禮更加關注比射結果，更加關注勝利一方，崇尚勝利，崇尚武勇。

在參與射手方面，日本古代射禮也表現出與我國不同的特色。按照我國《儀禮·大射》的記載，“其節，天子以《騶虞》爲節，諸侯以《狸首》爲節，卿大夫以《采蘋》爲節，士以《采蘩》爲節。”表明天子是作爲射手參加射事的。此後，我國北齊、隨、唐朝的大射，皇帝都有參加射箭活動的記録。日本的天皇作爲神聖的存在，始終處於射禮空間内，但不參與射事，不發言，甚至來無影去無蹤一般地第一個出現在射禮空間又最後一個離去。在場官員幾乎没有機會目睹天皇真容。

日本古代舉行大射時，外國使節與地方豪強氏族也派代表作爲射手參與了射禮。從下面幾條《續日本紀》記載日本古代射禮的實例中我們可以發現日本古代射禮中外國使節與豪強氏族代表的身影。

①大化三年(647年)正月壬寅條：“朝堂舉行射禮。當日高麗、新羅派來使節進獻貢品，帝賜參與射禮。”

②天智九年(670年)帝召士大夫於宫内行射禮。

③天武四年(675年)正月壬戌(十七日)條：“公卿大夫及百官於宫内行射禮，當日大倭國、東國、近江國也參與行禮，並分别進獻了方物。”

④靈龜元年(715年)正月(十七日)庚子條：“豐樂院舉行大射之禮，新羅使也在射手之列。帝賜布帛于勝者。”

⑤神龜五年(728年)正月甲寅(十七日)條：“天皇駕臨大射場，高齊德[③]也在射手之列。其向天皇進獻了禮物並呈國書。天皇賜其正六品官職，並賜官服。賜參加大射。”

⑥天平十二年(740年)正月甲辰(十七日)條：“天皇于太極殿南門觀大射。渤海使節己爾蒙等參與射禮。”

⑦天平寶字四年(760年)正月己卯(十七日)條：“賜宴文武百官于朝堂上，當日

① 《内裏式 觀射式》第22條。

② 《内裏式 觀射式》第32條。

③ 渤海国赴日使節。神亀4年(727年)作爲赴日的最初使節、來到京都。第二年翌年、帶着日本天皇的國書回國。生卒年未詳。

舉行大射。"以上史料中出現了高麗、新羅、渤海國的使節都參與了射禮,其中第三條講到大倭國、東國、近江國也都有代表作爲射手參與行禮。這三個所謂的國都是當時日本國内的豪強氏族勢力,通過這種方式表示對中央政府的服從。

我國的射禮具有很強的教化功能,射禮作爲六藝之一,一直被當做知識階層的必備素養。《儀禮》中主要講述了大射與鄉射兩種射禮。《禮記・射義》中論述"古之諸侯之射也,必先行燕禮;卿大夫、士之射也,必先行鄉飲酒。故燕禮者,所以明君臣之義也;鄉飲酒之禮者,所以明長幼之序也。"強調射箭禮儀所體現的是君臣之義與長幼之序。射者進退周旋必中禮,姿態和動作方面要求"外體正",其"容體比于禮","其節比于樂"德行要"内志正"才能"持弓矢審固","持弓矢審固"然後"可以言中。此可以觀德行矣。"以此來判斷射手是否有德行。孔子曾説"射不主皮。"他對將注意力僅僅引向力量的較量很不以爲然,認爲違背了古之道,他説射不主皮,爲力不同科,古之道也。(《論語》)孔子認爲,能否射中"皮",主要是體能的較量,不值得看重。我們應該看重的是射手的的德行與修養。因此,儒家的射禮與軍隊的射擊訓練有着本質的區别,它是一種"飾之以禮樂"(《禮記・射義》)的,寓教于射的活動。

日本古代射禮没有類似的道德要求,也不具備如同我國射禮般的教化功能。在古代日本的射禮中幾乎看不到對射手德行的考察及相關的儀節設計。諸如射箭之類原本屬於武藝範疇的概念在日本被道德化,發生在對中國儒學有深入研究並充分日本化的江户時代。江户时代以後,射禮的理论在日本自身的文化传统的基礎上,開始包含大量的禪宗和儒家思想,學習射禮開始要求修持内心。江户時代出版的《小笠原御家流射禮》對射禮有"内外兼修才能達到射禮的最高境界,崇尚武勇是古之射禮,今人之射要做到進退中度,舉止行爲合乎節,中乎禮"的要求。①

在分析中日古代禮儀制度的不同時,坂本太郎指出:"古代日本修訂禮制時,時常將參考中國禮制並做適當刪減。唐禮的恢宏是爲了彰顯國家制度的完畢,而古代日本建立各種禮儀制度則是爲了國家體制的確立,具有更強的實用意義。"②當時日本試圖建立的國家體制如何?在這樣基礎上成立的射禮又具備怎樣的特色呢?

三、日本古代射禮特色

通過以上的中日對比,不難發現日本古代射禮的道德教化的功能表現不明顯。射

---

① [日]小笠原貞慶:《小笠原御家流射禮》,東京:同文舍,1753年,第68頁。

② [日]坂本太郎:《儀式與唐禮》,載於《日本古代史的基礎研究》下制度篇,第73頁。

禮主要表現爲展示武藝,宣揚射手的武勇的過程。另外成立於日本平安時代前期的射禮與當時的社會與時代背景關係密切,在樹立天皇權威、團結周邊國家及豪強氏族勢力方面呈現出十足的實用主義特色。

崇尚武勇特色。日本古代射禮出現於日本古代的最後一個時代平安時代,從 794 年恆武天皇將首都從奈良移到平安京(現在的京都)開始,到 1192 年源來朝建立鐮倉幕府一攬大權爲止,共計將近 400 餘年。在平安時代之前的奈良朝末期,朝廷與貴族勢力之間的矛盾激化。爲了消弱權勢貴族和僧侶的力量,恆武天皇于 784 年決定從平城京遷都到山城國的長岡(今京都市),在那裏籌建新都,命名爲平安京,期望借此獲得平安、吉利、安寧與和平。與日本古代射禮的初創幾乎同時,平安時代前期日本政府著力推行全體官員武裝政策。據《日本書紀》公元 801 年二月乙卯條記載,朝廷命令親王諸臣及百寮的官員儲備兵馬。823 年十月戊午條記載,文武百官從今日起需要學習兵法,刻苦鑽研武藝。856 年要求親王以下五品以上官員每人配備盔甲一副、大刀一柄、弓一張、矢一套、鞍馬一具。六品以下至最低級別的官員每人配備盔甲一副、大刀一柄、弓一張、矢一套。876 年再次要求所有官員配備弓、矢、盔甲、可以作戰的兵馬。松本政春認爲,這一系列政策的本質是國家軍事體制的強化。① 在當時強烈的外敵危機意識下,將全體官員緊密團結在天皇身邊,成爲一支高效軍事力量是當時國家的現實需求,在這個時刻成立的射禮顯現出了極強的崇尚武勇的特色。

活躍於明治時代的日本傳統禮儀大家小笠原清務將日本古代射禮的性質概括爲"訓練武藝、彰顯武勇"。②成立於平安時代中期的儀式書《西宮記》在射禮的條目下如是説:"射乃兵家之必備技藝。作爲一個保衛國家的戰士,射藝是必須掌握的,射箭貴在一射中的,一箭無法射中的,則會失掉致勝的機會。"當時日本政府在極力宣揚"爲了報答朝廷的恩情,不惜生命,竭力殺敵,攻入敵陣,馬革裹尸,此乃幸事也。"極大地刺激了朝廷上下鑽研武藝的熱情。

另外,平安時代的戰爭形勢也客觀要求在射禮中重視武勇。平安時代初期的戰爭主要使用的武器是弓箭,戰爭方式是在戰爭開始時,由進攻方的一名戰士單騎挑戰,奔馳在前,大隊戰士隨後衝殺,在這種作戰方式下,每個戰士的武藝與勇氣具有重要意義。而且在戰場上,每個戰士身上都帶有表示其家族淵源與榮譽的家徽,所以其在戰場的表現讓人一目了然。戰場上的表現膽怯和怕死,對於戰士來説是最大的恥辱,這種恥辱不僅是帶給自身的,更是對其祖先和子孫也帶來污名,這對於重視祖先崇拜與

① [日]松本政春:《官人騎馬制》,東京:編書房,1990 年,第 136 頁。
② [日]小笠原清務:《日本的禮儀》,東京:學友社,1874 年,第 89 頁。

家名的古代日本人來説是無法容忍的。因此戰士在戰陣生活中所需要的最主要的就是武勇。武勇是戰士戰勝任何困難,捨命戰勝敵人的精神力量,這種武勇不外是通過武藝與實踐使身心得到磨練的結果。只有經過長期的艱苦磨練,以養成一種質樸剛毅,大膽勇敢的精神,才能戰勝敵人,最終獲得名譽。日本平安時代宫廷史料《内府記》中有這樣的記載,在一次大射中,没有一箭中的佐竹某覺得丟盡了顔面,毅然決定剖腹自殺,周圍的人極力阻止。足以説明在射禮中表現出來的武勇的缺失對射手來説是莫大的恥辱。射禮便自然成爲了這些戰士鍛煉武勇的大好機會。

樹立天皇權威、團結周邊國家及豪強氏族的實用主義特色。在日本古代射禮成立的平安時代前期,政府極力要建立一個以天皇爲首的高度集權的中央統一政權。在平安時代之前的奈良時代,各豪強氏族集团在经济上的各自独立,以及大和国家联邦式的组织结构,决定了中央政权多元一体的组织形态以及天皇权力的非绝对性。核心权力层内部各豪強氏族对朝政主导权的争夺,以及他們对皇族事务特别是确定皇位继承人一事的干预,常常给皇权造成致命的威胁。天皇及其家族为捍卫、強化和延续皇权而进行斗争,首先需要在觀念和法律制度上樹立天皇的絶對權威。這方面聖德太子引進了中國政治理念中君臣觀念。他明確指出,天皇是君,而其他所有氏族豪強都是臣,君和臣有本質上的區别,臣不可犯君,君臣要有序,不可顛倒。他援引中國儒家學説,強調“君則天之,臣則地之”,“國而而君,民無二主,率土兆民,以王爲主,所任官司,皆是王臣”,要求臣子要做到“承詔必謹”,“無忤爲宗”,“以禮爲本”,“各司其職”,“大事不可獨斷”等。總之,就是要求所有的氏族豪強時時處處認識到自己的身份是“臣”,因此要盡職盡責,爲君效力,不能有非分之想,也不能懈怠謀私。後來文武天皇頒布了《大寶律令》,這些律令特別是法律的制定與實施,對天皇的地位在法律上給與了確定和保障。其次平安時代的政府希望在視覺呈現方面也樹立天皇的絶對權威,即把天皇形象在人們的印象中定格爲神格化的存在。這種想法通過射禮中天皇始終處於射禮場合但不參加射事不發言的儀節設計得到了具體化的展示。日本古代神聖天皇制的形成,啟動於聖德太子改革時期,初步形成於孝德天皇(645—654)与天智天皇(668—671)的大化改新時期,制度化於天武天皇(673—686)及其继任者持统(690—697)、文武(697—707)、元明(707—715)天皇时期,中間走过了百年左右的曲折歷程。在這一過程中,通過年復一年大射禮的實施,神聖化的天皇形象被一遍又一般地展示在世人面前,爲神格化天皇形象的塑造做出了巨大的貢獻。

平安時代的政府對之前奈良時代鬆散的聯邦式統治所帶來的中央政府無力的狀況十分清楚,希望建立一種以天皇爲國家元首,把所有國民主要是強勢氏族團結起來的高度中央集權的共同體國家。在這樣的國家里,所有官員一律向天皇效忠,各大豪強氏族對天皇表示絶對服從,周邊國家對平安時代的政府極端友好。這樣的國家體制,通過幾乎每次國家舉行射禮都要求外國使節與豪強氏族代表參加得到了很好的展示與宣揚。

平安時代的日本在年復一年舉行大射禮的過程中,不斷强化了樹立天皇絶對權威與團結周邊國家及豪强氏族的政府意圖,並使射禮的實用主義特色越來越顯著。

四、結語

出現於平安時代初期的日本古代射禮,在大量吸收中國傳統禮儀養分的基礎上形成並發展起來。在儀節流程設計、行禮人員詳盡的進退路綫、站位面位、器物名稱等幾個方面體現了對中國古代射禮的模仿。但在其獨特的社會歷史背景下,日本古代射禮呈現出了自身的特色。在全民武裝的時代背景下,日本古代射禮没有表現出如同中國射禮般的道德教化功能,而是表現出了訓練武藝,展示武勇的功能特點。在樹立天皇權威,建立古代神聖天皇制統治下的高度中央集權社會的過程中,日本古代射禮則又表現出了神化天皇,團結周邊國家力量與氏族豪強勢力的實用主義特色。

在平安時代初期成立的日本古代射禮在發展到武士執掌政權的幕府統治時代後,崇尚武勇的特色開始轉變爲文武兼修,判斷射手優劣的標準不再是單純的武勇,而是加入了射手德行的考量。而日本射禮真正發展的巔峰時期則是在對中國儒學有深入研究並充分日本化的江户時代。江户时代以後,射禮在吸收日本自身的文化传统的基礎上,開始包含大量的禪宗和儒家思想,射禮行禮過程中的舉止行爲要合乎節,中乎禮。"射禮"一詞也逐漸被"弓道"一詞所取代,成爲日本射箭禮儀的代名詞,在國際社會散發着自己獨特的魅力。

作者簡介:

楊柳,1983 年生,内蒙古包頭市人。現在清華大學中國禮學研究中心從事博士後科研工作。代表論著有《日本傳統禮儀的中國淵源》、《日本明治時代傳統禮儀文化變遷》、《日本傳統禮儀特色維持至今的原因探究》等。

後　記

《中國經學》十三輯終將付梓。

皮錫瑞是一位尚待深入研究的經學巨匠。吴仰湘教授長年研究皮錫瑞,他整理的《皮錫瑞全集》即將由中華書局出版。本輯開篇《皮錫瑞的生平、學術與著述》,爲吴教授所撰前言,讀者可藉此瞭解全集之概貌。皮氏《師伏堂經説》之《公羊傳》與《論語》,内容精彩,此前從未有人整理過,爲求先睹爲快,本刊全文登載,因篇幅較大,而不惜將部分擬刊文稿押後至本刊十四輯。

徐中舒先生早年畢業於清華大學國學院,其在古文字與先秦史領域的成就廣爲學者熟知。趙燦鵬教授近年整理的徐中舒、方壯猷先生佚著《尚書學講義》,則向學界展示了兩位前輩的"尚書學"氣象。本輯刊發趙教授《校讀記》,可以視爲對《尚書學講義》的權威介紹。

馬來西亞學者鄭良樹教授,早年在臺灣大學中文系求學,曾親身參加孔德成先生主持的《士昏禮》復原工作,長年從事儒家經典研究。研究禮樂文化的學者都深知詩、禮、樂、舞四者密不可分,而目前學者多分别研究,統合的研究不多,《〈詩〉和〈樂〉——以〈關雎〉爲例》篇幅雖短,卻是鄭先生近來的深思之作,讀者當受其啓迪。這裡祝他健康!

儒之與墨,同爲東周顯學,而兩家的學術旨趣大相徑庭。學者多從政治理念异同出發考察儒、墨异同。王剛教授的《從墨子〈詩經〉學看儒、墨的文化分際》一文别開生面,以《詩經》爲主題立説,令人耳目一新。

近十年來,由於儒學復甦,點校、整理儒家經典的工作全面展開,諸多學者、出版社傾力投入。然此事頗不易措手,清儒即有校勘如掃落葉、隨掃隨有之嘆。李慧玲女史師從吕友仁、朱杰人兩教授,近年致力於對《詩經》做系統的覆校工作,《〈儒藏〉本〈毛詩注疏〉平議》爲她與吕友仁教授合作。

曹建墩《戰國竹書所見容禮考論》、許子濱《"諸侯冠禮之裸享正當士冠禮之醴或醮"考辨》、吴飛《説"辟領"》等三篇論文,均是以考辨爲特色的禮學研究之作,具體而微,用力精深。

董仲舒專欄刊發了兩篇文章。英國著名學者魯惟一教授的《西方世界中的董仲舒》反映了西方經學研究的一個側面,相信讀者諸君一定會感興趣。謹此向魯惟一教授和 Brill 出版社授權刊登譯文表示感謝。青年學者黄銘從學者較少注意的視角審視董仲舒,其《董仲舒婉辭考》深造有得,令人刮目相看。

清華大學中國禮學研究中心近年矢志於《儀禮》的實驗性復原研究,這是禮學中無法繞過的一步,也是我個人長期以來的夙願。我們從《士冠禮》開始,現在正在進行《鄉射禮》。將古人經注與現代生活加以對照,認真梳理,深切涵泳,讀經乃開出一新境界,更體會到"紙上得來終覺淺"的意味所在。雖有點滴前人經驗可以參照,而事非經過不知難,我們期盼着各界友人的鼓勵與支持。本刊最末一個欄目刊發了幾篇相關文章,希望能幫助讀者對這項工作有所瞭解。7 月 2 日,"2014 年度國家社會科學基金重大項目(第二批)招標公告"發佈,"《儀禮》復原與當代日常禮儀重建研究"一題赫然在列,國家對禮儀的社會價值與禮學的學術含量高度重視,令人極其振奮! 我和我的同仁感到責無旁貸,積極參與競標。無論如何,《儀禮》復原這一課題將是我們今後幾年的首要關注點。我們希望通過自己的方式,爲古人續命,向未來求索。

彭林
2014 年 9 月